URSULA JA

Die Quell

GOLDMANN
Lesen erleben

Buch

Ursula James befindet sich in einer tiefen Lebenskrise, als ihr eines Nachts Ursula Sontheil, auch »Mother Shipton« genannt, erscheint. Im 16. Jahrhundert lebte Mother Shipton als Prophetin und Heilerin in England, wurde als Hexe verbrannt und schließlich als weise Frau verehrt. Der Legende nach kam Mother Shipton in einer Höhle bei Yorkshire zur Welt, die heute noch besichtigt werden kann. Ihre Prophezeiungen, die Ursula James hier nun vereint, handeln von Liebe, Vergebung, Magie, wie wir in Harmonie mit Mensch und Natur leben und die Welt heilen können. Wir erfahren, dass Ursula James' eigenes Leben durch Mother Shipton reicher und sinnhafter wurde und wie auch wir durch rituelle Übungen, Trance und Meditation unser volles Potenzial ausschöpfen.

Autorin

Ursula James gilt als renommierte Hypnotherapeutin in Großbritannien. Sie ist Dozentin an der Oxford University sowie Gastdozentin in Cambridge und an der London Medical School. Außerdem ist sie Vorsitzende der Medical School Hypnosis Association, der einzigen Gesellschaft in Großbritannien, die sich für die Forschungsarbeit klinischer Hypnose engagiert.

Ursula James

Die Quelle

Das magische Vermächtnis
der Heilerin und Prophetin
Mother Shipton

Aus dem Englischen
von Judith Elze

GOLDMANN

Die englische Originalausgabe erschien 2011 unter dem Titel
»The Source. A Manual of Everyday Magic«
bei Preface Publishing, London.

FSC
www.fsc.org
MIX
Papier aus verantwortungsvollen Quellen
FSC® C014496

Verlagsgruppe Random House FSC-DEU-0100
Das für dieses Buch verwendete FSC-zertifizierte Papier
München Super liefert Arctic Paper Mochenwangen GmbH.

1. Auflage
Deutsche Erstausgabe August 2012

First published in Great Britain in 2011 by
Preface Publishing, London
an imprint of The Random House Group Limited.
Umschlaggestaltung: UNO Werbeagentur, München
Umschlagmotiv: © FinePic®, München
Lektorat: Birgit Groll
SB · Herstellung: cb
Satz: Fotosatz Amann, Aichstetten
Druck: GGP Media GmbH, Pößneck
Printed in Germany
ISBN: 978-3-442-21991-9

www.goldmann-verlag.de

Für die eine Konstante im Sturm meines Lebens.
Dieses Buch ist für dich, Phil.
Dir gilt meine Liebe, jetzt und für immer.

Mother Shiptons Motte

Die Mutter-Shipton-Motte auf dem Buchcover ist kein Nachtfalter. Man kann sie, solange man nicht näher hinschaut, leicht mit einem Schmetterling verwechseln. Da es ebenso schwer ist, Hexen von anderen Menschen zu unterscheiden, könnte man durchaus vermuten, dass wir alle Schmetterlinge sind. Es lohnt jedoch mitunter, genauer hinzuschauen.

Anmerkung der Autorin

Ursula Sontheil, bekannt unter dem Namen Mother Shipton, war eine berühmte Heilerin und Wahrsagerin im County von Yorkshire im Norden Englands, die während der Herrschaft König Heinrichs VIII. lebte. Nachdem sie Kardinal Wolsey prophezeit hatte, dass er York in seinem Leben niemals sehen werde, befahl er, sie auf dem Scheiterhaufen verbrennen zu lassen. Tatsächlich sollte der Kardinal York nie sehen, denn auf dem Weg dorthin wurde er des Verrats bezichtigt und zurück nach London berufen. Er starb, noch bevor er die Stadt erreichte. Mother Shipton wurde trotzdem als Hexe und Häretikerin verbrannt. Ihre Seele jedoch verblieb in einer Höhle in Knaresborough im Norden Yorkshires. Diese Höhle nun hat eine ungewöhnliche Eigenschaft: Alles, was dorthin gelangt, wird aufgrund der Einwirkung kalkhaltigen Wassers aus einer nahegelegenen Quelle zu Stein. Mother Shipton verwendete dieses Wasser dazu, in der Höhle ein Bildnis von sich zu erschaffen. Dann zerspaltete sie die Höhle und rief die Bedürftigen herbei. Seelisch und körperlich Erkrankte kamen zu ihr und boten ihr im Gegenzug für ihre heilenden Kräfte Gegenstände an. Mother Shipton soll vieles sehr genau vorausgesehen haben, bis hin zu den beiden Weltkriegen und dem Internet, und noch lange nach ihrem Tod gingen Geschichten von ihren magischen Fähigkeiten um. In Zeiten des Unfriedens in England wurden ihre Prophezeiungen eifrig studiert. Jetzt sind sie und ihre Magie weitgehend in Vergessenheit geraten. Für eine bestimmte Frau ist sie jedoch noch immer sehr lebendig und webt ihren magischen Zauber weiterhin.

Ich heiße Ursula James, auch ich wurde in Yorkshire geboren. Ich bin pragmatisch veranlagt und nicht die Frau, von der man denken würde, dass sie mit – noch dazu toten – Hexen kommuniziert. Dennoch hat Mother Shipton seit meiner Kindheit zu mir gesprochen und meine Schritte gelenkt. Als Kind hielt ich das alles zunächst nicht für ungewöhnlich, ich lernte jedoch bald, Stillschweigen darüber zu bewahren und diese Erfahrungen schließlich ganz aus meinem Leben zu verbannen.

Allerdings nur so lange, bis ich mich wieder nach der Magie sehnte.

Inhalt

Vorwort

Die erste Lektion

Haben Sie sich je gewünscht, Magie wäre Wirklichkeit? Ich meine, reale, echte Wirklichkeit? Dass es da eine Naturgewalt gäbe, die Ihr Leben in etwas Großartiges verwandeln könnte?

Es gibt sie. Sie liegt zwischen diesen Seiten verborgen, bis Sie sie durch Ihr Lesen freisetzen. Sie können sicher sein: Diese speziellen Worte haben eine Kraft, die Ihr Leben verändern wird. Sie werden nicht nur eins mit der Quelle und Teil der Magie, sondern Sie werden auch auf andere Menschen treffen, die ebenfalls magische Wesen sind.

Ich selbst habe lange gebraucht, bis ich die Magie in mein Leben hereinlassen konnte. Jetzt ist sie Teil von mir, und ich muss das Wissen weitergeben. Denn wahre Magie muss geteilt werden – das gehört unabdingbar zu ihr.

Mein Name ist Ursula James, und ich verdiene meinen Lebensunterhalt damit, Menschen zu hypnotisieren. Als erfolgreiche Therapeutin mache ich meine Sache gut und genieße auch ein gewisses Ansehen. Ich bin Gastdozentin an der Oxford University Medical School und Honorarkraft bei Barts und der London School of Medicine and Dentistry; ich arbeite an meiner Doktorarbeit (Ph.D.) in Biomedizin und betreibe medizinische Forschung. Ich atme dieselbe Luft wie Sie und lebe auf Ihrer Erde, aber nicht in Ihrer Welt. Ich bin erfolgreich, und zwar nicht nur in meinem Beruf, sondern auch in meinem Leben. Ich hatte eine gute Lehrerin, auch wenn ich in meinen ersten dreizehn Lebensjahren nicht auf sie gehört habe und es weitere zwanzig Jahre gedauert hat, bis ich bereit war, ihr wieder zuzuhören. Da hatte ich endlich genug Lebenserfahrung gesammelt, um ihre Worte hören und verstehen zu wollen.

Meine Lehrerin war Mother Shipton, sie hat mich geheilt und gelenkt. Sie erschien mir in meinen Träumen, während ich schlief. Als ich gelernt hatte, mich selbst in Hypnose zu versetzen, kam sie auch als eigenständig geformtes und von meiner inneren Stimme getrenntes Wesen zu mir. Das war ein äußerst seltsamer Tag, so viel kann ich jetzt schon sagen. Ich hatte mich gerade unter Hypnose begeben, um mich auf den vor mir liegenden Tag vorzubereiten, als sie zu sprechen begann. Dabei hatte ich sie durchaus schon vorher gehört, da sie ja immer bei mir gewesen war; nur hatte ich sie einfach aus meinen Gedanken verbannt. Als Kinder sind wir offen für die Stimmen, für die Eindrücke aus der uns umgebenden geistigen Welt. Wir nutzen alle unsere Sinne, bis wir lernen, es besser nicht mehr zu tun. Mit dem Erwachsenwerden hören wir dann auf zuzuhören und verschließen unsere Sinne gegenüber der geistigen Welt. Das ist der Grund, warum ich dieses Buch jetzt für Sie schreibe. Ich möchte Ihnen zeigen, wie Sie Ihre Magie zurückgewinnen können. Ich werde Mother Shiptons Geschichte weitergeben, damit Sie ihre Stimme wieder hören können, – sofern Sie offen sind für die Magie, die Sie umgibt, für die Magie der Erde, die wahre, tiefe Magie, die in jedem von uns steckt.

Genau wie Mother Shipton kann auch ich Ihnen ins Herz schauen. Sie sehnen sich danach, Zugang zu Ihrer inneren Kraft zu bekommen. Sie möchten, dass Magie Wirklichkeit ist, – nur dass bislang ein Teil von Ihnen auch Angst davor hat. Angst davor, sich zu verbinden, sich an die eigene Quelle anzuschließen, und womöglich haben Sie auch Angst vor sich selbst. Es gibt jedoch keinen Grund mehr für diese Angst, denn Sie sind nicht allein. Ich habe mich mit der Quelle verbunden und weiß, dass es nichts zu befürchten gibt. Wenn Sie das ebenfalls tun – und Sie können es –, dann werden Sie frei sein. Mittels meiner Stimme wird Mother Shipton Sie lenken. Mother Shipton ist bei Ihnen. Ich bin bei Ihnen.

Die einfachen Schritte und Wege, die Sie auf den folgenden Seiten erkunden können, führen Sie zu der Quelle Ihrer Kraft und helfen Ihnen, sie nutzbar zu machen. Glauben Sie mir nur, denn ich bin in der Quelle verankert. Wissen werden Sie es, sobald Sie sich selbst mit der Quelle verbunden haben. Haben Sie sie erst einmal in Ihr Leben integriert, wird ihre Kraft Sie nie mehr verlassen. Denn dies ist **Ihre erste Lektion: Die Quelle liegt in Ihnen selbst, ohne Sie würde sie versiegen**. Erst wenn Sie ihr Vorhandensein anerkannt und sie in sich gefunden, genährt und gestärkt haben, können Sie beginnen, sie zu nutzen. Dies wird Sie frei machen. Frei von den Zwängen der materiellen Welt. Sie werden frei sein, Liebe zu geben und zu empfangen, die Welt um Sie herum zu heilen und Dinge in Ihrer Umgebung in Bewegung zu setzen. Wahre Magie besteht darin, Ihr Leben selbst in die Hand zu nehmen und zu gestalten. Und vor allem werden Sie genug geistige und körperliche Kraft haben, um die Quelle mit anderen teilen zu können.

Es ist keine einfache Reise, aber ich verspreche Ihnen, dass sie sich lohnt. Bevor ich auf Mother Shipton hörte und mich mit der Quelle verband, lebte ich ein Leben, das von einem erfüllten Leben so weit entfernt war wie ein körniges Schwarzweißfoto von der Wirklichkeit, die es abbilden soll. Und damit beginnt meine Geschichte.

Die Reise beginnt

Tod

Ich dachte wirklich, ich hätte alles im Griff. Ich arbeitete hart, hatte beruflich Erfolg. Was machte es da schon, dass ich keinen Partner hatte und dass mich meine Freunde nicht mehr anriefen, weil ich sowieso keine Zeit hatte auszugehen? Das kann passieren, wenn man in London lebt – oder wenn man erfolgreich ist. Also shoppte ich endlos, um meine innere Düsternis, meine Einsamkeit und meinen Schmerz nicht mehr zur Kenntnis zu nehmen. Ich machte weite Reisen an schöne Strände in Thailand oder Indien und versuchte, mir nichts vorzumachen. Es war mühsam. Alles war mühsam. Egal wohin ich flog, ich nahm mich mit, und das fand ich immer schrecklicher. Mein Selbsthass erhob immer mehr die Stimme, bis ich meinte, die ganze Welt müsse meinen inneren Kampf mitbekommen. Ich irrte verloren durch London, saß mit meinem Latte macchiato und einer Zeitung draußen in der eisigen Kälte. Alles eine Frage der Selbstbeherrschung. Ich war ja so hipp und so tot. Erst eine gewisse Zahl sorgte für Veränderung.

Es war die Zahl vierzig. Mein Geburtstag stand bevor. Ich wollte nicht vierzig werden, auf gar keinen Fall. Ohne

Kinder oder einen Partner in meinem Leben, ohne Liebe und ohne Menschen, denen ich meine Liebe schenken konnte, dieses Alter zu erreichen, fühlte sich wie ein Scheitern an. Beruflich hatte ich es geschafft, ich hatte Erfolg, ich war gut in meiner Arbeit, die Leute *schienen* mich zu mögen, aber das alles fühlte sich hohl an. Ich hatte nicht genug Geld, um die Arbeit aufgeben zu können, und stand in meinem Beruf auch nicht ganz oben. Knapp daneben ist auch vorbei. Jeder Sieg, den ich für mich in Anspruch nehmen konnte, schmeckte fade und schal. Wenn ich tapfer genug war, in die Zukunft zu schauen, sah ich mein Leben die nächsten vierzig Jahre unverändert so weitergehen, bis ich alt, ausgelaugt und verbittert wäre. Bestenfalls konnte ich noch meinen Hang zum Skurrilen und zur Exzentrik kultivieren und daraus eine Tugend machen. Das Schlimmste war, dass ich die Bitterkeit schon jetzt wahrnahm – sie schmeckte förmlich nach Galle. Ich fühlte mich nicht wohl mit mir und war bis auf die Knochen erschöpft.

Also machte ich mich auf zu einem buddhistischen Retreat in Schottland. Normalerweise gönnte ich mir jedes Jahr einen Wellness-Urlaub. Eine Abwechslung würde mir gut tun. Allerdings hatte ich nicht mit der Kälte gerechnet – mein Gott, war das kalt … und düster. Alles wirkte grau und drückte mich nieder. Das war ganz sicher ein Fehler gewesen. Zum Teufel nochmal, es sollte doch Sommer sein. Ich erinnere mich, wie ich die Menschen dort mit milder Verachtung betrachtete. Was tat ich hier? Dieser Ort war nichts für mich: Es gab keine weichen Handtücher, kein sprudelndes Thermalbad, kein feines Essen, keinen Alkohol! Und erst die Leute – da war nicht einer, der auf meiner Wellenlänge war. Nicht einer aus meiner Welt, der mir – zurück in London – hätte nützlich sein können. Mit solchen Leuten lohnte es sich nicht zu netzwerken. Aber gut, nun war ich schon mal hier. Da konnte ich zumindest etwas Schlaf nachholen. Allerdings sollte ich dazu keine Gelegenheit bekommen.

Dies war ein spirituelles Retreat. Am ersten Morgen wurde ich aufgeweckt, damit ich an der Gehmeditation teilnehmen konnte. Zum Glück hatte ich ein Schweige-Retreat gebucht, sodass ich mich mit keinem dieser schrecklichen Menschen unterhalten musste. Ich quälte mich aus dem Bett und stellte mich ans Ende der Menschenschlange, die sich in den Wald hineinbewegte. Wütend und vor Kälte zitternd befolgte ich die Anweisungen, als ich an meinem Ohr eine Frauenstimme flüstern hörte: »Tritt einfach nur in die Fußstapfen von dem, der vor dir geht.« Ihre eigenen, dreckigen Füße, die ich neben mir sah, steckten in Sandalen.

Als ich den Kopf hob, um ihr ins Gesicht zu schauen, war sie bereits fort.

Ich begann zu gehen – oder um genau zu sein – zu stampfen. Ich stampfte wie ein trotziges Kind mit gesenktem Kopf, die Arme eng um mich geschlungen. Es dauerte eine Weile, aber nach und nach ließ die Irritation nach, und ich begann, meine Umgebung wahrzunehmen. Ich machte mir ein Spiel daraus, meine kleinen Füße in die Stiefelabdrücke des Mannes vor mir zu setzen. Es war wie früher als Kind, wenn man die Fugen im Fußboden vermied, weil man wusste, dass man damit etwas Wunderbares geschehen lassen konnte. Kleine Rituale, die einen beruhigen. Wann hatte ich aufgehört, solche Dinge zu tun?

Gedankenverloren lief ich geradewegs in den Rücken meines Vordermannes hinein. Die Schlange war stehen geblieben, ohne dass ich es bemerkt hatte. Der Mann drehte sich um und streckte die Hand aus, um mich zu stützen. Sie fühlte sich rau und trocken an wie eine Baumrinde. Er lächelte mich an und drehte mir wieder den Rücken zu. Ein merkwürdiges Gefühl überkam mich. Es war, als ob ich gleich losweinen wollte. Am liebsten hätte ich nach seiner Hand gegriffen und meine Tränen vorsichtig in seine Handfläche tropfen lassen. Oh ja, jetzt war ich mir ganz sicher: Ich war gerade entschieden unvernünftig, und je schneller ich diesen Ort verlassen würde, desto besser. Ich musste unbedingt zurück nach London. Das war die Lösung. Ich würde nach Hause zurückkehren, und alles würde wieder in Ordnung sein. Die Menschenschlange vor mir setzte sich erneut in Bewegung, es ging nun steiler bergauf. Ich wurde langsam müde, meine Beine begannen zu schmerzen, und mir war noch immer nach Weinen zumute. Das war doch zu lächerlich.

Zurück im Zentrum würde ich jemanden bitten, mir ein Taxi zu organisieren. Hier konnte ich nicht länger bleiben. Ich ging stundenlang weiter – bis der Wald langsam in Felsen und Heide überging. Die Luft tat mir in der Lunge weh. Ich konnte nicht klar denken. Ich versuchte all die Dinge aufzulisten, die ich tun würde, wenn ich wieder zurück in London wäre, aber mir fiel nichts ein. Ich ging jetzt wie in einem Traum. Die Worte verschwanden, mein Geist wurde leer, mein Körper lief ohne mein Dazutun. Nichts spielte mehr eine Rolle, außer dass ich weiterging. Ich konzentrierte mich ohne jedes Zeitgefühl auf die Fußstapfen vor mir. Inzwischen war ich so verzweifelt, dass es schon weh tat, dabei wusste ich überhaupt nicht, warum. Ich bemühte mich krampfhaft, es zu verstehen. Ich versuchte, mich daran zu erinnern, woher der Schmerz kam und warum ich diesen Ort so dringend verlassen musste, aber auch daran konnte ich mich nicht mehr erinnern. Ich hatte keine Ahnung, wie viel Zeit vergangen war, aber es mussten Stunden sein.

Endlich sah ich auf: Ich stand ganz allein auf einer Anhöhe, den Wald hatte ich hinter mir gelassen. Weiter unten im Tal war das schiefe Dach des Seminarhauses zu sehen, während ich die Kraft des Berges, den ich zur Hälfte bestiegen hatte, hinter mir spürte. Ich setzte mich auf einen Felsen und begann zu weinen. Ich weinte um mich und um das Leben, das ich verpasst zu haben glaubte. Ich weinte, weil ich irgendwie vom Weg abgekommen war. Ich weinte, weil ich ganz allein war und nicht bemerkt hatte, wie das geschehen konnte. Ich weinte ganz unbefangene, aus tiefster Seele kommende Tränen; Tränen, wie sie einen noch am nächsten Tag wie einen Frosch aussehen lassen und die Augen zeichnen. Ich weinte bis zur Erschöpfung. Dann schlief ich, eingerollt wie ein Tier, gleich dort in der Heide ein. Der Wind streichelte mir die Wangen, Heidebüschel drückten sich in meinen Körper. Ich schlief, bis mich der Regen weckte. Große, fette Tropfen schlugen mir ins Gesicht, und ich begann zu lachen. Als ich mich aufsetzte, sah ich die von roten Wolken umsäumte Sonne hinter dem Horizont verschwinden. Der Himmel war ja so schön, so wunderschön. Das war eine Schönheit, wie sie sich nicht mit der Kamera einfangen und mit nach Hause nehmen lässt. Und ich war die einzige Zeugin dieses gewaltigen, einzigartigen Naturschauspiels. Womöglich klingt es wie ein Klischee, aber für mich fühlte es sich an jenem Tag genau so an. Zum ersten Mal in meinem Leben fühlte ich mich mit der Erde und mit jedem Teil von ihr verbunden. Ich fühlte mich anders, aber noch wusste ich nicht, wie anders ich tatsächlich war.

Als ich den Berg auf dem Waldweg wieder hinabstieg, hielt ich diese Wandlung noch für etwas, das ich in mein altes Leben mitnehmen konnte, als wäre die Wanderung nichts weiter gewesen als ein Intermezzo. Hätte ich gewusst, *wie* sehr ich mich schließlich verändern würde, dann hätte ich es mir womöglich gut überlegt, ob ich den Berg überhaupt wieder verlassen sollte.

Die Fähigkeit zurückzublicken ist etwas Wunderbares. Sie erlaubt mir zu sehen, dass ich bisher nur über meine Gedanken geschrieben habe. Dabei hatte das alles nichts mit meinen Gedanken zu tun. Was ich dachte, war ganz unerheblich. Gefühle hatten mich den Berg hoch getrieben, und Gefühle trieben mich auch jetzt. Es war eine alte Lektion. Eine Lektion, die Mother Shipton mich schon als Kind hatte lehren wollen. Damals jedoch war es mir nur um Bildung und um nichts als Bildung gegangen. Ich hatte einer Lüge Glauben geschenkt und darüber das Fühlen vergessen. Aber egal, die Lektion erreichte mich ganz einfach zu einem späteren Zeitpunkt.

Hungrig, frierend und bereit zu fühlen kam ich vom Berg zurück. Nach einer raschen Katzenwäsche ging ich in den Speisesaal. Während das Essen in Stille ausgeteilt wurde, sah ich mich nach meinem Begleiter vom Berg um. Er war nicht da. Aus irgendeinem Grund war ich enttäuscht. Ich wollte mit ihm kommunizieren. Ihn anlächeln. Stattdessen schaute ich zum ersten Mal die Menschen an, die mit mir an diesem langen, abgenutzten Tisch saßen. Eine Frau zu meiner Rechten lächelte mir schüchtern zu. Ich lächelte zurück und berührte ihren Unterarm, während ich auf das Brot wies. Sie gestikulierte zum anderen Ende des Tisches hin, und das Brot fand den Weg in meine Hand. Ich lächelte sie an und tunkte das grobkörnige Brot in meine Suppe. Wie gut mir das Essen an diesem Tag schmeckte, kann ich kaum beschreiben. Ich spürte darin die Liebe, die in seiner Zubereitung steckte, die Fürsorge, mit der es serviert, und die Freundlichkeit, mit der es an die um den Tisch Sitzenden verteilt worden war.

Als alle fertig gegessen hatten, holte ich ein Tablett von der Anrichte und begann die leeren Schalen und Löffel einzusammeln. Die Frau, die mir gegenüber gesessen hatte, machte dasselbe. Jemand nahm einen Lappen und wischte den Tisch ab. Ein anderer kehrte den Boden und fegte die Krümel zur Tür hinaus. Ich begann die Teller abzuwaschen, bis ich nach der Hälfte sanft beiseitegeschoben und abgelöst wurde. Alle Tätigkeiten wurden zu Ende gebracht. Ohne jede Anweisung. Ohne jedes Wort. In allem schwang ein sanfter Rhythmus mit wie in dem Gesang eines Vogels – scheinbar strukturlos und doch vollendet und wunderschön. Ich durchquerte den Speisesaal und ging in das Herzstück des Gebäudes – einen weiträumigen runden Raum mit einer offenen Feuerstelle, um die sich bereits Leute versammelt hatten. Manche lasen, andere schauten mit halb geschlossenen Augen ins Feuer. Ich suchte mir einen Sessel weiter hinten im Dunkeln, denn ich wollte weder Licht noch Unterhaltung, aber auch nicht gleich in mein einsames Zimmer zurück. Ich wollte einfach Menschen um mich herum haben. Meine Augen schlossen sich, und wieder gelang es mir nicht, auch nur einen Gedanken festzuhalten. Es war, als triebe ich schwerelos in einem Salzsee dahin, ein sehr seltsames Gefühl, bei dem sich auch die Wahrnehmung meines Ichs verlor. Aus irgendeinem Grund machte mir das gar nichts aus, obwohl mir eine kleine, in ein ordentliches Kostüm gekleidete Frau aus der Vergangenheit etwas anderes zuflüsterte. Als ich die Gestalt anblies, löste sie sich auf wie bloßer Dunst. Mein altes Ich, uniformiert und ernst, mürbe, zerbrechlich und – wenn ich ganz ehrlich sein wollte – auch ziemlich nervig. Sie *musste* Recht haben. Musste die Verantwortung tragen. Wusste es immer am besten. Da beschloss ich spontan, dass sie dringend Ruhe brauchte. Das verdiente sie, so viel war sicher. Daher führte ich sie wieder den Berg hinauf und ließ sie dort, wo sie in Sicherheit und frei war, schlafen. Ich umgab sie mit Sommersonne und Blumen und ließ ihr lange, wunderschöne Haare wachsen. Ich kleidete sie wie eine Märchenprinzessin in ein langes Samtkleid und legte sie in einen Zauberschlaf. Derweil saß ich ungesehen und ungehört im Lichtschatten des Feuers und döste vor mich hin. Ich blieb sitzen, bis das Feuer heruntergebrannt war, in der Gewissheit, dass die Frau auf dem Berg in Sicherheit war.

In dieser Nacht schlief ich tief und fest. In dem schmalen Bett zwischen harten, kratzenden Bettlaken schlief ich besser, als ich es in den besten Hotels der Welt getan hatte, und beim Aufwachen fühlte ich mich lebendig und munter und voller Tatendrang. Ich weiß, *Tatendrang* klingt ein bisschen vage, aber außer jeder Menge Energie hatte ich ja keinerlei konkrete Pläne. Also kochte und putzte ich. Ich harkte den Rasen. Ich wischte die Bücherregale in der Bibliothek aus. Ich fühlte mich, als wäre ich an ein nationales Energienetz angeschlossen. Und das blieb die ganzen drei Tage meines Aufenthalts so. Jede Nacht schlief ich tief und traumlos. Jeden Tag tat ich, was auch immer zu tun war. Am Ende des dritten Tages kannte ich alle meine Gefährten beim Namen – jedenfalls bei den Namen, die ich ihnen gegeben hatte. Blauer Hut. Aztekenschal. Glockenohrringe. Wie sie mich wohl nannten? Ich habe es nie erfahren. Am dritten Abend saßen neue Gesichter am Tisch, und es war Zeit für mich zu gehen. Am nächsten Tag packte ich meine Sachen, bündelte meine Bettwäsche und brachte sie in die Waschküche. Ich erkannte ihn, obwohl er mir den Rücken zukehrte. Es war mein Wegbereiter. Als ich ihm die Bettwäsche reichte, breitete er die Arme aus und hielt mich wortlos fest. Ich schaute zu ihm hoch. Er hatte wunderschöne blaue Augen, die von lauter Lachfalten umringt waren. Klare Augen, blau wie der Himmel über meinem alten Ich auf dem Berg. Er wandte sich wieder seiner Arbeit zu, und ich machte mich auf den Weg nach London.

Die Reise verlief ohne Zwischenfälle. Ich schaltete mein Handy an und ließ die Welt herein. Jede Menge Nachrichten in der Mailbox. Jede Menge E-Mails. Ich musste eine wichtige Person sein. Ich schaltete es wieder aus und schaute während des Rests der Reise aus dem

Fenster. Als ich wieder zuhause war, war alles so wie vorher, und das wunderte mich. Ich hatte mich doch verändert, warum war das bei meiner Umgebung nicht der Fall? Ja, ja, ich weiß. Wenn du fort von zuhause bist und eine spirituelle Erfahrung machst, ist das zwar schön und gut, aber dann musst du dich der Wirklichkeit stellen. Deiner Wirklichkeit, so wie du sie dir erschaffen hast. Das war der eigentliche Punkt, denn tatsächlich lebte ich ja noch das Leben dieser uniformierten Frau. Ich bewohnte ihr Haus, trug ihre Kleider und lebte ihr Leben. Und das fühlte sich nicht nur verkehrt an, sondern ich war mir nicht einmal sicher, ob ich noch so *tun* konnte, als wäre ich sie. Es war, als hätte ich dadurch, dass ich sie auf dem Berg zurückgelassen hatte, auch ihre Art zu agieren dort gelassen; und jetzt hatte ich nicht den leisesten Schimmer, was ich tun sollte. Ich wusste nur, was ich *nicht* wollte.

Was ich dagegen wollte, wusste ich noch nicht. Daher tat ich das Einzige, was ich tun konnte: Ich schlug ihren Terminkalender auf, um nachzuschauen, was sie als Nächstes vorhatte. Es war eine volle Woche. Natürlich. Sie hatte von morgens bis abends Hypnotherapietermine. Was bedeutete, dass ich bis Samstag kein Tageslicht sehen würde. Also fügte ich mich. Ich zog ihre Kleider an, sprach ihre Worte, tröstete ihre Klienten. Bis zum Samstag hatte sich mein Kopf bis zum Rand mit der Traurigkeit und Trauer, dem Ärger und dem Schmerz anderer Menschen angefüllt. All das musste ich schleunigst wieder loswerden. Ich beschloss, mich selbst in Hypnose zu versetzen, um meinen Geist zu klären. Am Samstagmorgen lag ich in der Sonne, die durch das Dachfenster auf mein Bett schien, und schloss die Augen, um mich darauf einzustimmen.

Und da kam Mother Shipton zu mir. Klar und laut und in bestem 3D-Format.

»Guten Morgen«, sagte sie gesellig. »Bist du jetzt bereit zuzuhören?«

Geburt

Zu gern würde ich Ihnen sagen können, dass ich durch meine Erfahrung auf dem Berg auf diese Situation vorbereitet war und sozusagen einen Zen-ähnlichen Zustand des Annehmens erreicht hatte, ich deshalb also locker damit umgehen konnte. Dem war aber nicht so. Laut schreiend öffnete ich die Augen.

»Guten Morgen«, wiederholte sie. »Ich bin noch da.« Mit offenen Augen konnte ich sie zwar nicht direkt sehen, aber ich konnte *fühlen*, dass sie auf dem Bett saß. Glauben Sie mir, ich weiß, wie das klingt, und mein erster Impuls war aufzuspringen, um im nächsten Krankenhaus mein Gehirn untersuchen zu lassen, denn offensichtlich hatte ich gerade so etwas wie eine psychotische Episode. Oder war es vielleicht doch ein Hirntumor oder ein Schlaganfall? Ich hielt die Luft an. Stille. Vielleicht hatte ich in Schottland irgendwelche seltsamen Pilze gegessen und litt nun unter einer verzögerten Halluzination. Ja, das musste es sein. Drogen. Ich ließ mich wieder aufs Bett sinken, schloss die Augen und atmete erleichtert auf. Meine Erleichterung war jedoch nur von kurzer Dauer.

»Schau, dafür haben wir keine Zeit. Du stehst weder unter Drogen, noch bist du krank oder gar verrückt. Wir haben zu tun. Können wir jetzt bitte anfangen?«

Mit geschlossenen Augen durchscannte ich den Raum. Jetzt konnte ich sie sehen. Sie saß auf dem Bett und beobachtete mich. Als Erstes bemerkte ich, dass sie viel kleiner war als in meiner Erinnerung, was normal war, denn ich war ein Kind gewesen, als ich sie zuletzt gesehen hatte. Mit dem Älterwerden hatte ich Wege gefunden, sie nicht mehr zu sehen und zu hören; ich hatte mich komplett abgeschottet, sodass sie keinen Zugang mehr zu mir finden konnte. Als Erwachsene hatte ich meine Träume vor ihr verschlossen und die Landschaft meines Geistes nicht mehr besucht, in der wir unsere gemeinsamen Spaziergänge unternommen hatten. Ich hatte ihr Signal ausgeschaltet und ließ mich stattdessen von der männlichen Stimme der Logik leiten. Ich vermisste sie nicht – dazu war ich viel zu beschäftigt. Erst zu beschäftigt mit Lernen, dann damit, Geld zu verdienen und wichtig zu sein. Dabei hätte ich es besser wissen müssen. Sie war gar nicht fortgegangen, sie hatte einfach abgewartet. Na klar. Sie hatte fünfhundert Jahre in einer Höhle auf mich gewartet, da würde sie jetzt nicht verschwinden, bloß weil ich das so wollte.

»Was willst du von mir?«, fragte ich oder, um genau zu sein, fragte die Stimme in meinem Kopf. Sie lachte. Es war ein wunderschöner, voller und erstaunlich junger Klang.

»Ich fürchte, da hast du etwas falsch verstanden, mein Kind. Es geht nicht darum, dass ich etwas von dir will. Es ist deine Not, die mich hierhergebracht hat.« Sie machte eine Pause und streichelte sanft das Laken. »Schöne Wäsche. Gute Qualität.« Dann riss sie sich aus ihrer Träumerei.

»Also gut, mein Kind. Du möchtest Magie in deinem Leben, und ich bin bereit, dich zu unterrichten. Der Preis dafür ist, dass du sie teilen musst. Wenn du sie für dich behältst, wird deine magische Kraft versagen und verkümmern. Wenn du sie jedoch mit deinen Schwestern und mit den Männern teilst, die mit der Mondgöttin Luna verbunden sind, wirst du eine magische Person, aufregend und vital, stolz und wahrhaftig. Du wirst es durch das Schreiben tun. Du wirst tief in das Land der Hypnose hinabtauchen, damit ich dort meine Magie mit dir teilen kann. Du wirst mir erlauben, deine Hand zum Schreiben und deinen Verstand für die Interpretation meiner Worte zu verwenden, damit deine Schwestern und deine wahren Brüder mich verstehen. Du wirst das Instrument sein, durch das ich schreiben werde.« Ich spürte, wie ich zitterte, während sie sprach. Ihre Stimme gewann in dem Maße an Kraft, wie sich mein Begehren nach ihrer Gabe verstärkte. War das wirklich möglich? Konnte Mother Shipton die Zeitbarriere überwinden, um ihr Wissen weiterzugeben? Denn wer da schnurgerade aufgerichtet auf meinem Bett saß, war niemand anders als eine längst verstorbene Hexe, eine der berühmtesten Hexen Englands. Und wieso sollte ich ihr überhaupt zuhören wollen?

»Deine Verankerung im Männlichen ist stark geworden, mein Kind. Dein logischer, analytischer, Ich-glaub's-erst-wenn-ich's-sehe-Verstand könnte eine Hürde für dich sein. Wir werden sehen. Bist du bereit, an Magie zu glauben, Dinge in Gang zu bringen, eine Zauberin zu sein? Oder um es in deiner Sprache zu sagen: Melde dich, wenn du so weit bist!« Ihr Lachen verlor sich in dem Geräusch der gegen das Dachfenster schlagenden Zweige. Ich öffnete die Augen und schaute hoch. Ich konnte sie weder sehen noch hören oder fühlen. Sie war fort.

Ich blieb auf dem Bett liegen und dachte nach. Je länger ich darüber nachdachte, desto weniger wohl fühlte ich mich bei der ganzen Sache. Sie strotzte nur so vor lauter Aussicht auf Ärger. Erstens: Ich redete mit mir selber. Zweitens: Ich dachte, dass da noch jemand anders in meinem Kopf war. Drittens: Ich zog in Betracht, Eingebungen, die von dieser anderen Stimme stammten, auszuführen. Diagnose: Geisteskrankheit. Ohne Frage. Ich brauchte offensichtlich Therapie und Medikamente. Wahrscheinlich sogar jede Menge davon. Na toll. Das hatte mir gerade noch gefehlt: gerade jetzt verrückt zu werden, wo doch alles so gut lief. Ich starrte durch das Dachfenster in die sich zusammenbrauenden, dunklen Wolken. Dabei lief doch in Wahrheit gar nicht alles so toll, oder? Ich war einsam und unglücklich und von meinem Leben gelangweilt. Ich war launisch und engstirnig und absolut isoliert. Aber halt, es hatte noch nie zu mir gepasst, mich selbst zu geißeln. Ich hatte immer lieber gehandelt als zu analysieren. Da war ich nun so weit gekommen – also sollte ich doch gefälligst glücklich sein! Stattdessen war ich kreuzunglücklich. Das war nicht, was ich mir vorgestellt hatte. Ich hatte ein Auto, ein Haus, Eichendielen und einen Kühlschrank von Sub-Zero und war *trotzdem* nicht glücklich. Was zum Teufel stimmte nicht mit mir? War mir unterwegs irgendetwas verloren gegangen, womöglich das, was man ein Innenleben nennt, wo du glücklich und – ich wage kaum, es zu sagen – zufrieden bist? Eines jedenfalls war klar: Ich konnte nicht mehr zu der alten Version von mir selbst zurück. Die Fähigkeit, sie zu sein, hatte ich verloren. Sie ruhte friedlich und geschützt an einem Berghang. Ich fühlte mich nicht verrückt, jedenfalls nicht im Sinne von geisteskrank. Mother Shipton hatte mich aufgesucht und unterrichtet, als ich klein war – warum also nicht auch jetzt? Mein Entschluss war gefasst. Es würde zumindest interessant werden.

Ich lag da in der zunehmenden Dunkelheit und wartete darauf, dass sie zurückkäme. Aber sie kam nicht. Schließlich schlief ich ein und träumte seit Jahren zum ersten Mal wieder. Die Träume waren verschwommen, aber wunderschöne, melancholisch gefärbte Eindrücke. Ich war nicht direkt traurig, fühlte mich eher wie das arme Kind in einer viktorianischen Erzählung, das die Nase an das Schaufenster eines Spielzeugwarengeschäfts presst und staunend die Kinder reicher Eltern beobachtet, die sich da drinnen etwas aussuchen dürfen. War das alles? Würde ich immer nur von draußen zuschauen, oder würde ich einmal in das Geschäft hineingehen und mich glücklich machen können? Nachdem mein Schlaf die ganze Nacht über von Träumen durchzogen gewesen war, erwachte ich mit klopfendem Herzen und dem Gefühl, dass ich etwas wirklich Wichtiges vergessen hatte; und dass es mich, falls es mir nicht mehr einfallen sollte, teuer zu stehen käme. Ich hatte Kopfschmerzen und fühlte mich erschöpft, als wäre eine Erkältung im Anmarsch. Gewaschen und angezogen, stocherte ich ein wenig später in meinem Müsli herum. Es schmeckte nach gar nichts. Ich schob die Schale beiseite. Zum Teufel, ich esse da reinsten Staub mit Wasser. Wie kann mich das glücklich machen? Ich fing an, mich über die kleinsten Dinge aufzuregen. Über meine scheinbare Wahl, Müsli zum Frühstück zu essen. War das meine Wahl, oder erfüllte ich nur die Norm? Warum aß ich etwas, das mich nicht nährte, nur weil andere mir sagten, es sei das Richtige? Ich warf das jämmerliche Zeug in den Mülleimer und ging in Ozzies Café gleich hinter der Marylebone High Street. Glückselig aß ich dort mein erstes englisches Frühstück seit Jahren. Dann griff ich nach einer Zeitung, die jemand auf einem Stuhl hatte liegen lassen, und las, was an und in England alles schlecht ist. Tu dies nicht, tu das nicht, die Welt ist schlimm, die Engländer werden von Terroristen, Asylanten, arbeitsscheuen Lügnern und zwielichtigen Gestalten verfolgt, die unser Land ausbluten und so weiter und so fort. Ich bestellte eine zweite Tasse Tee und begann wieder von vorn, auf der Suche nach einer einzigen guten Nachricht, einem klitzekleinen erlösenden Beitrag, vielleicht über ein aus einem Brunnen in Dorset gerettetes Kätzchen. Nichts dergleichen. Ich empfand Mitleid für die Leute, die diese Zeitung täglich lasen. Wie konnten sie glücklich sein, wenn sie das in ihr Leben hineinließen? Wie konnten sie bei so viel Angst je ihr Haus verlassen? Es ging ja nicht nur um dieses eine Blatt, sie waren alle so. Die Zeitungen predigten den Massen das Evangelium der Angst und des Hasses. Ein paar Ausnahmen gab es natürlich, aber die wollten nur für ihre eigene Version des Glaubens missionieren – selbstgefällige öko-salbadernde Vorstadt-Heinis mit Perfektionsanspruch. Was geschah da gerade mit mir? Mir schien, als wäre ich der einzige Mensch, der sehen konnte, dass die gesamte britische Presse eine Kampagne lanciert hatte. Und zwar nicht etwa zu dem Zweck, Nachrichten zu verbreiten, sondern um die gesellschaftlichen Gruppen voneinander getrennt zu halten. Sozialer Zusammenhalt durch eine Tageszeitung. Such dir deine Gruppe und bleib bei ihr kleben. Lies nur, was deine lang gehegten Überzeugungen bestätigt. Zweifle nicht an dir, sonst musst du anfangen nachzudenken, dich verändern, an dir arbeiten.

Nachdem ich mein Frühstück bezahlt hatte, beschloss ich, mich heute einfach nur treiben zu lassen. In meiner Abwesenheit hatte es keine privaten Anrufe gegeben. Das sagte doch schon alles. Ich konnte morgen verschwinden, und es würde niemandem besonders viel ausmachen. Vielleicht würden ein paar meiner Klienten vorübergehend alarmiert sein, aber bald würden sie jemand anders gefunden haben, der sich ihre Probleme anhörte. In einer Hinsicht hatte Mother Shipton Recht: Ich hatte wirklich große Sehnsucht nach Magie in meinem Leben. Ich sehnte mich danach, dass außergewöhnliche Dinge um mich herum geschahen. Ich wollte mich lebendig fühlen, was leider gerade überhaupt nicht der Fall war. Das Problem bestand nur darin, dass ich nicht *wirklich* daran glaubte – an die Magie, meine ich. Magie war doch etwas für Leute, die keine Verantwortung für ihr Leben, für ihr eigenes Glück übernehmen wollten, oder? Magie war etwas für Träumer und Nichtsnutze, für Leute, die Plastikfeen an ihren Rückspiegel hängten und indische Hippiekleider und Jacken trugen. In diese

Kategorie passte ich nicht, ergo konnte ich unmöglich daran glauben.

Ganz abgesehen davon, hatte mich das Frühstück satt gemacht, und ich fühlte mich glücklich und befriedigt. Ich durchquerte den Hyde Park und stöberte in der Exhibition Road in einer Buchhandlung herum. Es war ein *echter* Laden und keine Einkaufskette. Drinnen drängten sich die Menschen, es war ein bisschen schmuddelig, und es roch nach Büchern. Das Mädchen an der Kasse las, und wenn es aufstand, um einen Kunden zu bedienen, kommentierte es seine Wahl. Ich fühlte mich sehr wohl hier, ein wenig Bohemien und intellektuell, welch ein Schwindel. Dennoch kaufte ich ein Buch über Reisen nach Indien am Ende des 19. Jahrhunderts, es hatte ein wunderschönes Cover. Ich würde nach Hause gehen und mich von ihm in eine andere Welt tragen lassen.

So verbrachte ich meinen Samstag. Zum Mittagessen ging ich zu Paul's auf der Marylebone High Street, aß ein süßes, schweres Stück Kuchen und trank ordentlichen koffeinhaltigen Kaffee mit Vollmilch und einer Extraportion Zucker. Ich rollte genussvoll mit den Augen und hätte aus lauter Übermut über meine Unbeherrschtheit am liebsten mit den Füßen getrampelt. Heute hatte ich richtig Spaß. Genoss einfache Freuden. Sündige Freuden. Ich wusste, dass ich es, spätestens wenn ich mich auf die Waage stellte, bereuen würde, aber dieses eine Mal war es mir schnurzegal. Okay, morgen ist auch noch ein Tag – Sonntag nämlich –, da kannst du das alles nochmal machen. Mein Wochenende verging in einer einzigen Fress- und Leseorgie. Ich aß nur, worauf ich Lust hatte, trank zum Abendessen Champagner, trug meine beste Unterwäsche und hochhackige Schuhe, obwohl es niemanden gab, der sie hätte sehen können. Ich wollte das Kind im Geschäft sein und nicht das draußen vor dem Schaufenster. Wenigstens übers Wochenende konnte ich so tun als ob. Dann kam der Sonntagabend, und ich legte meine Kleider für den Montag bereit. Der ganze Tag war voll mit Vorlesungen. Den ganzen Tag würde ich mit Medizinstudenten zu tun haben, die entweder neugierig und eifrig oder gelangweilt und vorwurfsvoll waren. Mein Job bestand darin, ihre Köpfe mit Wissen zu füttern. Der Gedanke daran machte mir keine Freude. Mein wunderschönes Vivienne-Westwood-Kostüm hing leer und schlaff wie eine Marionette da, die Seidenstrümpfe und hochhackige Pumps waren sorgsam daneben gelegt. *Ihre* Uniform. Die Kleider, auf die die anderen reagierten, wenn sie mit Ursula sprachen. Um ehrlich zu sein: Ich weiß, dass die Kleider extra dazu ausgesucht waren, den anderen einen bestimmten Eindruck zu vermitteln. Stark, draufgängerisch, sexy, aber auf eine einschüchternde und kontrollierende Weise, fast etwas sadomasochistisch. Damit die Leute sich ein Bild machen konnten und sich täuschen ließen. Wozu sollten sie auch hinter die Fassade schauen? Die Menschen sehen, was sie sehen wollen, und ich hatte diese Ursula genauso wirksam gestaltet, wie ein Autor eine Romanfigur erschafft. Mit so großzügigen Pinselstrichen entworfen, dass die Leser die Lücken mit ihrer eigenen Vorstellung ausfüllen konnten.

Wie ein Roboter brachte ich die Woche hinter mich. Vorlesungen, Klienten, Sitzungen. Vorlesungen, Klienten, Sitzungen. Währenddessen schrie die ganze Zeit etwas in mir: »Schaut mich an – ich bin anders! Ich bin nicht so, wie ihr denkt! Ich weiß nicht, wer ich bin, aber ich weiß, wer ich *nicht* mehr bin.« Die Menschen reagierten jedoch auf das Kostüm und auf die Stimme und auf die hochhackigen Schuhe, und die ganze Woche über schlief ich schlecht, träumte von der inneren Landschaft, die ich als Kind immer besucht hatte, ohne jedoch dort anzukommen. Die ganze Woche über aß ich, wozu immer ich Lust hatte, und hielt mich von jeder Waage fern. Davor hatte ich zu viel Angst.

Als es endlich wieder Samstag wurde, hatte ich mich vorbereitet: Bücher, Essen, Pyjama. Die Tür verschloss ich, denn ich wollte nirgendwo hin. Was auch immer das war, was mir da geschah, ich brauchte Zeit zum Nachdenken. Zeit, um einen Plan zu machen und weiterzukommen. Ich holte mein Notizbuch und meinen besten Kugelschreiber heraus, suchte alle Kissen, die ich finden konnte, als Rückenstütze zusammen und setzte mich im Pyjama im Schneidersitz aufs Bett, den Stift auf die jungfräulich leere Seite gerichtet. Nichts geschah. Rein gar nichts. Ich blätterte die Seite zurück zum Deckblatt und schrieb sorgfältig meinen Namen in die Zeile, wo »Name« stand. Ich blätterte wieder vor und versuchte es von Neuem. In Großbuchstaben schrieb ich »PROBLEME«. Dann blätterte ich zum Ende des Heftes und schrieb dort »LÖSUNGEN« als weitere Überschrift hin. Na schön, immerhin ein Anfang. Ich blätterte zurück zur Problemseite und starrte sie an. Zehn Minuten vergingen. Zwanzig Minuten. Eine halbe Stunde verging, bis ich so weit war, alles aufzuschreiben. Ich schrieb: *»Ich möchte, dass die Magie Wirklichkeit ist.«* Hmmm, das hatte ich nicht erwartet. Schnelles Blättern zu »Lösungen«. »*Mother Shipton rufen*«, schrieb ich. Ich warf das Heft ans Bettende, streckte mich auf dem Bett aus und schaute wieder einmal durch das Dachfenster über mir in die Wolken. Ich verlor mich in Gedanken. Am Ende tat ich das Einzige, was mir einfiel: Ich stellte mich im Bad auf die Waage, um zu sehen, wie viel Schaden meine Prasserei angerichtet hatte. Ich hielt die Luft an (als ob das was helfen würde) und schaute nach unten. Drei Pfund weniger. Ich stieg von der Waage, um sie ganz genau auf null zu stellen. Wog mich noch einmal. Nein, es stimmte. Ich hatte die ganze Woche über alles gegessen, wozu ich Lust hatte, und nicht ein Gramm zugenommen, im Gegenteil, ich hatte Gewicht verloren. Wenn Mother Shipton mir damit zu verstehen geben wollte, dass Magie Wirklichkeit war, dann hatte sie einen Volltreffer gelandet. Es gibt nichts, was eine Frau mehr aufhorchen lässt, als die Tatsache, dass sie von selbst abnimmt. *Okay, Mother Shipton. Ich rufe dich jetzt. Ich hasse mich und mein Leben, und ich möchte an Magie glauben. Kannst du mich hören?* Ich trat von der Waage herunter. Nichts geschah. Na toll. Ich verlor Gewicht *und* meinen Verstand gleich noch dazu.

»Du bist nicht gerade geduldig, mein Kind«, Mother Shipton saß auf meinem Bett und lächelte mich an. »Aber es ist nicht so, als würde ich sozusagen immer neben dem Telefon sitzen und auf deinen Anruf warten. Ich bin eine beschäftigte Frau, weißt du.« Ihr Lächeln wurde noch breiter. »Ja, ich weiß über Telefon, Internet und Fernsehen Bescheid. Ich hatte die Möglichkeit, zu hören und zu beobachten, wie sich die Welt ›entwickelt‹ hat.« Bei diesem Wort rümpfte sie die Nase. »Entwickelt hat sie sich vielleicht, aber nicht verändert, scheint mir. Kind, es ist an der Zeit, dass du dein wahres Selbst entdeckst. Ich werde dich führen und anleiten, aber hör mir diesmal gefälligst zu. Ich schätze es nicht, wenn mir der Zutritt verwehrt wird. Als du noch klein warst, habe ich es zugelassen. Jetzt aber bist du kein Kind mehr, und ich werde dich wie eine Erwachsene behandeln. Es ist an der Zeit, dass du Magie ausübst.« Ich setzte mich neben sie.

»Hast du dafür gesorgt, dass ich so viel abnehme, obwohl ich die ganze Woche über geprasst habe?«

»Nein, das hast du selbst getan. Du hast der Vorstellung von Magie vorübergehend einen Platz in deinem Denken eingeräumt. Du hast es also möglich gemacht. Sobald du das männliche Denken wieder Einzug halten lässt, wirst du wieder zunehmen.«

Als ich gerade zu meiner nächsten Frage ansetzte, schnitt sie mir kurzerhand das Wort ab: »Keine weiteren Fragen. Ab jetzt machen wir auf meine Art weiter.«

Meine Art bedeutete, dass ich ihre Worte unter Hypnose automatisch notieren sollte. Der Filter meines Bewusstseins würde dabei ausgeschaltet bleiben. Ich würde nicht wissen dürfen, was sie schrieb, solange es nicht in seiner Gänze schriftlich festgehalten wäre. Ich ließ mich auf ihre Bedingungen ein. Was hatte ich schon zu verlieren? Natürlich meinen Ruf, meine Klienten, meine finanzielle Sicherheit. Aber das war mir egal. Da ich mich so leer und müde fühlte und mir durchaus bewusst war, dass mich im Grunde niemand vermissen würde, wenn ich am nächsten Tag verschwände, lohnte sich das allemal. Was würden Sie für ein bisschen Magie in Ihrem Leben aufgeben? Für die Fähigkeit, wundervolle Dinge in Ihr Leben Einzug halten und die schrecklichen sich auflösen zu lassen? Es musste sich einfach lohnen. Wenn ich jetzt meinen Verstand verloren hatte und völlig durchgedreht war, dann hatte ich ohnehin alles verloren. Also nahm ich mir die Zeit und den Raum für Mother Shipton, damit sie mich als Werkzeug benutzen konnte, um ihre magische Geschichte hinaus in die Welt zu tragen.

Ab da war eigentlich alles recht einfach. Wenn ich mich in Hypnose versetzt hatte, traf ich Mother Shipton auf dem Land, wo wir früher, als ich klein war, immer spazieren gegangen waren. Beim Spazierengehen erzählte sie mir von der Natur und wies mich wie früher auf nützliche Kräuter und Blumen hin. Sie prüfte, ob ich mich noch an die Bedeutung der einzelnen Jahreszeiten und Mondphasen erinnerte. Wenn uns unser Spaziergang dann schließlich zu dem Haus führte, in dem sie als Kind mit ihrer Mutter Agatha gelebt hatte, machte sie ein Feuer, und wir setzten uns zusammen. Dann nahm sie meine Hand und führte sie über die Seiten. Ihre Magie musste in meine Hand übergehen. Dabei war es nicht einmal meine Handschrift; die große, kratzige und verschnörkelte Schrift war deutlich als die ihre zu erkennen. Es dauerte ein wenig, da ich lange brauchte, bis ich es schaffte, meinen Blick von der Seite wegzureißen und sie – von mir ungesehen – schreiben zu lassen. Ich wollte hinschauen, aber das ließ sie nicht zu. Sie sagte, dass ich sonst die Wörter beeinflussen – und in etwas anderes verwandeln – würde. Immer wieder sagte sie, das Männliche in mir sei so stark, dass es mich ins Verderben stürzen könne, und ich verstand, was sie meinte. Obwohl die

Versuchung zu schummeln groß war, widerstand ich ihr. Derweil verliefen meine Tage weiter wie gehabt, mit Unterricht, Klienten und Sitzungen. Der ganz normale Irrsinn des Alltags. Als das Notizbuch fast vollgeschrieben war, kaufte ich ein neues. Ich hatte Mother Shipton ein paarmal gefragt, wie lang es dauern würde, bis wir fertig wären, und wann ich schauen dürfe, aber sie starrte mich dann nur von ihrem Platz am Feuer an, bis mir die Fragerei verging. Die Antwort kannte ich ja ohnehin: *Es dauert so lang, wie es dauert.* Langsam wurde ich unruhig und ungeduldig. Seit meinem Geburtstag und dem Erlebnis auf dem Berg waren inzwischen sieben Monate vergangen. Ich wollte mit meinem neuen Leben vorankommen.

Weitere zwei Monate und drei Notizbücher später ging ich eines Tages neben Mother Shipton zu Agathas Haus. Als sie daran vorbei durch das Kornfeld auf die Hügel zuging, folgte ich ihr. Dort angelangt, setzte sie sich auf einen Felsen und wartete, bis ich sie eingeholt hatte.

»Es ist vollbracht.« Auf ihr Zeichen hin setzte ich mich neben sie und schaute in das sanfte Tal mit seiner Farm und dem Dorf in der Ferne. »Dies ist meine Welt. Hier gibt es keine Grenzen, ich kann fliegen, wohin ich will. Es gibt auch keine Zeit hier. Ich kann deine Welt ebenso leicht aufsuchen, wie ich mit dem Bauern auf dem Karren nach York fuhr.« Ich beobachtete, wie in der Ferne die Schatten der Wolken über die Hügel zogen. »Hiermit spreche ich dich von deiner Aufgabe frei. Du kannst jetzt die Bücher nehmen und aus ihnen lernen. Dann musst du alles so niederschreiben, dass auch andere daraus lernen können. Du musst das Wissen teilen – vergiss das nicht. Wenn alles gut geht, wirst du nicht wieder von mir hören.« Als ich mich zu ihr umdrehte, war sie verschwunden, und ich saß nicht länger an dem Hang, sondern in meinem Schlafzimmer mit dem Stift in der Hand. Sie schmerzte. Welche Freude es machte, mit der Hand zu schreiben, hatte ich beinahe vergessen gehabt, jetzt aber krampfte sie wie die einer alten Frau. Ich legte die Notizbücher in meine Schreibtischschublade und ließ mir Wasser in die Badewanne einlaufen. Ich wollte nicht einfach nur baden. Nein, Kerzen, Räucherwerk, Badeschaum und Musik mussten her. Das hatte ich mir verdient. Die Notizbücher konnten warten.

Drei Wochen lang ließ ich sie in der Schublade, dann war ich so weit. Ich nahm mir Urlaub, sagte alle Termine ab und stellte mich aufs Lernen ein. Als ich zu lesen begann, stellte ich bald fest, dass es in diesem Grimoire zwei Stimmen gab. Die erste gehörte Mother Shipton selbst. Mit ihr beschrieb sie ihre eigene Reise zur Quelle, die vor Jahrhunderten stattgefunden hatte. Die zweite Stimme gehörte mir, wie ich – sehr praktisch und methodisch, das versichere ich Ihnen! – jeden Schritt auf dem Weg zur Quelle so darlegte, dass auch heutige Menschen ihm folgen können. Aber bevor ich mit dieser Anleitung zur Entdeckung der eigenen persönlichen Magie in die Öffentlichkeit gehen konnte, musste ich den Weg erst selbst gehen, so viel war mir klar. Ich würde das Versuchskaninchen sein; denn wer würde schon ein Buch über Magie lesen wollen, wenn die Autorin selbst nicht magisch war, wenn sie das Wissen nicht verwendet hatte, um ihr eigenes Leben zu transformieren? Bevor diese kleine Fibel mit dem Rest der Welt geteilt werden konnte, gab es also noch jede Menge Arbeit.

Mother Shipton blieb verschwunden, und ihr Zuhause fand ich auch nicht mehr. Wenn ich es suchte, legte sie mir Hindernisse in den Weg, genau wie ich es damals, als ich noch ein Kind war, getan hatte. Na schön, sie wollte nicht mit Fragen belästigt werden. Das Wissen hatte ich ja nun, es lag an mir, es zu nutzen.

Weisheit

Sie mögen es mir nachsehen, falls alles bisher Gesagte wie pure Ablenkung oder Zerstreuung auf Sie gewirkt haben sollte. Wenn Sie sich jedoch genauso sehr wie ich nach Magie in Ihrem Leben sehnen, müssen Sie mir erlauben, Ihnen meine damaligen Lebensumstände darzustellen, bevor ich zum Inhalt der Bücher von Mother Shipton komme. Schließlich sollen Sie wissen, dass ich weder eine Irre noch eine Betrügerin bin. In Wahrheit bin ich ein sehr logisch und praktisch veranlagter Mensch, ein Wesenszug, der mich auch gleich zu meinem ersten Fehler auf dem Weg veranlasste. Ich hätte die Quelle viel schneller erreichen können, wenn ich es nicht so eilig gehabt und gedacht hätte, ich würde meinen Weg dorthin bereits kennen.

Sie wollen endlich etwas darüber erfahren, wie man Magie erzeugt. Aber ich möchte Sie bitten, sich noch etwas zu gedulden und weiterzulesen, damit Sie aus meinem Fehler lernen können. Jetzt kann und muss ich ihn zugeben, obwohl mir das wirklich unangenehm ist. Mit der vollen Beichte werde ich allerdings noch etwas warten.

Die Magie hatte mich nicht perfekt gemacht, so viel steht jedenfalls fest. Eher im Gegenteil: Als Erstes kamen meine Schwächen zum Vorschein, was Ihnen wahrscheinlich ganz ähnlich gehen wird. Manche Menschen geraten schon bei einer ersten solchen Hürde auf dem Weg zur Quelle ins Stolpern. Lernen Sie aus meinem Fehler, auch wenn Sie vielleicht Ihre eigenen begehen werden. Ganz egal, wie Sie zur Quelle gelangen – Ihre Reise wird einzigartig sein, und auf diese Reise kommt es an. Im Übrigen möchten Sie bestimmt gern wissen, ob die Magie von Mother Shipton für mich funktionierte. Das kann ich mit ja beantworten! Und wie! Mein Leben hat sich grundlegend verändert. Ich habe *genau das* bekommen, was ich wollte. Es gab weder irgendwelche Fallen noch böse Nachspiele oder sonstige unangenehme Überraschungen, die nur darauf gewartet hätten, mich hinterrücks zu überfallen. Nur eine gab es, aber die war einzig und allein mein Fehler. Hier kommt die Geschichte.

Was tat ich also mit dem Wissen, das Mother Shipton mir durch ihre Schriften übermittelt hatte? Da sie mir inzwischen jeden Zugang zu sich verbarrikadiert hatte, war ich allein mit ihren Worten. Es gab kein großes Erdbeben, als ich die Bücher aufschlug, es gab nur den Klang ihrer Stimme, während sie die Magie an mich weitergab. Wie eine Landkarte lag die Magie ausgebreitet vor mir da: mit allem, wohin es ging, wie man dorthin gelangte, was als Erstes zu tun war. Meine Begeisterung wuchs. Wenn das, was Mother Shipton auf diesen Seiten dargelegt hatte, stimmte, dann konnte ich reich werden und ein erfülltes Leben leben, genau, wie ich es mir wünschte und mit der Liebe, nach der ich mich sehnte. Über Letzteres hatte ich noch nicht einmal mit Mother Shipton gesprochen. Ich sehnte mich nach einem Mann, nach einem echten Lebenspartner in meinem Leben. Ganz tief in einem geheimen sentimentalen Winkel meines Herzens versteckt wollte ich bitte schön die ganze Packung. Ich glaubte es selber kaum, wie ich trotz einer gescheiterten Ehe und einem Leben in einer der zynischsten Städte überhaupt noch an diesem romantischen Bild festhalten konnte.

Was tat ich nun zuallererst? Ich kaufte mir ein funkelnagelneues Notizbuch zum Schreiben. Jetzt war meine eigene Geschichte dran. Ich wollte vom ersten Moment an alle meine Schritte genau festhalten und die Magie gleich dazu nutzen. Wenn ich den Worten ein Eigenleben schenkte, würden sie frei sein, weitere Worte anziehen und Magie geschehen lassen.

Ich schrieb Folgendes:

Ich will eine Stadtwohnung in der Londoner Innenstadt.
Ich will ein Haus in Frankreich auf dem Land.
Ich will eine Ehe mit einem guten Mann, der mich so liebt, wie ich bin.
Ich will einen Partner, der als Mensch interessant ist.
Ich will finanzielle Freiheit.
Ich will einen Vertrag für zwei Bücher bei einem großen Verlag.
Ich will eine Fernsehsendung zur Hauptsendezeit.

Ich will ein erfolgreiches Schulungsunternehmen.
Ich will meine Gesundheit wiederhaben.
Ich will ein Innenleben.
Ich will mich für Wohltätigkeitsarbeit engagieren.
Ich will jeden Tag begeistert sein.
Ich will mehr Freizeit.
Ich will echte Freunde haben.
Ich will mit medizinischer Forschung zu tun haben.
Das alles will ich innerhalb der nächsten zwei Jahre.

Ich will, ich will, ich will. Langsam bekam ich ein bisschen Angst vor mir selbst. Was ich da alles aufgeschrieben hatte! Damals lebte ich in einer sündhaft teuren, in der Londoner Innenstadt gelegenen Wohnung, deren Rohrsystem mit Legionellen verseucht war und deren Mietvertrag in Kürze auslaufen würde. Ich besaß keine Rücklagen. Ich hatte einen Job, der mich auslaugte und mir keine Zeit zum Leben ließ. Ich hatte keinen Partner, keine Freunde – mir fehlte die Zeit für beides. Ich hatte keinerlei Kontakte zur Welt der Medien, noch nie etwas veröffentlicht und war nie auch nur in die Nähe eines Fernsehsenders gekommen. Wem zum Teufel wollte ich hier eigentlich etwas vormachen? Ich las mir die Liste noch einmal durch. Nichts davon hätte ich durchstreichen wollen. Ich wollte es *alles*. Wenn Mother Shiptons Magie echt war, dann würde das, was auf der Liste stand, passieren.

Ich widmete mich wieder ihren Schriften. Nach einem weiteren Monat hatte ich alles gelesen, und noch einen brauchte ich, um zu verstehen, was sie geschrieben hatte.

Es war eine dichte, archaische Sprache in Reimen, die mir ganz einfach erschien, als ich erst einmal gelernt hatte, mich auf sie einzulassen. Mother Shipton hatte ein Grimoire geschrieben. Jeder Abschnitt beinhaltete ein anderes Thema, ein neues Entwicklungsstadium. Jedes Kapitel trug mich zu einem anderen Ort in mir, damit ich herausfand, was ich wissen und – mindestens ebenso wichtig – tun musste, um weiterzugehen. Manche Teile waren mir wohl schon bekannt gewesen, ich hatte sie bislang jedoch nur mit dem *Kopf* und nicht mit dem *Herzen* erfasst. Intellektuell wusste ich sie vielleicht, konnte sie aber nicht fühlen – ich glaubte ganz einfach nicht, dass ich diese Dinge geschehen lassen konnte. So arbeitete ich mich von vorn bis hinten durch die Zaubersprüche und Beschwörungsformeln, durch die Rituale und Riten für den Übergang von einem geistigen Raum in den nächsten.

Der erste Abschnitt betrifft den Reisenden, das Selbst in Bewegung. Die anderen bilden die Reise. Ganz einfach also: eine neue Geisteshaltung, zwölf Stadien für die Reise und am Ende ein einziges Ziel – die Quelle. Jedes Stadium hat seine Geschichte und ein dazugehöriges Ritual. Jedes ist eine in sich abgeschlossene Lektion. Jedes ist mit dem vorhergehenden verbunden wie die Glieder einer Kette. Jedes steht in Zusammenhang mit den Mondphasen, und je nachdem, ob der Mond zunimmt oder abnimmt, nährt seine weibliche Kraft die Quelle. Damit wir eine ungezwungene und natürliche Verbindung zur Quelle finden können, ist es unabdingbar zu warten, bis der Mond bereit ist für uns.

Eine Reihe von Stadien verlangen, dass man sich in sich selbst vertieft, wie ich es mit der Hypnose geübt hatte. Es gab nun keinen Grund mehr für mich zu zögern. Ich war bereit, der Magie eine Chance zu geben.

Also arbeitete ich mich Trance für Trance, Ritual für Ritual, Ritus für Ritus durch die Bücher, und mit jedem Glied der Kette kam ich meinen Zielen näher. Nach achtzehn Monaten war alles, was ich mir gewünscht hatte, erfüllt. Ich war vollkommen schockiert, als mir das klar wurde: die Bücher, die Fernsehsendung, die Häuser, der Geliebte – es war alles da. Mother Shipton hatte nicht zu viel versprochen, als sie sagte, ich bräuchte ihr nur zuzuhören, dann würde sie mir die Magie bringen.

Jetzt war es an mir, mein Versprechen einzulösen, und ich beschloss, dass mein erstes Buch der Welt erzählen sollte, wie ich mein Leben transformiert hatte. *You Can Be Amazing (Sie können erstaunlich sein)* nannte ich es. *Transform Your Life with Hypnosis (Transformieren Sie Ihr Leben durch Hypnose)* lautete der Untertitel. Hübsch, dachte ich. Mir war zwar bewusst, dass das Wort Magie im Titel nicht vorkam, aber das spielte ja keine Rolle. Die Käufer würden die Magie beim Lesen erfassen und durch Verwendung der Selbsthypnose-CD in der Lage sein, sich mit ihr zu verbinden. Es war zwar mehr meine Geschichte als die von Mother Shipton, aber mir schien, dass die meisten Menschen da draußen die direkte Botschaft von Mother Shipton nicht verstanden hätten. Es würde besser funktionieren, wenn es meine Geschichte war. Die Leute würden ihre Verbindung zur Magie finden und sie in ihrem Leben wirken lassen, ohne es überhaupt zu wissen.

Das Buch verkaufte sich gut. Es funktionierte für die Leute, die es lasen und die CD richtig anwandten. Interessanterweise kamen die Käufer nicht aus der üblichen Selbsterfahrungsszene. Es waren viele Männer dabei, aber ich redete mir ein, dass sie wohl meine praktische Art ansprach, und war fest davon überzeugt, dass die Leser in der Lage sein würden, sich mit der dem Buch zugrundeliegenden Magie zu verbinden. Ich hatte meinen Teil der Abmachung erfüllt und die Magie mit anderen geteilt.

Glückselig begann ich für die Fernsehsendung zu arbeiten. Aber da zeigte sich, dass man verdammt aufpassen muss mit dem, was und wie man sich etwas wünscht. Diese Erfahrung gehört nicht zu meinen besten. Die Medien sind eine seltsame Welt mit einer eigenen Sprache und eigenen Ritualen. Um ehrlich zu sein: Dort gehörte ich nicht hin. Die Erfahrung zeigte mir, wie naiv ich war, obwohl ich mich für so gewieft gehalten hatte. Was für ein Irrtum. Im Übrigen passte das Programm nicht besonders zu meinem Ansatz. Es ging mehr um einen zeitgemäßen Wunsch nach dem Motto »Wie werde ich berühmt?« und war nicht wirklich durchdacht. Als sie das Projekt dann auch noch auf die Sendezeit nach zweiundzwanzig Uhr verlegten, um das Wort »Sex« mit hineinnehmen zu können, lief mir das Ganze vollends aus dem Ruder.

Was bleibt, ist, dass es eine interessante Erfahrung für mich war, und wenn mich Leute später wegen neuer Fernsehprojekte ansprachen, staunten sie ehrlich, dass ich mich nicht interessiert zeigte. Dieses Metier hatte ich also schnell wieder verlassen. Das Fernsehen hat meine Erwartungen nicht erfüllt und mich gelehrt, dass es dort vor allem jede Menge Menschen gibt, die nichts weiter interessiert, als sich mit sich selbst zu beschäftigen. Die wirklich wunderbaren und authentischen Leute, denen ich natürlich auch in dieser Welt begegnete, definierten sich nicht über ihre Arbeit. Kein Wunder, dass die meisten davon Mütter waren. Ich habe mich manchmal gefragt, was sie wohl gedacht hätten, wenn ich ihnen gesagt hätte, dass ich sie mir mittels eines fünfhundert Jahre alten Zauberspruchs heraufbeschworen hatte. Ich bin sicher, dass einige von ihnen, ohne zu zögern, eine neue diesbezügliche Sendung in Betracht gezogen und ihre Leute angewiesen hätten, ein Treffen mit meinen Leuten zu vereinbaren.

Und dabei hatte ich gedacht, *ich* lebte in einer seltsamen Welt.

Nachdem das Thema Fernsehen abgehakt war, kehrte ich zu meiner Arbeit zurück und widmete mich meinen Klienten. Das hatte ich zumindest vor. Nach wenigen Wochen jedoch setzten mich plötzlich schreckliche Rückenschmerzen außer Gefecht. Ich wurde, schreiend wie am Spieß, im Notfallwagen ins St. Mary's Hospital in Paddington gefahren. Das Ganze verlief nicht besonders würdevoll und kam vor allem wie aus dem Nichts. Ich hatte, soweit ich wusste, nichts getan, was diese Schmerzen hatte hervorrufen können. Es war entsetzlich. Drei Wochen lang lag ich völlig bewegungsunfähig auf dem Rücken. Trotz aller möglichen Untersuchungen konnten die Ärzte keine Gründe für meine Schmerzen finden. Ich wartete ab. Und hatte die unangenehme Vorahnung, dass ich bald genug herausfinden würde, was dahintersteckte.

Am einundzwanzigsten Tag meines Gefangenseins im Schmerz spürte ich ihr Kommen. Sie setzte sich auf mein Bett und starrte mich an, bis ich die Augen schloss, um sie richtig sehen zu können.

»So, so, mein Kind.« Der freundliche Tonfall strafte ihren Blick Lügen. »Du konntest nicht widerstehen, nicht wahr?« Ich fühlte, dass ich wie eine Zehnjährige rot wurde und mich auch so benahm.

»Was meinst du damit?« Ich spielte auf Zeit.

»Das Buch. Du hättest nicht einfach tun können, worum ich dich bat, nicht wahr? Du musstest daran herumpfuschen und herumbasteln. Du musstest es *männlich* machen. Du hast die Magie herausgenommen und die Mechanik dringelassen. Du hast das Rezept geliefert, aber nicht die Mahlzeit.«

Ich versuchte, mich aufzusetzen, um mich zu verteidigen, schrie aber sofort auf und ließ mich aufs Bett zurücksinken.

»Als ich es fertig hatte, habe ich es gleich veröffentlicht. Ich dachte, das war es, was du wolltest«, jammerte ich. »Du wolltest doch, dass ich das Wissen teile.« Tränen standen mir in den Augen. »Ich habe es gut gemeint. Ich habe gedacht, dass es niemand hätte lesen wollen, wenn ich es so abgeschrieben hätte, wie du es mir diktiert hattest. Das hätte doch keiner geglaubt.«

»So, so, du hast es gut *gemeint*! Du hast also gedacht, die Menschen wären zu dumm, um wahre Magie zu erkennen, wenn sie sie sehen? Hast gedacht, sie würden sie nicht wollen?« Jetzt, wo sie wirklich böse wurde, hätte ich am liebsten den Raum verlassen, aber ich konnte mich ja nicht bewegen und somit ihrer wachsenden Wut auch nicht entgehen. »Endlich hat sich im Bewusstsein der Menschen ein Fenster geöffnet, und du weigerst dich, das zur Kenntnis zu nehmen? Wie viele Bücher und Programme und Zeitschriften mit echter Magie siehst du um dich herum? Überall gibt es Hellsichtige und Medien, Leute, die mit Engeln reden und Tarotkarten legen! Es wird Zeit, die Spreu vom Weizen zu trennen und die Schwindler aufzudecken. Wir müssen beweisen, dass die wahre Magie in jedem von uns vorhanden ist. Ich dachte, du wärst klüger!« Den letzten Satz hatte sie regelrecht herausgeschrieen, als wäre sie eine echte Todesfee. Ich verkroch mich unter die Bettdecke. Der Sturm ihrer Entrüstung zeigte keinerlei Anzeichen, sich legen zu wollen. Da wartete ich lieber noch ein bisschen.

Und wartete. Ich wusste, dass es keinen Sinn hatte, mich zu verteidigen, denn sie hatte absolut Recht. Ich *hatte* geschummelt. Ich hatte beschlossen, *mein* Buch zu schreiben und nicht ihres. Ich hatte *gedacht*, dass die Botschaft so wirksamer ankommen würde. Dabei wusste ich im tiefsten Herzen, dass ich einfach nur Angst gehabt hatte. Ich konnte die logisch verankerte männliche Denkweise, die sich mir ums Herz gewickelt und meine Sehnsucht nach der Magie erstickt hatte, noch immer nicht loslassen. Ich hatte *gedacht*, dass ich beruflich ruiniert wäre, wenn ich das Buch in seiner Gänze so veröffentlich hätte, wie es mir aufgetragen worden war; wenn ich also auch genau gesagt hätte, *wie* ich an dieses Wissen herangekommen war. Ich hatte gedacht, dass mein Leben, so wie ich es kannte, zu Ende gewesen wäre. All die wunderbaren Dinge, die ich in mein Leben hineingezaubert hatte, wären zu Staub geworden und verschwunden, und ich hätte zu dem vorherigen Leben zurückgemusst. Ich hatte zu viel Angst, um der Magie wirklich zu trauen und sie mit anderen zu teilen.

Endlich legte sich der Sturm. Ich lag noch immer abwartend im Bett.

»Ich werde das Buch schreiben. Ich werde alle Zaubersprüche genau so aufschreiben, wie du sie mir gesagt hast, und genau so, wie ich sie verwendet habe. Ich werde sie in keiner Weise verstümmeln.« Aber es gab noch immer den Teil in mir, der sagte: Aber dir ist doch klar, dass dich die Leute für verrückt halten werden. Ich versuchte, diese Stimme vor Mother Shipton zu verbergen, aber sie hörte sie laut und deutlich.

»Hast du nicht genug erlebt, um der Magie trauen zu können?«, fragte sie. Ich schwieg. »Wenn du wirklich dazu bereit bist, sie mit anderen zu teilen, und die Last nicht mehr allein tragen willst, dann wird dein Rücken von den Schmerzen befreit sein.« Und damit verließ sie mich.

Ich öffnete die Augen und wartete. Solange ich mich nicht bewegte, spürte ich keinen Schmerz. Ich hatte aber zu viel Angst, um es überhaupt zu versuchen. Als ich schließlich meinen Mut zusammennahm und versuchte aufzustehen, war da kein Schmerz. Ich setzte mich auf den Bettrand, was ich wochenlang nicht hatte tun können. Kein Schmerz. Zittrig stand ich auf. Kein Schmerz. Langsam wanderte ich durch die Wohnung.

Sollten Sie noch nie unter akutem Schmerz gelitten haben, werden Sie meine Euphorie an dem Tag nicht nachvollziehen können. Schmerzfrei herumlaufen zu können war das Unglaublichste, was ich je erlebt hatte. Ich hatte keine Wahl, ich musste das Versprechen halten, das ich Mother Shipton gegeben hatte. Sie hatte mich erlöst.

Drei Wochen später saß ich, nachdem ich eine Reihe von Spezialisten aufgesucht hatte, die auch jetzt keine Ahnung hatten, was mit mir passiert war, an meinem Schreibtisch und schrieb. Ich schrieb wortgetreu ab, was sie mir diktiert hatte, und notierte dazu, wie ich ihre Worte interpretiert und zu welchen Ergebnissen dies – mit allen schönen und hässlichen Seiten – in meinem Leben geführt hatte. Komisch, dass Hexen in künstlerischen Darstellungen immer hässlich sind.

Lassen Sie mich einen Augenblick etwas abschweifen. In Wahrheit gibt es da so einen winzigen Teil in mir, der das, was ich gleich enthüllen werde, ängstlich zurückhalten will. *Gib es weiter*, hatte Mother Shipton gesagt, als sie meine Zurückhaltung bemerkt hatte, *das ist nichts als Eitelkeit, die dich treibt. Dir gefällt einfach die Vorstellung, das Geheimnis für dich zu behalten. Du musst es jedoch mit anderen teilen, sonst wird die Kraft in dir vergehen. Denk dran, in dem Wort Präsent stecken zwei Bedeutungen, zum einen das »Hier und Jetzt«, zum anderen das »Geschenk«.*

Die Kraft will nur dann tatsächlich wirken, wenn wir sie teilen, dessen bin ich mir inzwischen sicher. Genau das ist es, was die Männer dadurch, dass sie ihre Verbindung zu Mutter Erde und Schwester Mond verloren haben, nicht mehr können. Sie haben das Miteinander-Teilen abgeschafft. Die Magie ist ein seltsames Ding. Wir sehnen uns nach ihr, und zugleich sorgen wir bemerkenswerterweise dafür, sie nicht zur Kenntnis zu nehmen. Es sei denn, wir erinnern uns daran, dass jeder von uns ein Produkt seiner Umgebung ist. So sehr wir uns auch für einzigartige Individuen halten möchten, die zu unabhängigem Denken und Handeln fähig sind, straft uns die Erfahrung doch Lügen. Die meisten von uns erlauben sich, den Weg des geringsten Widerstandes zu gehen, und enden schließlich mit einem Abklatsch dessen, was sie sich für ihr Leben vorgestellt hatten. Haus, Partner, Arbeit, vielleicht Kinder. Zweimal pro Jahr Urlaub, wenn sie Glück haben, und die Aussicht, dabei älter zu werden. Geschieht dann irgendetwas außer der Reihe, sehen sie es entweder als glücklichen Zufall, oder sie ignorieren es und verpassen eine Gelegenheit. Es sei denn, sie gewinnen in der Lotterie.

Wenn das passiert, ist natürlich alles anders. Für die Menschen, die plötzlich und unerwartet reich geworden sind (ein paar von ihnen habe ich behandelt), wird das Leben dadurch jedoch auch nicht unbedingt leichter. Sie haben dann zwar vielleicht das Gefühl von finanzieller Sicherheit und brauchen nicht mehr zu arbeiten, wenn sie nicht wollen, aber das Geld bringt dafür eine Reihe neuer, unvorhergesehener Probleme mit sich. Manch einer würde sie vielleicht als Probleme zweiten Ranges bezeichnen, da sie nicht existierten, bevor das Geld da war, aber sie ersetzen die bereits vorhandenen Probleme nicht etwa, sondern addieren sich zu ihnen dazu. Eine schwierige Beziehung, eine schlechte geistige oder körperliche Verfassung oder sonstige Probleme werden durch Reichtum nicht plötzlich *gelöst*. Er mag mitunter dabei helfen, mit den Problemen umzugehen, aber geheilt sind sie damit noch lange nicht. Oft werden schwierige Beziehungen sogar noch schlechter, wenn Geld ins Spiel kommt, weil die Person, die jetzt reich ist, nicht mehr daran arbeiten will und sich stattdessen lieber mit derselben inneren Haltung in eine neue Beziehung stürzt.

Und was wäre, wenn anstelle von Geld (dabei können Sie das noch dazubekommen, wie wir später sehen werden) Magie oder die Kraft, sich selbst ein neues Leben zu erschaffen, in Ihr Leben träte? Was wäre dann anders? Aus eigener Erfahrung kann ich Ihnen sagen, dass nicht jeder bereit ist, auch nur das Vorhandensein von Magie, geschweige denn ihr Transformationspotenzial anzuerkennen. Aber gehen wir doch einmal davon aus, Sie wären bereit dazu, magisch zu werden. Was würde geschehen? Erstens, Sie würden sich nicht länger einreden können, dass es nur eine Wirklichkeit und nur eine Art und Weise gibt, Dinge zu tun. Sie würden Verantwortung für Ihre Fehler und Taten übernehmen und beginnen müssen, an sich zu glauben und besser für sich zu sorgen. Sobald Sie dazu in der Lage sind, können Sie ein wahrhaft magischer Mensch werden, also die Sorte Mensch, die wunderbare Dinge geschehen lässt. Ich weiß es, denn ich habe es gelernt. Magie ist etwas Wunderschönes und Kreatives, und außergewöhnlich sind heutzutage die Menschen auf der Welt, die magisch wirken. Das sind die Menschen, die uns anziehen, die wir in unserer Nähe haben wollen. Je mehr von uns sich darauf einlassen, umso wunderbarer wird unser Leben. Ich weiß, was Sie denken: Sie möchten gern daran glauben, aber Sie trauen sich nicht. Vielleicht haben Sie sogar Angst, die Leute könnten Sie auslachen. Das liegt daran, dass wir in einer rationalen, logisch ausgerichteten Welt leben und das leise Gefühl haben, dass Magie etwas für komische Vögel und nichts für erfolgreiche Menschen ist. Sie täuschen sich, und ich werde es Ihnen mit diesem Buch beweisen. Sie brauchen nichts weiter zu tun, als weiterzulesen.

Wie definiere ich Magie? Die passendste Definition, die ich je gefunden habe, steht auf der Website der Princeton University. Ich *liebe* das World Wide Web! Dort steht: »Magie ist jede Art von Kunst, die übernatürliche Kräfte aktiviert.« Kein Zauberumhang, kein Anrufen diabolischer Geister, nichts Böses. Magie richtet sich weder gegen die Gesellschaft noch gegen die Religion. Sie überschreitet alle Grenzen. Wahre Magie ist definitionsgemäß natürlich. Dass das Präfix »über« in der Definition vorkommt, bedeutet noch lange nicht, dass die Praxis der Natur zuwiderliefe – ganz im Gegenteil. Sie *verstärkt* alles, was natürlich ist. Wir haben gelernt, dass wir Magie fürchten sollen, weil sie jeder Beschreibung trotzt. Und was sich über die Jahrtausende nicht von den kanonisierten Religionen oder Gesellschaften absorbieren ließ, wurde von ihnen zerstört. Zumindest hat es viele Versuche gegeben, Magie in ihrer reinsten Form zu zerstören. Dennoch hat sie sich, natürlich und stark wie ein Unkraut, immer wieder still und leise behauptet. Aber die Menschheit hat sie nicht gepflegt, sie will sie nicht und wird immer wieder alles tun, um sie zu ersetzen, zu verdecken oder zu zerstören, wenn sie kann. Egal, ob das Unkraut eine Heilkraft besitzt – es wird immer Menschen geben, die diese Kraft zu zerstören versuchen.

Ich schreibe dieses Buch daher aus zwei Gründen. Erstens habe ich keine Wahl, Mother Shipton hat mich dazu gezwungen! Zweitens habe ich eine Gabe, die mir erlaubt, die Landschaft meines inneren Selbst nach Belieben zu betreten. Vielleicht hat mich auch hierbei Mother Shipton geführt, aber dessen bin ich mir nicht allzu sicher. Jedenfalls erlaubte mir diese Gabe – nämlich das Vermögen, echte Trance anzuwenden –, Mother Shipton zu hören. Ich werde Ihnen zeigen, wie Sie den Zugang zu Ihrem magischen Selbst kontrollieren und – was mindestens ebenso wichtig ist – auf Ihr eigenes Potenzial vertrauen können, um magische Verwandlung in sich und um sich herum zu erzeugen. Wenn Sie die Trance richtig anwenden, bewegen Sie sich nicht nur durch die verschiedenen Phasen voran, sondern Sie verbinden sich mit Ihrem inneren Selbst auf eine Weise, die Sie sehr erstaunen wird. *Entrance* ist im Englischen nicht nur ein Substantiv, als das es den Zugang von einem Raum in einen anderen bezeichnet, das Wort kann auch Verb sein (*to entrance*) und bedeutet dann: verzücken, verwundern. Ein Wort und zwei Bedeutungen, die sich in unserem Zusammenhang an der Tür zu Ihrem Geist treffen. Ich selbst verwende die Hypnose, um sicher und kontrolliert in Trance zu gehen, sie ist die Tür zu meinen Träumen. Hier gibt es nichts zu befürchten. Es gibt viele Wege durch unsere Erinnerungen, durch die ich Sie so geleiten werde, dass es Sie nur stärken kann in Ihrem Leben. Dabei behalten Sie vollständig die Kontrolle über sich, die zusätzlich noch in dem Maße wachsen wird, in dem Sie Ihre geistige Magie trainieren.

Echte Magie benötigt Riten und Rituale. Während die Riten als Vorgänge in Ihrem alltäglichen Leben real sind, stellen die Rituale, von denen jeweils eines vor dem Ritus und eines danach ausgeübt wird, Wandlungssymbole dar und sollen die Riten unterstreichen. Nichts, was in diesem Buch steht, ist unmöglich auszuführen oder zu zeitaufwändig – Sie können und werden die Dinge, die Sie zur Quelle bringen, nur dann tun, wenn Sie sich dafür entscheiden. Vergessen Sie nicht: Für das meiste, was in Ihrem Leben geschieht, haben Sie eine Wahl getroffen.

Allerdings entscheiden sich manche unter uns dafür, die Alternativen nicht zu sehen.

Und damit beginnt nun die eigentliche Reise zur Quelle.

Riten, Rituale und Trancen

Von jetzt an werden Sie einen bestimmten Ablauf bezüglich der Reise wahrnehmen können. Sie werden beginnen, mit den Mondphasen zu arbeiten. Die Riten, Rituale und Trancen jedes Kapitels bilden eine fließende Struktur, die die Kraft jeder einzelnen Mondphase und die Energie von Schwester Mond und Mutter Erde voll und ganz nutzbar machen soll. Jedes Kapitel und jeder Schritt auf der Reise sind jeweils mit den aufeinanderfolgenden Mondphasen verbunden. Das mögen Sie zunächst frustrierend finden, denn je mehr Magie Sie um sich herum und in sich wahrnehmen werden, je näher Sie der Quelle der Magie kommen, desto schneller werden Sie zum nächsten Schritt übergehen wollen. Sie können sich natürlich auch dafür entscheiden, sich nicht mit dem Mondzyklus zu synchronisieren, aber ich kann Ihnen schon jetzt versichern, dass Sie dann weniger erreichen werden. Wenn Sie voranstürmen und nicht abwarten, dass die Quelle um Sie herum und in Ihnen wächst, *mögen* Sie wohl Fortschritte erzielen. Letztlich geht es jedoch langsamer, als wenn Sie jeweils den rechten Zeitpunkt abwarten. *»Ein jegliches hat seine Zeit, und alles Vorhaben unter dem Himmel hat seine Stunde.«*

Das Warten hat seinen Platz, wenn es um Wandel und Wachstum geht. Nicht immer ist es angebracht zu handeln, die Samen des Wandels müssen gesät und genährt werden. Ernten kann man, wenn die Zeit reif ist. Geduld können Sie lernen. Sie *werden* zur Quelle gelangen.

Es gibt vier Mondphasen, die von großer Bedeutung sind, wenn wir die Verbindung zur Quelle herstellen wollen.

DER ABLAUF

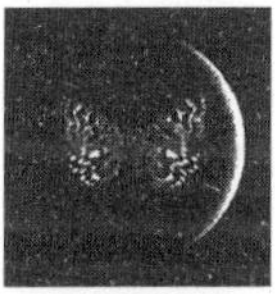

Trance: bei Neumond
Ein Zustand erhöhten Bewusstseins, in dem Sie sich mit der Quelle und deren psychischen Energien verbinden.

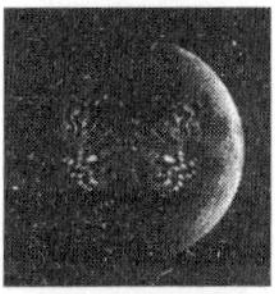

Ritual: bei zunehmendem Mond
Ein symbolisches Ereignis, das hier verwendet wird, um den Beginn eines Prozesses darzustellen.

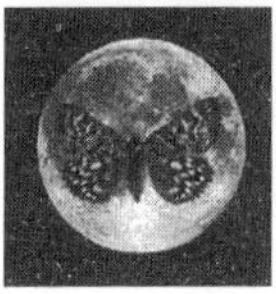

Ritus: bei Vollmond
Eine Aktion, in der Sie die Veränderungen, die in Ihnen stattfinden, in der äußeren Welt manifestieren.

Trance: bei abnehmendem Mond
Ein Zustand erhöhten Bewusstseins, in dem Sie sich mit der Quelle verbinden und wahrnehmen, was geschehen ist.

DIE BEDEUTUNG

Übergangsriten finden bei Vollmond statt, wenn die Kraft zu handeln am stärksten ist.
Rituale finden bei zunehmendem Mond statt, um Sie darin zu unterstützen, Ihre Vorbereitungen für eine physische, geistige und spirituelle Wandlung zu treffen.

Trancen finden bei Neumond und bei abnehmendem Mond statt. Die Neumondtrancen machen die psychischen Energien nutzbar, während die bei abnehmendem Mond durchgeführten Trancen Prozesse zum Abschluss bringen und Ihnen, falls nötig, die Gelegenheit geben zu trauern.

Das Grimoire

Mother Shipton spricht

1

Man kann sich schon leicht ablenken lassen, wenn man von oben auf seinen eigenen Kopf herunterschaut, ganz besonders dann, wenn er brennt. Diesen Moment nutzte dieser papistische Bastard von Wolseys Rabe, um mich zu verschlingen. Da beobachte ich gerade so ganz friedlich meinen Körper, wie er Feuer fängt, und den Heiligenschein, den mein in die Flammen geratenes Haar bildet, und lächle vor mich hin, während ich noch das Echo meines Gesichtes verschwinden sehe. Als ich mich über den Wasserspeier an der Turmecke von St. Michael-Le-Belfry hinauslehne, um besser sehen zu können, muss er mich entdeckt haben. Ich dagegen hab nichts davon mitgekriegt. Und dann trägt mich dieser stinkende Rabe in seinem Bauch weit fort von York und scheißt mich mitten in einer dunklen, übel riechenden Höhle in Knaresborough wieder aus. Ich kann kaum beschreiben, wie sauer ich war. Es hatte unendlicher Planung bedurft, meine Seele von meinem Körper so zu trennen, dass ich immer noch in der Lage war, ihn zum Scheiterhaufen zu bewegen und im Feuer überzeugend zucken zu lassen. Vermutlich war es mein eigener Fehler – ich hätte mich lieber gleich entfernen sollen. Aber ich gebe zu, dass mich die Neugier getrieben hat. Das wäre euch an meiner Stelle sicher ebenso gegangen.

Meine eigene Eitelkeit hatte mich auf den Scheiterhaufen gebracht, denn wenn ich mich auf Weissagungen in meiner direkten Umgebung beschränkt und für mich behalten hätte, dass seine Gnaden Kardinal Wolsey seinen Fuß nie nach York setzen würde, dann wäre ich in jenem Leben womöglich älter geworden. Es hatte mich, wohlgemerkt, nicht geschmerzt, meinen Körper zu verlassen. Dass ich als Seele jedoch in der Kalkhöhle landen könnte, hatte ich nicht bedacht. Ein schöne Wahrsagerin war ich! Nun hatte ich ein Problem, denn der Kalk im Rabenmist klebte mich am Boden der Höhle fest, die ständig ihre Kalktropfen aussonderte. Eine Ewigkeit im Mist – das war nicht, was ich mir vorgestellt hatte. Ich musste schleunigst etwas tun, bevor mein Geist verging. Wie jeder Geist brauchte er, um am Leben zu bleiben, die Wünsche anderer. Und meiner umso mehr, als mein Leben das einer Heilerin gewesen war.

Ich nahm daher eine Bestandsaufnahme meiner Umgebung vor, die ich gut kannte, da Knaresborough mein Geburtsort war. Ich konnte die Höhle mit dem Tal, in dem sie lag, sehen, und obgleich sie vor der Menschheit versiegelt war und wie der Misthaufen des Teufels höchstpersönlich stank, war sie doch an einem wunderschönen Ort gelegen. Ein Fluss und ein Naturpark umgaben sie. Sie bot mir Schutz genug für die Zeit, die ich brauchte. Es war ein friedlicher Ort. Der ganz in der Nähe gelegene Fluss Nidd plätscherte sanft dahin und machte den Felsen, in dem die Höhle lag, fast zu einer Insel. Also beschloss ich, dass ich den Kalk dazu nutzen würde, ein Abbild von mir wachsen zu lassen. Hier, mitten in der Höhle, würde ich ein Bildnis meines Körpers aus Kalk erschaffen und damit Menschen, die in Not waren, herbeirufen. Dies würde zwar einige Zeit in Anspruch nehmen, aber ich hatte gelernt zu warten. Meine Hässlichkeit hatte mich die Geduld gelehrt.

Von denen, die meine Geschichte aufgeschrieben haben, glaubten nicht wenige, ich sei in der Höhle geboren worden. In gewisser Hinsicht hatten sie Recht. Nach Ursula Sontheils Tod wurde dort der Legende nach Mother Shipton geboren.

Ich nahm mir die Zeit und formte einen Körper in der Höhle, der auf einem Thron aus Kalk saß und von Kalkwasser umgeben war. Jetzt hatte ich eine Form, an die sich Bedürftige wenden konnten.

Als das Bildnis vollendet war, schrie meine Seele nach Freiheit. Ich sehnte mich danach, England in seiner gesamten Länge und Breite und das magische, fremde Land der Kelten zu durchfliegen und auf meinen Reisen zu lauschen und zu lernen. In der dunklen Höhle beschränkten sich meine Flüge auf den Geist, und dieses Eingesperrtsein raubte mir fast den Verstand. Aber ich wusste: Geduld tat not. Da ich nun schon lange von meinem irdischen Körper und den Begrenzungen der Zeit befreit war, konnten mich die Glaubensmänner nicht mehr behelligen. Ich rief also, als meine Seele endlich geheilt war, die Elementarwesen zusammen, damit sie die Höhle öffneten. Das war ein guter Tag, das könnt ihr mir glauben. Sofort drang die frische Yorkshire-Luft nach drinnen und vertrieb den elenden Gestank. Um die

Höhle einladender zu gestalten, säte ich Blumen vor ihrem Eingang.

Im Frühjahr ließ ich dann meine Stimme hinaus auf ihre erste Reise in die Luft. Der Abend dämmerte bereits, ein wunderschöner zunehmender Mond beschien den Fluss und den abgeschiedenen Weg in die Außenwelt. Die Zeit schien still zu stehen, während ich mich am Höhleneingang bei den Blumen aufhielt, denn ich wusste, dass die Jungfrau nicht lange auf sich warten lassen würde.

Und da kam sie auch schon, ihr sehnsüchtiges junges Herz hatte meine Stimme vernommen, und die Blumen wiesen ihr den Weg. Als sie eingetreten war, sprach ich zu ihr: »Ich schaue dir ins Herz, mein Kind. Lass mir ein Geschenk da, und dein Begehr wird sich erfüllen.« Nun ja, ich war wohl ein wenig aus der Übung. Wenn ich es recht bedenke, muss ich etwa zweihundert Jahre in der Höhle verbracht haben. Obgleich sie meine Stimme nur in ihrem eigenen Kopf hörte, war doch allein diese Tatsache und dazu der Anblick des von Kalk umhüllten Frauenschattens vor sich in der Höhle erschreckend genug, und sie reagierte nur zu natürlich, wenn sie sich vollschiss und davonrannte.

Es dauerte ein paar Monate, bevor ich es noch einmal wagte, einen Ruf in die Welt hinauszuschicken. Diesmal fand nicht eine Jungfrau, sondern eine Mutter den Weg in meine Höhle. Es musste eine Mutter sein, eine Frau, die den Schmerz der Entbindung und des Verlusts erlebt hatte. Nun gab ich ihr das Kind, nach dem sie sich sehnte. Zwei reine Seelen, die tot aus ihrem Körper herausgezogen worden waren und in der nicht gesegneten Erde, in der sie nun begraben lagen, keinen Frieden finden konnten, hatten ihr jede Liebe zur Kirche genommen und sie dazu gebracht, mich um Heilung anzurufen. Als sie dann einen hübschen kleinen Jungen gebar, hielt sie ihr Versprechen und brachte mir eine Babyrassel als Geschenk.

Ich hängte die hölzerne Rassel ins Innere der Höhle, wo sie sich, Tropfen um Tropfen, in Stein verwandelte. Nach vollendeter Tat entzündete sich ein winziges Lebenslicht in mir. Die gestillte Not der Frau hatte sich in einen Lebensfunken verwandelt, den ich durch den Kalk aufnehmen konnte. Mein Plan funktionierte. Von da an rief ich alle Mütter an, die hören wollten. Alle Mütter, die wussten, was es hieß, Frucht zu tragen, und deren Unterleib vor Leere schmerzte. Mütter, die den Tod fürchteten, andere, die ihn ihren Männern wünschten. Mütter, deren Hände von den täglichen Mühen schmerzten. Mütter, deren Männer mit anderen Weibern buhlten. Mein Ruhm wuchs, das Rinnsal verwandelte sich in einen Strom, und der Strom bahnte sich seinen eigenen Weg. Der weite Weg zur Höhle wurde zu einem wahren Pilgerweg. Wie hätte Wolsey das verabscheut! Meine Höhle wurde zu einem Schrein für diejenigen, denen die Kirche nur Buße und Elend und keinen echten Platz bot. Ich hingegen bot Freiheit und Erfüllung. Keine blaue Robe bedeckte mein steinernes Bildnis, es gab weder Kerzen noch Gottesdienste. Ich tat meine Arbeit im Dunkel der Höhle.

Immer mehr Menschen sammelten sich rund um die tropfende Quelle, und die Kleider derer, die kamen, wandelten sich. Nicht länger mehr nur Zuflucht für Arme und Bedürftige, kamen bald auch aufgeputzte Damen und gar Männer zur Höhle. Dabei blieben, obgleich sich das äußere Bild wandelte, die Nöte die gleichen, während ich geduldig jedem Geschenk, das mir als Dank für ein geborenes Kind, einen gefundenen Gatten, eine enthüllte Liebe gereicht wurde, das nötige Feuer entnahm. Kommt nur nicht auf die Idee, ich hätte in meiner Not die ihre missbrauchen können. Nein, da gibt es Regeln. Bricht man sie, fällt man in den Misthaufen zurück. Selbst wenn ihr mich bätet, jemandem Schmerz zuzufügen, kann und werde ich dies nicht tun. Allerdings ist es möglich, den Schaden, den jemand euch zugefügt hat, auf denjenigen umzulenken. Dies ist eine Lektion, die ich euch beibringen kann, wenn ihr die Geduld habt und gewillt seid, euren Geist dafür zu öffnen. Wenn nicht, dann wünsche ich euch einen guten Verbleib im Misthaufen. Verzeiht mir die harschen Worte, der lange Aufenthalt im Kalk hat mich verroht. Das wird sich ändern, sobald ich die Höhle verlassen habe.

Es versammelten sich also immer mehr Menschen bei der Höhle, und mit ihnen zog der neue Gott des Handels in meinen Felsen ein. Der Grundbesitzer Slingsby verpachtete die Höhle als Kuriosum an einen Wächter, der seinerseits begann, Geld von denen zu verlangen, die mich aufsuchen wollten. Zuerst war ich verstimmt, dann aber akzeptierte ich es. Er war ein Mann, der mich weder sehen noch hören konnte. Für ihn war die Höhle nichts weiter als eine Möglichkeit, die Leichtgläubigkeit von Frauen zu Geld zu machen. Welche Ironie des Schicksals: Während er Geld scheffelte, schenkte ich denen, die in meine Höhle kamen, Heil. Seine Gier schützte die Höhle vor Schaden, sodass ich mich zunehmend stärken konnte. Unendlich viele Pfandstücke, die die Not ihrer Besitzer ausdrückten, wurden der Absorption des Kalks anheimgegeben. Und mit jedem Lichtpfand, das der Höhle freiwillig überlassen wurde, wuchs das Leben in mir. Ich wartete, bis ich genug Licht hatte, um ein Feuer zu entzünden, damit ich wie Phoenix aus der Asche neu entstehen konnte. Ich wartete, bis die Welt bereit war für mein Wissen. Dann machte ich mich daran, eine Frau zu finden, die zusammen mit ihrem Kind meinen Geist austragen und somit auch meine Seele aus der Dunkelheit der Höhle ins Licht gebären würde.

Und wirklich, sie kam zu mir, mit fremder Zunge und einem starken Willen. Ihr Körper hatte seit siebzehn Jahren keine Frucht getragen. Sie hatte einen Sohn und sehnte sich brennend nach einer Tochter. Ihr Geist kannte die abergläubischen Ängste nicht, mit denen sich die Engländer plagten. Sie kam gleich zur Sache: »Gib du mir eine Tochter, dann gebe ich dir Leben.« Ich war nun bereit dazu, die Höhle zu verlassen. Bereit, wieder jung zu sein, um die Schattentochter zu werden, die sie nie sehen würde, die aber zusammen mit dem kleinen Mädchen, das sie hervorbringen sollte, heranwüchse. Diesmal würde ich Wissen und Schönheit zugleich haben. Es würde ein interessantes Leben werden. Die Tochter würde ihr Leben mit mir teilen, und dafür würde ich mein Wissen – und meine Macht – mit ihr teilen, sofern sie stark genug dazu wäre.

Aber ich glaube, ich sollte meine Geschichte von Anfang an erzählen und nicht vom Ende oder – genauer gesagt – von der Mitte her. In der Höhle hatte ich jede Menge Zeit zum Nachdenken und Erinnern gehabt. All die Jahre dort war ich allein gewesen. Es tut mir gut, nun zur Abwechslung einmal nicht zuzuhören, sondern meine Geschichte erzählen zu können. Das schuldet ihr mir, würde ich meinen, denn das Wissen, das ich an euch weitergebe, ist unbezahlbar. Lasst euch daher nieder, meine Töchter und Söhne, die genug mütterliche Anteile in sich tragen, um mich sehen und hören zu können. Hört gut zu, denn meine Geschichte ist eine Lektion für uns alle. Wenn ihr euch dazu entscheidet, ihr zu lauschen, könnt ihr wahre Magie vollbringen – nicht das leere Gefasel und den Hokuspokus der Männer, sondern wahre, irdische Magie. Auch heutzutage. Auch in eurer lauten Welt der hellen Lichter, der Technologie und der Reisen. Oh ja, ich kenne eure Welt. Meint ihr wirklich, die Welt hätte sich zum Besseren gewandelt? Lauscht meiner Stimme und entscheidet selbst.

Meine Geschichte hat ja schon vor meiner Geburt begonnen. Meine Mutter brachte mich als unverheiratete Frau zur Welt, und das war Grund genug, mich zu verhöhnen. Agatha war eine arme, verwaiste Jungfrau, als sie dem süßen Gesäusel ihres Priesters aufsaß. Oh ja, liebe Leser. Mein Vater war zwar kein Teufel mit Hörnern und Schwanz, wie es die Legende im Umkreis wollte, aber teuflisch war er doch. Er beobachtete Agatha, wie sie, einer Wildbeere gleich, heranwuchs, und pflückte sie, als sie ihm reif und saftig schien, fünfzehn Sommer jung und kaum bereit für die Ehe. Die Möglichkeit zu heiraten machte er ihr damit zunichte. Er bezirzte und beschwor sie so sehr mit seiner süßen lateinischen Zunge, dass sie ihm willig die Beine öffnete. Sie fürchtete so wenig um ihre Seele, wie sie besorgt war, sein Same könnte Wurzeln fassen in ihrem Leib. Er hatte schließlich seiner Gemeinde von der hohen Kanzel am Sonntag in der Früh gepredigt, dass Mann und Frau im Angesicht Gottes vermählt sein müssten, um ein Kind zu empfangen. Also konnte ihr doch nichts geschehen. Sie vertraute dem Priester, doch als ihr Leib sich rundete, ließ er zu, dass das Weibergesindel sie vor den Richter zerrte, und hielt sich selbst bedeckt. Als man sie dort bezichtigte, sie sei eine Hure, wusste meine Mutter sich jedoch zu wehren. Frisch und leuchtend in ihrer Rundheit stand Agatha vor ihren Anklägern und zitierte die Heilige Schrift: »Wer ohne Sünde ist, werfe den ersten Stein.« In der Stille, die folgte, zeigte sie unter dem Gesindel, das sie hierhergeschleppt hatte, auf die Frau von Tom Martin. Als aller Augen dem ausgestreckten Finger folgten, wurde die Angesprochene rot und versuchte sich in der Menge zu verstecken. Da ging Agatha zu dem Richter, der hoch auf seinem Stuhl thronte, schaute ihm geradewegs in die Augen und sagte: »In diesem Leib dort wächst dein Kind.« Die Frau schrie auf und rannte aus dem Saal. »Geht mir aus den Augen, hier gibt es keinen Prozess zu führen«, schalt der Richter die aufgebrachten Frauen. Der Priester, der sich während der ganzen Farce im Hintergrund hielt, schwieg derweil und kehrte aus lauter Feigheit den Frommen hervor.

Agatha wusste nicht etwa davon, weil sie außergewöhnliche Kräfte besessen hätte, sie hatte immer nur zugehört, ohne selbst zu reden, und hatte, weil sie so arm war, vor den Leuten keine weitere Beachtung gefunden. Die anderen Frauen hatten das Gerücht über Tom Martins Frau in Umlauf gebracht. Sie nutzte dieses

Wissen an jenem Tag, um sich zu retten, und galt fortan als Hexe.

Von nun an hielt sie sich fern vom Dorf und den bösen Zungen der Frauen. Die Dorfbewohner ließen Agatha in Ruhe, denn sie hatten Angst vor ihrem Mangel an Furcht. Sie schlief in einer Scheune bei einem Bauernhof, fünf Kilometer vom Dorf entfernt mitten auf dem Land gelegen. Der Bauer und seine Frau freuten sich darüber, denn zum Dank für das Obdach betreute sie die Schafe bei der Niederkunft, sodass sie ruhig schlafen konnten. Doch dann gingen bösere Gerüchte um, die zunahmen, als Tom Martins Frau einen schwächlichen Jungen zur Welt brachte. Jedem, der es hören wollte, erzählte sie, dass Agatha an jenem Tag ihren Leib verhext habe. Die Leute glaubten es, weil sie es glauben wollten und weil in jenem Sommer sonst nichts Interessantes im Dorf geschah. Geschichten wurden erzählt, Leute hätten sie draußen auf den Feldern gesehen, wie sie mit dem Teufel gebuhlt habe. Sie hätten seinen Schwanz gesehen. Sie habe ihre Seele verkauft und werde dafür bestraft. Sie hätten ihr Kind gesehen. Schon gleich nach der Geburt sei es in der Lage gewesen zu spucken und zu beißen. Ein Teufelskind. So wie die Dinge standen, suchte Tom Martin sie in der Scheune auf, flehte sie an, den Fluch zu lösen, und bot ihr Geld dafür. Tom war es gleich, ob das Kind seines war oder nicht, denn er liebte seine Frau. Agatha tat der freundliche Mann leid. Sie versuchte ihm zu erklären, dass sie etwas, was sie gar nicht getan habe, nicht rückgängig machen könne, aber er wollte – und konnte – nichts davon hören. Daher tat sie das Einzige, was ihr noch übrig blieb, um dem armen Hahnrei seinen

Stein vom Herzen zu nehmen: Sie murmelte etwas vor sich hin und sagte ihm, hiermit sei der Fluch gelöst. Da weinte Tom, und als er versuchte, Agatha das Geld in die Hand zu drücken, nahm sie es nicht an. Das Kind erholte sich auch ohne ihr Dazutun. Jedoch hatte sie nun ihren Ruf. Ob das Kind lebte oder gestorben wäre – in den Augen der anderen war sie eine mächtige Hexe, die einen Fluch verhängen und wieder lösen konnte. Agatha war zwar jung, aber nicht dumm. Daher war ihr klar, dass unser beider Überleben von dem Glauben der anderen abhing. Ich habe viel von ihr gelernt.

KAPITEL EINS

Neumond – Tod

Mother Shipton schreibt:

Tod ist der Beginn, nicht das Ende deiner Reise.
Nur wenn du das Leben wählst, wirst du dir
Freund sein, weise.
Räum dir den Weg frei, reise ohne Gewicht,
trödle nicht, entdecke dein Licht.
Eile dich, vertu keine Zeit, der Tod erwartet dich,
ob du nun gehst oder bleibst.

Ursula Sontheil wurde erst nach ihrem Tod zu Mother Shipton und zu einer Legende. Über Jahrhunderte hinweg wurde sie immer wieder neu geboren in den Köpfen der Menschen, die sich auf der Suche nach Führung an sie gewandt hatten. Sie wusste von der Kraft des Glaubens, sie wusste, dass man, wenn man an sich selbst glaubt, alles sein kann, was man will.

Sie wusste, dass uns die Menschen durch ihren Glauben an unsere Magie die Macht geben, diese auszuüben. Das habe ich Jahr für Jahr in meiner eigenen Therapiepraxis erlebt. Frauen, die hereingetragen wurden, weil sie ohne Hilfe nicht stehen konnten, verließen meinen Behandlungsraum aufrecht gehend. Ich habe erlebt, wie Tumore schrumpften, wie Angst und Furcht von den Gesichtern derer wichen, die sich vorher nicht einmal getraut hatten, ihre Häuser zu verlassen. Ich habe die Freude von Eltern geteilt, denen zuvor gesagt worden war, sie würden niemals Kinder haben können. Ich habe viele wunderbare Dinge gesehen. Ich weiß, dass ich nicht mehr *Macht* habe als Sie und dass ich das, was mir gegeben wurde, durch Channeling erhielt. Ich weiß, wie ich es zum Wohl anderer nutzen kann. Nicht ich ließ diese wunderbaren Dinge geschehen, ich half diesen Menschen nur, die Quelle der Magie *in sich* zu finden, sodass sie sich ändern konnten.

Deshalb war es so absurd, dass ich mich selbst nicht ändern konnte. Mein Leben blieb durch meine eigenen Erwartungen eingeengt. Als ich Mother Shiptons Buch öffnete, fand ich ihre Worte undurchsichtig und schwer zu lesen. Also tat ich, was ich am besten kann: Ich versetzte mich in eine Trance, in der die Worte zu Bildern wurden und die Bilder zu einer Geschichte, einer Reise. So wurde mir die Geschichte klar und verständlich. Ich stellte mir vor, wie es für mich wäre zu sterben, dieses Leben und all die Dinge zu verlassen, die ich hätte tun sollen, aber nicht getan hatte. Daraufhin beschloss ich, dass ich erst einmal richtig leben musste, bevor ich starb.

Ich visualisierte mein eigenes Begräbnis. Es war eine kalte und unfreundliche Angelegenheit. In der Grabrede ging es um meine Arbeit und um die Menschen, denen ich beruflich geholfen hatte. Aber es war keiner da, der um mich getrauert hätte. Die Leute schienen traurig, aber niemanden hatte ich wirklich tief und bedeutsam berührt. Als ich das beobachtete, wurde mir kalt und einsam zumute. Ich war mir selber böse, dass ich mein Leben so bedeutungsleer hatte werden lassen. Mir wurde klar, dass ich Tränen und Geheul und Zähneknirschen wollte (was mich seltsamerweise fröhlich stimmte). Ich wollte Musik und Gelächter und ein Fest, bei dem die Menschen, die mich liebten, mein Leben feierten. Ich wollte *mehr* von meinem Tod, genau wie ich jetzt mehr von meinem Leben wollte. Ich weinte Tränen des Bedauerns und des Selbstmitleids, des Ärgers und der Frustration. Ich betrauerte das Ableben von dem Ich, das nun für mich tot war. Und endlich stellte ich fest, dass dieses Bewusstsein von unserem eigenen Tod, von unserer absoluten Sterblichkeit notwendig ist, um das Leben in jedem Augenblick in seiner ganzen Fülle zu leben. Jahrelang hatte ich krebskranke Klienten begleitet und ein klares lebendiges Leuchten in ihren Augen gesehen. Sie alle wussten um das, was die meisten von uns nicht wahrhaben wollen, und zwar um die wesentliche Tatsache, dass das Leben immer nur *jetzt* geschieht, also heute und nicht morgen oder nächste Woche. Genau hier und jetzt findet das Leben statt. Ich war dankbar, dass ich dies noch rechtzeitig begreifen durfte, um etwas ändern zu können.

Als ich aus meiner Trance erwachte, zog ich mein Notizbuch heraus und begann, zu der Liste der Dinge, die ich bereits notiert hatte und jetzt mehr denn je wollte, hinzuzufügen, was ich bedauerte, nicht getan zu haben. Außerdem notierte ich alle Gefühle, die in mir hochkamen. Ich ließ die Trance in mein Schreiben hineinwirken, um mich nicht zu zensieren. Jetzt fühlte ich mich sogar noch lebendiger als auf dem Berg. Ich wurde regelrecht *hungrig* nach Leben. Hungrig nach der Erfüllung meiner Träume und Hoffnungen, nach den Dingen, die mich inspirierten und mich begierig danach machten, mehr zu leben. Ich nahm mir Zeit dafür und möchte Sie nun bitten, dasselbe zu tun.

Am einfachsten ist es, wenn Sie Ihr Unterbewusstsein darum bitten, Ihnen diese Informationen zu geben. Einige dieser Träume und Sehnsüchte mögen Ihnen noch verborgen sein. Lassen Sie sich in Ihre innere Welt tragen. Trancen erleben wir tagtäglich auf natürliche Weise, wenn wir tagträumen oder – noch intensiver – in den Momenten zwischen Wachen und Schlafen.

Legen Sie sich, bevor Sie heute Nacht einschlafen, in Ihr Bett, schließen Sie die Augen und zählen Sie in kompletter Dunkelheit von dreihundert bis null. Nutzen Sie jeweils das Ausatmen als Zählrhythmus. Sobald Sie die Null erreichen, werden Sie mit Ihrer inneren Welt verbunden sein. Dort gibt es nichts zu befürchten. Falls Ihr Herz schneller schlagen sollte als sonst, beunruhigen Sie sich nicht, nehmen Sie es einfach als einen Teil in Ihnen wahr, der es womöglich nicht versteht, was Sie gerade tun. Nun geht es darum, sich vorzustellen, wie es wäre, wenn Sie das Leben, das Sie führen, verließen und sich wie ein Geist zwischen den um Sie Trauernden bewegen würden. Dadurch werden Sie sich aller Dinge bewusst, die Sie in Ihrem Leben gern gesagt oder getan hätten. Sie werden manches bedauern und erkennen, worauf Sie sich konzentrieren müssen, um sich zu verändern. Womöglich werden Sie das Bedürfnis verspüren zu weinen und zu trauern. Lassen Sie es zu. Es ist verständlich und ganz natürlich.

Danach können Sie sich ein wenig ausruhen und über diese neue Erfahrung nachdenken. Schlagen Sie nun Ihr besonderes Notizbuch auf und schreiben Sie Ihre Hoffnungen und Träume, Ihr Bedauern und Ihre Wünsche auf. Nehmen Sie sich Zeit dafür, denn es könnte mehr sein, als Sie erwartet haben. Zensieren Sie sich nicht dabei, schreiben Sie einfach alles auf, was Ihnen einfällt. Und nun können Sie sich ganz einfach schlafen legen.

Sollten Sie sich mit einer Trance als Arbeitsmittel nicht wohl fühlen, dann stellen Sie sich bei den in den späteren Kapiteln folgenden Trance-Abschnitten einfach vor, Sie befänden sich auf einer Reise, wie ich sie jeweils beschreiben werde. Jeder Mensch sollte diese Reise so erleben, dass er sich sicher dabei fühlen kann. Es gibt hier weder richtig noch falsch, sondern nur den eigenen Weg, und Sie werden während dieses ganzen Prozesses immer selbst die Kontrolle behalten.

Neumond

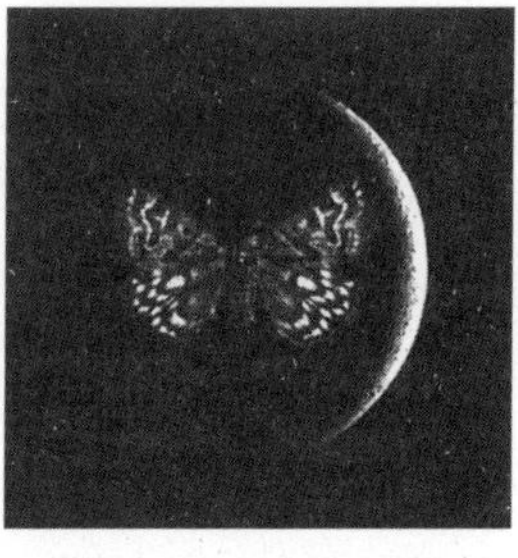

Der Neumond folgt auf den abnehmenden Mond und ist mit den Energien der Crone, der schwarzen Mutter, verbunden. Der Neumond befindet sich auf dem Grat zwischen Zerstörung und Erschaffung, seine Kraft ist unbeständig. Er wird allgemein mit Chaos und Wahnsinn in Verbindung gebracht, denn er kann trügen. Er ist die Abwesenheit, aus der alles erschaffen werden kann – ein universelles, unbeschriebenes Blatt.

Vergessen Sie nicht: Jetzt entfernt sich das Meer am weitesten vom Ufer und legt vieles frei. Der Neumond ist zugleich der Mond der Illusion und machtvolle psychische Verbindung, sodass wir, wenn wir mit dieser Mondphase arbeiten, sehr stark sein müssen.

Neumond symbolisiert die Weisheit der Erfahrung und des Alters. Wir können uns jetzt gut der Spiele bewusst werden, die wir mit uns selbst spielen, und uns von den Illusionen befreien, die wir uns als Ergebnis dieser Spiele selbst erschaffen. Niemand außer uns selbst kann uns täuschen oder in die Irre führen. Und sollten wir im Licht des Neumondes versuchen, an einer Illusion festzuhalten, könnten wir an dieser Anstrengung verrückt werden.

Lassen Sie also jetzt Ihre Tricks und Spielchen sein, befreien Sie sich von den Illusionen, bei denen es sich um lang gehegte Vorstellungen von sich selbst, von Ihren Mitmenschen oder Ihrer Welt handeln könnte.

Es ist eine Zeit der Trauer und der Erleichterung zugleich. Sie können jetzt Ihre Trauer um einen persönlichen Verlust gehen lassen und sich durch diesen Prozess befreien.

Nachdem ich alle meine Träume und Wünsche festgehalten hatte, las ich weiter in Mother Shiptons Niederschrift.

Mother Shipton schreibt:

Läutere dich vor jedem neuen Schritt,
nutz dafür Wasser und Wort.
Füll deine Schale und wasch die Hände dir.
Wasche sie und dabei sprich:
»Für den nächsten Schritt läutere ich mich.
Was vorher war, lässt los und fließt ins
Meer.«
Tue dies dreimal. Nun wisch die Schale aus
und stell sie fort.

Ich folgte ihren Anweisungen und machte mich für den nächsten Schritt bereit.

Nachdem ich mir mein Leben angeschaut hatte, als wäre es bereits vorüber, war es nun an der Zeit, alles auszusortieren, was zu der Frau gehörte, die ich nicht länger sein wollte. Ich bekam hier, während ich noch lebte, die Chance, mein altes Leben zu verlassen und ein neues zu beginnen. Mit den Kleidern und Schuhen ging das ganz leicht. Ich räumte die Küchenschränke, die Kleiderschränke im Gästezimmer und den Dachboden aus. Es waren Kisten über Kisten von *Sachen*. Verstehen Sie mich nicht falsch – ich liebe es, Dinge zu besitzen, vor allem natürlich schöne Dinge. Aber ich hatte viel zu viel davon. Taschen über Taschen voller Zeugs trug ich zum Charity

Shop. Ich verkaufte Dinge bei eBay, gab Bücher an meine Freunde weiter.

Ich reduzierte alles, was ich besaß. Das war notwendig, denn mir war klar, dass mein nächstes Stadium auf der Reise das einer Reisenden sein würde, und Reisende kommen am besten mit leichtem Gepäck voran.

Mein Vivienne-Westwood-Kostüm behielt ich, weil ich wusste, dass ich es so lange brauchen würde, bis ich nach meiner Transformation wieder gefestigt wäre. Ich wusste aber auch, dass dies nicht mehr lang dauern konnte, da ich zu diesem Leben ja gar nicht mehr zurückkehren wollte. Mother Shiptons letzte Worte an mich – »In dem Wort Präsent stecken zwei Bedeutungen, zum einen das Hier und Jetzt, zum anderen das Geschenk« – waren mir fest ins Gedächtnis gebrannt. Es gab keine andere Zeit als das Jetzt, um weiterzugehen und einen Neuanfang zu wagen. Die Gegenwart würde also mein Geschenk an mich selbst sein.

Von hier an wird das vorliegende Buch nun zu einem Handbuch, illustriert durch das Beispiel meines eigenen Wandels. Ab jetzt werden Sie eine Grundausstattung an Werkzeugen für die Rituale benötigen. Bei echter Magie geht es um Riten und Rituale. Die Riten sind Wirklichkeit, Ereignisse in Ihrem täglichen Leben, die Rituale hingegen Symbole des Wandels, die die Riten bekräftigen sollen. Nichts in diesem Buch ist unmöglich oder zeitaufwändig – Sie können und werden die Dinge tun, die Sie zur Quelle führen, sofern Sie sich dafür entscheiden. Die Reise erzeugt die Magie, und sobald sie vollendet ist, wird die Magie Sie nie mehr verlassen. Vergessen Sie nicht: Das

Meiste in unserem Leben beruht darauf, dass wir eine Wahl treffen. Manche von uns entscheiden sich nur dafür, die Alternativen nicht zu sehen.

Sie werden folgendes benötigen:

Feuer (eine Kerze)
Luft (die freie Natur oder einen Raum mit offenem Fenster)
Erde (barfuß geht es am besten)
Wasser (eine kleine feuerfeste Schale)
Ein Notizbuch, dazu lose Blätter und einen speziellen (allein für magische Zwecke zu verwendenden) Stift

Vergessen Sie bei der Wahl der Werkzeuge, die Teil Ihrer magischen Rituale werden sollen, nicht, dass in der echten Magie auch die Schönheit gewürdigt sein will.

Sie haben die Reise bereits mit dem Tod begonnen und können sich nun – *vor jedem neuen Schritt* – mit Wasser und Mother Shiptons Worten reinigen. Jetzt sind Sie bereit für den Anfang. Nehmen Sie einen tiefen Atemzug. Es gibt nichts, was schwierig oder kompliziert wäre. Die Rituale sind ganz einfach: Eines dient zum Einleiten des jeweiligen Prozesses, ein zweites zum Abschließen, das ist alles. Sie werden in den entsprechenden Momenten sorgfältig und genau von mir begleitet.

Außer Ihren Werkzeugen brauchen Sie einen Ort für Ihre Rituale. Manche Menschen gehen in den Garten, andere schaffen sich einen Raum in ihrem Schlafzimmer, wieder andere gehen hinaus in die freie Natur. Wenn Sie Ihren Raum gefunden haben, sollten Sie ihn sauber und ordentlich halten. Falls Sie in der Natur arbeiten, können Sie sich dort ein kleines Areal freiräumen.

Suchen Sie sich einen sicheren Ort, an dem Sie Ihr Notizbuch, Ihre Kerze und die anderen Dinge verstecken können, einen Ort, den nur Sie kennen. Verwenden Sie die Gegenstände für keinen anderen Zweck. Ich habe mir meine eigene Kerze hergestellt und dem Wachs Weihrauch beigemischt, um meine Entschlusskraft zu stärken, sowie Mandeln, um Geld und Glück anzuziehen. Ich nannte diese Kerze »Erfolg« und beleuchtete bei meiner Hochzeit den Raum, in dem die Zeremonie stattfand, mit dem Licht dieser Kerze. Immer wenn ich diese Duftkombination rieche, freue ich mich und denke an diesen Tag in dem Wissen, dass ich fähig bin, Magie in meinem Leben Wirklichkeit werden zu lassen.

Auch Verschwiegenheit ist Teil der Magie, und man sollte ihre Macht nicht unterschätzen. Wir können unsere Rituale dadurch für uns behalten (und schützen), dass wir zu Beginn jedes Rituals einen Kreis öffnen und ihn am Ende wieder schließen. Dieser Vorgang soll die Tatsache bekräftigen, dass wir uns dafür einen ganz besonderen Raum bereiten, der frei von jedem Gedanken und jeder Handlung sein sollte, die nicht dazugehören. Die Zeit, die wir in dem Kreis verbringen, widmen wir einzig und allein dem Herstellen der Verbindung zu unserer Quelle. Wir erschaffen uns so einen Raum für Magie in unserem Leben.

Was bedeutet der Kreis? Er ist das geschützte Areal, in dem wir Rituale durchführen. Innerhalb des Kreises kommunizieren wir direkt mit der Quelle. Wir öffnen und schließen den Kreis, um einen Raum zu schaffen, in dem wir sicheren Zugang zur Quelle bekommen und sie nähren und schützen können. Es geht darum, sie wertzuschätzen und maßvoll zu nutzen. Man darf nie verschwenderisch mit ihr umgehen, damit ihre Kraft nicht schwindet. Sie ist wie ein Licht, das Öl braucht, um brennen zu können. Wenn wir die Quelle nähren, so nährt sie uns. Je mehr Sie sich dann dem Ende der Reise nähern, desto mehr wird die Quelle an Stärke gewinnen und Ihr Bewusstsein über die Kraft, die ihr innewohnt, wachsen.

Warum sollte nun der Kreis geöffnet und geschlossen werden? Die Quelle braucht einen bestimmten Rahmen und Konzentration. Das Öffnen des Kreises entspricht dem Öffnen einer Tür zu einem Raum. Bevor sich die Tür öffnet, befinden Sie sich außerhalb des Raums. Wenn Sie den Kreis nach absolviertem Ritual wieder schließen, ist die Quelle geschützt und kann sich nicht verstreuen. Schließen Sie den Kreis nicht, dann setzen Sie sich in Ihrem Alltag wahllos allen möglichen Einflüssen aus. Selbst wenn Ihnen das aufregend und stimulierend vorkommen mag, ist es keine gute Idee, denn Sie haben keine Kontrolle darüber. Die Quelle an sich ist weder bösartig noch sonst in irgendeiner Form emotional, aber sie ist eine Energie. Und wenn Sie die Tür offen stehen lassen, sodass diese Energie umherschweifen kann, dann wird sie das auch tun. Das Schließen des Kreises ist also zugleich die Anerkennung der Tatsache, dass die Quelle nur und ausschließlich in Bezug auf Sie existiert.

Wie man den Kreis öffnet und schließt. Laut Tradition öffnet man den Kreis dadurch, dass man das Areal dreimal im Uhrzeigersinn umrundet. Das Schließen des Kreises funktioniert andersherum, d.h. gegen den Uhrzeigersinn. Sie können es auch tun, indem Sie die Augen schließen und den Raum nur mental umschreiten. Sollten Sie Zugang zu einem Ort im Freien haben, können Sie entweder die Erde oder den Himmel über sich mental mit einem Besen fegen. Oder Sie visualisieren einen Lichtkreis, der sich um das Areal dreht. Am besten ist es, zur Festlegung des Ortes zu chanten, zu summen oder zu singen. Natürlich können Sie sich auch etwas ganz Eigenes ausdenken, wenn Sie möchten. Einzig wichtig ist, dass Sie das, was Sie tun, um den Kreis zu öffnen, am Ende umkehren, um ihn wieder zu schließen. So erhalten Sie sich einen geschützten seelischen Raum zum Agieren, der jenseits Ihrer »normalen« Zeit und Denkweise bleibt.

Sie werden außerdem lernen müssen abzuwägen, mit wem Sie Ihr Wissen um die Quelle teilen, und den Kontakt zu denen zu vermeiden, die ihr Leben zu lange im Neumond verbracht haben. Die Reise wird Ihnen dabei helfen. Die Mondgöttin Luna erschafft ihre eigene Form von Irrsinn für diejenigen, die in ihren Tiefen feststecken, ihr die Verantwortung abgetreten haben und von ihr erwarten, dass sie in ihrem Namen schöpferisch handelt. Sie werden schnell lernen, welche Menschen das sind und wie Sie sich vor ihrem Irrsinn schützen können.

Ein weiterer Bestandteil der Magie besteht darin zu lernen, die eigenen natürlichen Rhythmen und die

Rhythmen der Natur zu erkennen und sich darauf einzustimmen. Damit wir Magie in unserem Leben erschaffen können, ist es wichtig, uns mit der Natur auf eine praktische und zugängliche Weise zu verbinden und sicherzustellen, dass wir mit ihr und nicht gegen sie arbeiten. Selbst in einer Stadt können wir uns mit dem Natürlichen um uns herum und in uns selber verbinden. All das wird zu dem Prozess dazugehören. Das Magischste an der ganzen Sache ist übrigens, wie natürlich sich dies alles für Sie anfühlen wird. Wenn Sie sich mit Ihrer inneren Magie verbinden und sie nach außen projizieren, werden Sie sich ganz außergewöhnlich übernatürlich fühlen – und es auch sein. Öffnen Sie sich dafür: Die Magie, nach der Sie sich die ganze Zeit gesehnt haben, findet sich auf diesen Seiten und wartet nur darauf, in Ihr Leben zu treten.

Nun sind Sie neu geboren und können beginnen, sich mit den Riten und Ritualen des Übergangs vom Dunkel zur Quelle vertraut zu machen. Von jetzt an wird Sie jedes Kapitel durch ein Eingangsritual, einen Übergangsritus und ein Abschlussritual begleiten. Jedes Kapitel enthält entweder eine Trance-Erfahrung, ein Ritual zum Integrieren ins eigene Leben oder ein Ereignis, das einen Übergangsritus bildet. Die Kapitel gehen fließend und rhythmisch ineinander über. Mit jeder Trance atmen Sie die Quelle in sich ein, während Sie in den Kapiteln, die den Übergangsriten gewidmet sind, die äußeren Hindernisse beseitigen werden. Sie können sich entweder in Übereinstimmung mit den Mondphasen durch die einzelnen Kapitel bewegen und so Lunas Energie mit jedem Schritt auf dem Weg Ihrer Transformation stärken, oder Sie lesen das Ganze erst einmal durch und arbeiten dann entsprechend der Mondphasen mit den Riten und Ritualen. Es ist nicht meine Reise zur Quelle, sondern Ihre, und Sie werden entsprechend Ihrem Wissen über sich selbst Ihren eigenen Weg wählen. Vergessen Sie dabei jedoch nicht, wie lange es gedauert hat, bis Sie hier ankamen. Bedenken Sie, dass ein wenig Geduld Teil des Lernprozesses sein könnte. Es wird sicher auch Zeiten geben, in denen Sie frustriert sind und einfach nur zur nächsten Stufe – zum nächsten Kapitel – überwechseln wollen. Aber Sie werden feststellen, dass das Warten Teil der Vorbereitung ist, damit Sie auch wirklich bereit sind für den nächsten Schritt auf dem Weg zur Quelle der echten Magie.

Die Rituale werden Ihnen bei jedem Schritt helfen, sich vorzubereiten und für ein Handeln zu öffnen. Nach jedem Übergangsritus – nach jedem Handeln – gilt es, sich zu bedanken. Rituale sind sehr wichtig, und leider haben die meisten von uns die Verbindung zur eigenen Quelle verloren, weil wir keine Zeit haben. Oder zumindest behaupten wir das und möchten es gern glauben. Dadurch, dass wir die Rituale aus unserem Leben haben verschwinden lassen, haben wir die Verbindungen zwischen unserer reichen inneren und der äußeren Welt geschwächt und unsere Anbindung an die Quelle fast ganz verloren. Wenn wir uns nun für jedes Ritual Zeit nehmen und uns dann ausschließlich darauf konzentrieren, öffnen wir die Tür wieder zwischen den beiden Welten. Und damit verändern wir die Wirklichkeit – wir können tatsächlich Magie erzeugen. So können wir Schritt für Schritt uns selbst und die Welt heilen.

Jeden Schritt auf dieser inneren Reise werde ich anhand meiner eigenen Erfahrungen illustrieren. Und nun ist es an der Zeit, dass Sie Seite an Seite mit mir reisen, angeleitet von Mother Shipton und den anderen, die den Weg zur Quelle bereits zurückgelegt haben.

KAPITEL ZWEI

Zunehmender Mond – Finden wir das Licht in uns

Ritual

Jetzt wollen wir uns mit den einzelnen Mondphasen vertraut machen sowie die Bedeutung von Ritualen verstehen lernen und sie zu einem Bestandteil unseres Lebens machen. Die jeweiligen Rituale führen wir zunächst ganz bewusst aus. Oft genug wiederholt, werden sie zu einem Selbstläufer, bei dem sich das bewusste Denken nicht mehr einzuschalten braucht. Durch diese rituellen Abläufe werden Sie beginnen, sich mit den Mondphasen zu verbinden, die Sie wiederum mit den Sie umgebenden Lebensrhythmen in Beziehung bringen. Alles, was für Sie magisch werden muss, ist bereits da, es umgibt Sie. Sie müssen nur die Strukturen erkennen. Bislang mag Ihnen dies ungeordnet und chaotisch erscheinen, tief im Chaos jedoch liegt die Struktur für die Magie verborgen. Es ist der Weg zur Quelle.

Rituale dringen tief in unsere Psyche ein. Wenn Sie ein Ritual durchführen, geben Sie der Quelle etwas von sich selbst. Sie treten aus Ihrem Alltag heraus und verbinden sich – so kurz es auch sein mag – mit etwas, das größer ist als Sie. Rituale beruhigen den Verstand und helfen Ihnen, Irritationen und Frustrationen loszulassen. Im vorliegenden Buch werden Sie Rituale kennenlernen, die Sie jedoch nicht unbedingt genau so auszuführen brauchen. Sie sollen Ihnen nur als Richtlinien dienen und sind nicht als feste Vorgaben zu verstehen. Magie ist etwas, das Sie sich selbst erschaffen werden, was bedeutet, dass Sie auch Ihre eigenen, für Sie stimmigen Rituale entwickeln müssen. Nehmen Sie daher, was Sie gebrauchen können, und verändern Sie es je nach Bedarf. So wie das *Wyrd* Web* (*Wyrd = Schicksal, verstanden als dynamisches Werden, das sich immer wieder selbst gestaltet. Wyrd, dt. Urd, ist eine der drei Nornen, der nordischen Schicksalsgöttinnen. Anm. d. Übers.) bislang aufgrund seiner Flexibilität überlebt hat, müssen Sie lernen, mit Ihren Ritualen, Übergangsriten und Trancen flexibel umzugehen und Ihre eigenen Variationen zu finden, wenn Sie das Buch durchgelesen haben. Dann werden Sie zum Urheber Ihres eigenen magischen Schicksals und der Riten, Rituale und Trancen, die Sie als Teil dieser Reise durchführen.

Dazu später mehr. Sollten Sie jetzt verwirrt sein, ist das in Ordnung. Chaos gehört zur Natur der Quelle. Nichts bleibt sich gleich. Sie werden lernen, das Chaos zu akzeptieren und Wandel zu erzeugen, indem Sie aus dem Chaos in Ihnen und um Sie herum magische Strukturen ableiten. Versuchen Sie es nicht aktiv. Es wird Ihnen zufließen. Lesen Sie nur einfach weiter.

Mother Shipton schreibt:

Innen gedreht, außen gedreht,
Strukturen dreimal sind flink gewebt.
Verbinde dich mit Luna tief, und deine Rituale formen sich.
Schätzt du ihre Gezeiten nimmer, so werden deine Bande dünner.

Als ich mich einmal bei jemandem darüber beschwerte, ich hätte keine Zeit dazu, ein Buch zu schreiben, lautete die Antwort: »Weißt du, wie alt du sein wirst, wenn du dein Buch geschrieben hast? So alt, wie du wärest, wenn du damit gar nicht erst angefangen hättest.« Was so viel hieß wie: Solange ich dem Schreiben keine Priorität einräumte, würde ich nie die Zeit dazu finden. Also räumte ich ihm Priorität ein und begann zu schreiben. Dreihundertfünfzig Wörter pro Tag. Ich hatte mir vorgenommen, dass mein erstes Buch aus vierzigtausend Wörtern bestehen sollte. Wenn ich also fünf Tage die Woche mit freien Wochenenden dreihundertfünfzig Wörter – also ungefähr eine Seite – pro Tag schrieb, dann würde ich das Buch innerhalb von einhundertfünfzehn Tagen fertig haben. Das wären in etwa dreiundzwanzig Wochen, circa ein halbes Jahr. Ich konnte doch gut jeden Tag eine Stunde früher aufstehen und dreihundertfünfzig Wörter schreiben, oder? Na klar! Und so kam es. Die Erfahrung zeigte, dass es mir eigentlich viel schwerer fiel, wieder aufzuhören. Ich ertappte mich dabei, wie ich, wann immer ich konnte, ein paar weitere hundert Wörter dazuschmuggelte. Ich schrieb jeden Tag vor dem Frühstück und vor der Morgendusche. Noch bevor das Leben in den Straßen Londons erwachte, schrieb ich in der frühmorgendlichen Stille. So lange, bis wieder die Bagger und Polizeisirenen den Klangteppich meiner Stadt bildeten und mir die Außenwelt näher rückte. Ich hatte mir ein Ritual geschaffen. Einen Ablauf, an den ich mich hielt, bis er zu einer Art Automatismus wurde. Aus dem Chaos meines Lebens heraus hatte ich ein Ritual entwickelt. Auch wenn es nur ein kleines war, stellte ich doch bald fest, dass es Auswirkungen hatte, denn es gab mir den Glauben an mich selbst. Ich schrieb täglich, ohne Pausen, ohne nachzudenken. Es war mein erstes Ritual. Ich begann zu vertrauen.

Um schreiben zu können, musste ich ein Licht finden, das mich führte und das Ritual am Leben erhielt. Auch Sie müssen Ihr eigenes Licht in sich finden, das Ihnen den Weg zur Quelle beleuchten wird. Sie müssen Ihr Licht nähren. Wovon träumen Sie? Was möchten Sie mehr als alles andere tun? Ein Buch schreiben, ein Bild malen, ein Unternehmen gründen, einen Lebenspartner finden, einein Konflikt in der Familie heilen, anderen helfen? Erkennen Sie das eine, das über allem anderen steht, und das Sie, als Sie Ihren eigenen Tod beobachteten, am meisten bereuten, nicht getan zu haben. Und dann nehmen Sie sich die Zeit dafür. Vielleicht haben Sie noch keine rechte Vorstellung davon, was zu Ihrem Licht werden kann. Das vorliegende Kapitel wird Ihnen helfen, sich für eine Richtung zu öffnen, aus der es zu Ihnen gelangen kann. Aus dem Dunkel des Todes werden Sie Ihrem

Licht entgegengehen und – sofern Sie sich selber treu bleiben – lernen, dem Echo des Lichtes in Ihnen zu trauen. Sie werden sich mit der Natur und ihren Ritualen verbinden und sich so auf das Licht, das Sie umgibt, einstellen. Sie werden sich mit der Quelle verbinden und so Ihre Träume und noch mehr verwirklichen.

Und bevor wir richtig einsteigen: Jetzt ist der beste Moment, alles wegzuwerfen, was Sie nicht mehr benötigen. *Brauchen* Sie den Heimtrainer, der in der Garage steht, wirklich? *Werden Sie ihn los*! Verkaufen Sie ihn, und stecken Sie das Geld in Ihren Traum-Fonds. Handeln Sie so, als wäre die Person, die Sie einmal waren, als Sie ihn gekauft haben, nicht mehr da. Sie haben keine weitere Verwendung für solche Gegenstände, egal, wer sie Ihnen geschenkt hat oder wie viel sie gekostet haben. Wenn Sie mehr Zeit damit verbringen, einen Gegenstand zu säubern oder unterzubringen, als dass Sie ihn verwenden oder wertschätzen, oder wenn er sogar irgendwo verstaut ist, wo Sie nicht einmal an ihn herankommen, dann ist es an der Zeit, ihn loszulassen. Es ist an der Zeit, *ohne Gewicht* zu reisen.

Zunehmender Mond

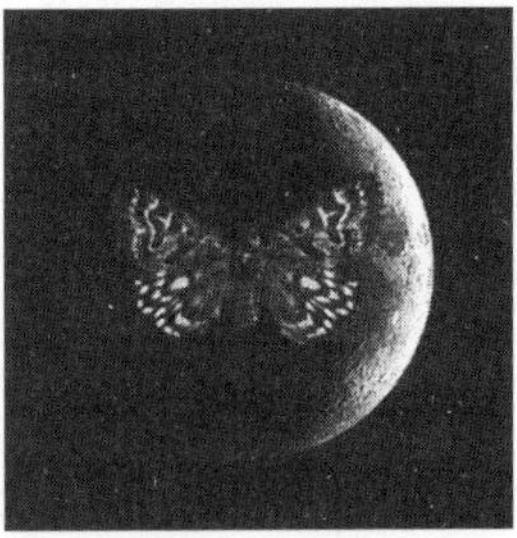

Der zunehmende Mond birgt viel Potenzial. Jetzt können Sie in Ihr Leben einladen, was immer Sie brauchen. Es ist eine Zeit für Wachstum und Neues, vertreten durch Maiden, eine der drei weiblichen Gestalten, die den Mond darstellen (die anderen beiden sind Mother und Crone). Maiden verkörpert Neues und Reinheit, Kraft der Intention und Mut.

Diese Mondphase dient der physischen, mentalen und spirituellen Vorbereitung, in der wir Kräfte und Ressourcen sammeln und uns auf die Zukunft einstellen.

Sie werden eine unglaubliche Erleichterung verspüren. Haben Sie erst einmal mit diesem Reinigungsprozess begonnen, werden Sie unweigerlich weitermachen müssen. Ich habe etliche Monate gebraucht, bis es in meiner Wohnung nur noch schöne oder nützliche Dinge gab. Keine vollgestopften Schubladen mehr, keine Kleider mehr in den hintersten Ecken des Kleiderschranks. Ich sortierte meine Papiere, als wollte ich mich auf meinen Tod vorbereiten, dabei ging es genau um das Gegenteil: um eine

Vorbereitung auf das Leben. Lauter schlechtes Karma, geschreddert und zum Recycling für Klopapier freigegeben. Das schien genau das Richtige zu sein.

Auf *jede* Reise muss man sich vorbereiten. In diesem Fall tun Sie es dadurch, dass Sie über die Dinge in Ihrer Umgebung, von denen Sie sich bisher haben bestimmen lassen, die Kontrolle übernehmen. Sie bereiten sich auf Ihr neues Leben vor. Jeder, der einmal ein Feuer oder ein Hochwasser erlebt und dabei das Meiste seines Hab und Guts verloren hat, wird Ihnen sagen können, dass kaum etwas davon eine Bedeutung hatte. Das Einzige, was alle vermissten, waren Fotos oder andere Gegenstände von emotionalem Wert. Es kann unglaublich schön sein, Dinge an jemanden weiterzugeben, die dieser mehr zu schätzen weiß als man selbst. Das sind Momente, in denen man genau spürt, dass man gerade das Richtige tut.

Wie kommen wir nun in Berührung mit dem Licht? Eigentlich ist es ganz einfach: Wir müssen den Vorhang öffnen. Tief in unserem Gehirn befindet sich eine Region, die sich Zirbeldrüse nennt. Sie ist unser Lichtsensor, auch als Meisterdrüse oder Drittes Auge bekannt. Über die Jahrhunderte hinweg sind ihr außer den physischen auch metaphysische Eigenschaften zugeschrieben worden. René Descartes nannte sie den »Sitz der Seele«. Sie ist die Leitbahn zu Ihrem inneren Licht. Um sie zu aktivieren, können wir es uns zur Gewohnheit machen, jeden Morgen beim Aufwachen zunächst das Tageslicht wahrzunehmen, bevor wir die Augen öffnen. Lassen Sie sich ohne Wecker auf natürliche Weise vom Tageslicht wecken. Wenn Sie den Vorhang ein wenig offen lassen, erlauben Sie der Natur, Sie mit dem Licht aufwachen zu lassen. Und wenn Sie sich tagtäglich die Möglichkeit schenken, dieses Licht wahrzunehmen, bevor Sie die Augen öffnen, entwickeln Sie eine neue Achtsamkeit für die Dinge um sich herum, die Ihr inneres Licht ebenfalls stärken wird. In Verbindung mit der Natur wird Ihr inneres Licht beginnen, auf die Umgebung zu antworten und wiederum Verbindungen herzustellen, die Sie *niemals* sehen würden, wenn Sie der Natur nicht erlaubten, die tieferen Schichten Ihres Gehirns zu erreichen. Unterschätzen Sie diese Verbindung nicht, und *versuchen* Sie nicht, sie aktiv herzustellen. Lassen Sie sie einfach geschehen, erlauben Sie dem Tageslicht, Sie aufzuwecken. Sie werden mit der Zeit feststellen, dass Sie dann sanfter aufwachen und länger in dem Raum zwischen Wachen und Schlafen verweilen, wo Ihre Inspiration wirkt, wo Ihre Träume Form annehmen, um Wirklichkeit zu werden. Das ist natürliche Trance.

Lassen Sie diese Verbindung täglich geschehen und schreiben Sie direkt danach die Gedanken, die Ihnen dabei gekommen sind, in Ihr spezielles Notizbuch. Schreiben Sie ganz unzensiert auf, was Sie sich vom Tag wünschen.

Es kann sein, dass Sie während dieser TraumZeit ungefragt eine neue innere Stimme aufsucht. Es ist die Ihrer inneren Führerin. Keine Sorge, falls das nicht passieren sollte. Es gibt einen eigenen Schritt auf der Reise, der Ihnen helfen wird, Ihre Führerin zu finden und sich mit ihr zu verbinden.

Mit dem Wissen über das Licht ging für mich das Bewusstsein bezüglich der Dunkelheit einher, sowie das Bedürfnis, den Mondkalender zu kennen, sodass ich eine App. mit der bildlichen Darstellung der Mondphasen* auf mein iPhone lud. Wenn ich wollte, dass die Magie funktionierte, musste ich mit allem arbeiten, was Mutter Erde und Schwester Mond mir zu bieten hatten. Ich musste meine Riten, Rituale und Trancen auf die Mondphasen einstellen, damit sie eine größere Wirkung erzielten.

Mother Shipton sprach zu mir, und ich lauschte.

Manchmal nervte es mich, den Weg zur Quelle nicht gleich weitergehen zu können, aber ich hatte inzwischen begonnen zu vertrauen. Wenn Sie die Reise voll und ganz erfahren möchten, werden Sie sich mit den Mondphasen vertraut machen müssen. Dazu können Sie sich einen Mondkalender für den Bildschirm oder auch einen gedruckten Kalender besorgen, in dem die Mondphasen notiert sind.

Ich besaß nun meine Monduhr und hatte vor, mich gemäß Mother Shiptons Instruktionen in meiner Arbeit an sie zu halten. Sie war mein Terminplan auf der Reise zur Quelle. Ich wachte nicht nur mit dem Tageslicht auf, sondern wollte mir auch der Qualitäten der Nachtstunden bewusst werden, denn das ist notwendig, wenn man wirklich im Einklang mit der Natur arbeiten und sich mit der Quelle der wahren Magie verbinden will. Mein erster Aufenthalt auf der Reise sollte der zunehmende Mond, ein vorbereitender Mond, sein. Die Arbeit mit ihm gab dem Aussortieren einen Sinn. Es ging nicht darum,

* iPhemeris

Sachen loszuwerden, sondern darum, mich auf die Freiheit vorzubereiten. Ich spürte, wie die Begeisterung in mir wuchs – ich wollte die Reise beginnen. Was ich wusste, war, dass – sobald ich einmal meinen physischen Raum aufgeräumt hätte – mein emotionaler Raum ans Licht kommen würde. Ich hielt mindestens ebenso hartnäckig an meinen Vorstellungen und Gefühlen fest, wie ich es mit meiner Habe getan hatte. Während ich mich im Licht des zunehmenden Mondes auf die Reise vorbereitete, spürte ich, wie die Magie in mir wuchs. Die Mondphase der Vorbereitung vergrößerte meine Sehnsucht und meine Bereitschaft, mein Leben zu ändern und meinen Weg zur Quelle zu suchen.

Natürlich brauchen Sie sich von nichts stoppen zu lassen, wenn Sie nicht wollen. Sie können die Rituale, Riten und Trancen jederzeit durchführen. Aber vergessen Sie nicht, dass Sie, wenn Sie die Kraft der Quelle stärken wollen, nicht nur den inneren Antrieb, sondern auch Ihre Umgebung berücksichtigen müssen. Es ist besser, auf die Energie von Schwester Mond zu warten, damit die Rituale und Riten ihre wahre Macht entfalten können. Da Sie nun schon so lange gezögert haben, sich mit der Quelle zu verbinden, kommt es auf die paar Wochen mehr oder weniger auch nicht an.

Genau wie mein physischer Raum war auch mein mentaler Raum recht unüberschaubar geworden. Ich hatte inzwischen Angst davor, nichts zu tun, weil ich dann womöglich Gefahr lief, über mich nachdenken zu müssen. Ich kannte – *wir alle kennen* – die Gedanken und Gefühle, die mir, bzw. uns, am meisten Kummer bereiten.

Nehmen Sie ein paar Blatt Papier und Ihren speziellen

Stift zur Hand. Schreiben Sie alle Gefühle auf, von denen Sie glauben, dass sie Sie bislang geknebelt haben. Schreiben Sie jedes einzelne auf ein Blatt für sich, und breiten Sie die Blätter vor sich aus. Studieren Sie diese Gefühle, als würden sie zu einem Ich gehören, das nicht mehr existiert und das gestorben ist, ohne je etwas dafür getan zu haben, diese Gefühle zu verwandeln. Was spüren Sie im Herzen – Groll, Wut, Frustration? Jedes dieser Gefühle wird die Grundlage einer Aufgabe bilden, die Sie erledigen müssen, damit Sie sich von diesem Gefühl befreien können. Danach werden Sie sich wie neugeboren fühlen, nur mit den Gefühlen, die Sie gerne haben möchten. Nachdem Sie diesen ersten Teil Ihres Weges zur Quelle – nämlich die Hindernisse – identifiziert haben, geht es nun darum, sie zu bearbeiten, um den Weg für Weiteres zu ebnen. Sie sind bereits auf dem Weg.

Für mich kamen bei dieser Übung wenig erbauliche Gefühle ans Licht. Wut, Groll, Eifersucht, ein Gefühl von moralischer und intellektueller Überlegenheit, Ärger über andere, Arroganz, Gier … Ich brauchte ganz schön viele Blätter. Mir gefiel gar nicht, was ich da in mir vorfand, und Ihnen wird es wohl nicht anders ergehen. Während Sie auf Ihrer Reise zur Quelle vorankommen, werden Sie in der Lage sein, Blatt für Blatt abzuarbeiten und anschließend zu verbrennen. Sie werden für jedes belastende Gefühl einen Übergangsritus durchführen, den Sie mit einem Ritual abschließen, sodass dieses Gefühl keinen Zugang mehr zu Ihrem Leben finden kann. Sie werden frei sein von der Last dieses Gefühls. Und Sie werden genau wissen, wann ein Blatt reif fürs Feuer ist. Jetzt sind Sie so weit, sich auf die Reise zu der Quelle Ihrer eigenen Magie zu machen.

Kapitel drei

Vollmond – Der Reisende

Ritus

Mother Shipton schreibt:

Der Reisende, der Vergangenes nicht sieht,
ist blind.
Die Augen nur nach vorn gerichtet,
bleibt auf der Strecke er geschwind.
Nur wenn du einen anderen Weg beschreitest,
erlaubst du, dass dein eignes wahres Licht
dich leitet.

Anfangsritus

Durchforsten Sie Ihre Wohnung. Gehen Sie in jedes Zimmer, öffnen Sie alle Schubladen und Schränke, schauen Sie auch dorthin, wo Ihr Blick normalerweise nie hinfällt. Achten Sie auf alles, was Sie dort sehen. Versuchen Sie danach auf einem Spaziergang, sich so viel wie möglich zu vergegenwärtigen. Woran erinnern Sie sich? An Fotos und Andenken? Was würden Sie retten wollen, wenn es ein Feuer gäbe? Was ist mit all den anderen Sachen? Brauchen Sie das ganze *Zeugs* wirklich? Denken Sie darüber nach. Was ist Ihnen *wirklich* wichtig?

Auf den klassischen Tarot-Abbildungen gibt es den Narren, einen Wanderer, der sich vom Beobachter fortbewegt. Es ist ein Mann, der ein kleines, leichtes Bündel mit all seiner weltlichen Habe in einer Hand trägt. In der anderen trägt er ein Licht, das er aber nicht weiter zu beachten scheint. An seinen Fersen springt ein Hund hoch, der die Vergangenheit repräsentiert, aber der Narr beachtet auch ihn nicht.

Ihre Reise zur Quelle hat nun begonnen, aber Sie sind nicht länger ein Narr und werden sich auch nicht mehr damit zufriedengeben, blind umherzuirren. Der Narr akzeptiert seine aktuelle Lage blind und hält sie für die einzige Wirklichkeit. Damit, dass Sie sich auf diese Reise gemacht haben, beweisen Sie, dass Sie anders sind. Sie erkennen bereits, dass die Wirklichkeit mehr ausmacht, als Ihre Sinne wahrnehmen können. Sie sind auch nicht wie der Magier im Tarot, denn Ihre Magie wird nicht aus Tricks und Gaukelei bestehen, sondern aus einer Veränderung der Wahrnehmung und einer Verschiebung der Wirklichkeit. Ihre Magie wird tatsächlich übernatürlich und keine blasse Imitation sein. Sie wählen die Qualität Ihrer Magie selbst.

Der Reisende, der Sie im Begriff sind zu werden, unterscheidet sich von allem, was Sie bislang kennen. Zunächst einmal brauchen Sie physisch nirgendwo *hinzugehen*, um die Quelle zu finden. Die Welt ist voller Bücher über Reisen zu tibetischen Tempeln oder ägyptischen Gräbern oder zu den Geoglyphen der Mayas, bei denen die Reisenden sich selbst entdecken. Ihre Reise dagegen beginnt und endet in Ihrem eigenen Selbst, und die erste Lektion besteht für Sie als Reisender darin zu erkennen, dass Sie eine wunderbare neue Welt in sich selbst erschaffen können, die sich genau da, wo Sie sich befinden, um Sie herum anordnen wird. Die Quelle ist so nah, dass Sie sie beinahe berühren können. Sie ist real. Sie liegt in Ihnen selbst.

Schließen Sie für einen Moment die Augen. Nehmen Sie drei tiefe Atemzüge. Vergegenwärtigen Sie sich Ihr Leben. Was nehmen Sie wahr, wenn Sie das tun? Spüren Sie Ärger, Frustration, Schmerz, Traurigkeit oder vielleicht gar nichts? Sind Sie begeistert von dem Leben, das Sie derzeit führen? So sollte es sein. So wird es sein …

Jedes negative, von uns festgehaltene Gefühl wirkt wie ein Schleier, der die Quelle verdeckt. Wenn Sie sich auf Ihrer Reise nach und nach von allen diesen Gefühlen befreien, wird die Quelle so nahe rücken, dass Sie ihre Präsenz auch im täglichen Leben spüren können.

Haben Sie Ihren physischen Raum erst einmal gereinigt, wird es beim nächsten abnehmenden Mond darum gehen, sich in ein anderes Denken hinein zu entspannen – bezüglich dessen, wer Sie sind und worüber Sie sich definieren. Vergessen Sie nicht, dass diese körperliche und emotionale Klärung wichtig für den Abschied von Ihrem alten Ich ist. Es kann also durchaus auch eine Zeit des Bedauerns und der Besinnung sein. Vielleicht werden Sie heute aufgrund bestimmter Ereignisse oder Menschen traurig oder bewegt auf Ihr bisheriges Leben zurückschauen. Das ist notwendig, damit Sie erkennen, wo Sie stehen und wer Sie jetzt sind. Anders als bei einem leiblichen Tod handelt es sich hierbei um so etwas wie den Tod des Phoenix, aus dem Sie neu geboren und erneuert hervorgehen. Wie Alfred Nobel* bekommen Sie die Chance zu einem neuen Leben. Nobel erhielt sie, als sein Tod irrtümlicherweise bekannt gegeben wurde und die Zeitungen titelten: »Dr. Tod ist tot.« Das war sein Weckruf. Dadurch, dass er erfuhr, was die Menschen über ihn dachten, erhielt Nobel die Chance, über sein Leben und seine Erfindungen nachzudenken. Er beschloss auf der Stelle, seine Zukunft anders zu gestalten und richtete den Nobelpreis ein. Seither haben bemerkenswerte Menschen diese Auszeichnung erhalten und unglaubliche Dinge geleistet. Als Nobel dann tatsächlich starb, wurde seiner vor allem wegen des Nobelpreises gedacht. Er war nicht mehr Dr. Tod.

Jetzt haben Sie die Gelegenheit, auf Ihr Leben zurückzublicken und einen Wandel geschehen zu lassen, einen metaphorischen Tod zu erleben und als jemand neu geboren zu werden, der oder die Sie gern sein möchten. Da Mother Shipton und ihr Wissen nun schon langsam in den Bereich Ihrer Wahrnehmung gelangen, können Sie jetzt beginnen, sich vorzustellen, wie das Leben sein könnte, wenn Sie stark genug wären, auf Ihre Sinne zu hören, Ihrem Instinkt auf dem Weg zur Quelle zu vertrauen und Magie in Ihr Leben hereinzulassen. Statt die eigenen Anteile zu hassen und zu verstecken, die Sie in Ihrem Notizbuch aufgedeckt haben, fängt Ihre Reise damit an, sich ihnen zu stellen und dadurch von ihnen zu befreien.

* der Erfinder des Dynamits

Für jeden dieser negativen Anteile erhalten Sie eine Aufgabe. Um sich von Ihrer Vergangenheit zu befreien, werden Sie unter den Blättern, auf die Sie Ihre Gefühle geschrieben haben, dasjenige aussuchen, dem Sie sich als Erstes stellen wollen. Tun Sie es nicht mir nach, sondern wählen Sie zunächst das Leichteste. Ich stürzte mich nämlich Hals über Kopf auf das für mich allerschwierigste negative Gefühl – den Neid –, weil ich dachte, damit würde ich zeigen, wie stark ich war. Das ist völlig überflüssig. Fangen Sie lieber mit dem leichtesten Gefühl an. Sie brauchen den Prozess nicht zu forcieren, denn die Gelegenheiten, sich zu befreien, werden sich Ihnen ohnehin bieten. Ich wählte jedoch als Erstes den Neid aus.

Vollmond

Der Vollmond mit seinem Maiden-Aspekt folgt direkt auf den zunehmenden Mond. Es ist der Mond der Mutter, und die Dinge, die Sie während des zunehmenden Mondes in die Wege geleitet haben, werden jetzt Frucht tragen. In dieser Mondphase verfügen wir über höchste psychische Energie, Kraft und Möglichkeiten. Der Mond hängt prall und voll wie der Bauch einer Schwangeren am Himmel. Magische Zauber, die im Licht des Vollmondes gesprochen werden, sind mächtige Zaubersprüche des Wandels. Der Mond steht hier am höchsten Punkt seines magischen Einflusses, und wenn Sie mit dieser Mondphase arbeiten, können Sie davon ausgehen, dass sich bald Ergebnisse zeigen werden.

Bei Vollmond ist es vorteilhaft, mit Gruppen zu arbeiten, ganz besonders, wenn es um Themen wie Bindungs- oder Heilzauber geht. Man kann auch Gegenstände draußen ins Mondlicht legen und mit den magischen Energien des Vollmondes aufladen. Traditionell werden Wasser und Nahrungsmittel bei Vollmond ins Freie gestellt, die der Praktizierende dann, wenn er die Energie braucht, zu sich nehmen kann. Auch Kristalle können so aufgeladen werden und dann bei der magischen Arbeit oder als Schutzamulett in Situationen getragen werden, in denen man sich verletzlich fühlt.

Der Vollmond eignet sich auch gut, um hinauszugehen und ein wenig von diesem besonderen Licht aufzunehmen. Das Ritual »Herabziehen des Mondes« findet in dieser Mondphase statt. Um den Mond herabzuziehen, geht man hinaus ins volle Mondlicht und stellt sich mit erhobenen Armen, die Handflächen nach oben gerichtet, hin. Laut Tradition ist dies eine Göttinnenzeremonie und wird daher ausschließlich von Frauen ausgeübt, es gibt hier aber keine absolut bindenden Regeln. Jeder, der mit der Kraft des Vollmondes angefüllt werden und die

Hilfe des lunaren Mutteraspektes anrufen möchte, kann dieses Ritual ausführen.

Ich persönlich befürworte es, im Mondlicht zu »baden«. Es ist ein Ritual, das das aufgewühlte Gemüt beruhigt und die physische Heilung begünstigt. Außerdem hilft es uns dabei, den Fokus auf eine andere Ebene zu lenken und den Blickwinkel auf die Geschehnisse zu verändern. Dann nehmen wir uns selbst und unsere Bedürfnisse nicht mehr so ernst und erinnern uns daran, wie klein wir im Vergleich zum kosmischen Maßstab der Dinge sind; was gar nicht verkehrt ist, wenn das Ego mitunter die Tendenz hat, sich aufzuplustern.

Worauf und auf wen war ich neidisch? Auf alle, die in meinem Beruf erfolgreicher waren, denn ich glaubte, dass ich besser sei als sie. Ich war neidisch auf alle, die das Leben spielend, ohne Mühen und Anstrengungen bewältigten. Ich war auf so viele Menschen neidisch. Auf die, die in günstigere Verhältnisse hineingeboren worden waren, und am allermeisten auf die, die sich – obwohl ihnen bestimmte Vorteile in die Wiege gelegt waren – entschieden hatten, sie nicht zu nutzen. Ich hatte eine beträchtliche Liste von Individuen und Kategorien von Menschen aufgestellt, die ich zu meinen Feinden erklärt hatte.

Tatsache ist, dass wir, wenn wir unsere einzelnen Dämonen unter die Lupe nehmen (und das ist es, was wir hier tun), feststellen werden, dass es viele Unterarten davon geben kann, über die wir womöglich, bevor wir dem Thema unsere Aufmerksamkeit widmeten, noch nie nachgedacht haben.

Notieren Sie auf der Rückseite des betreffenden Blattes, was immer Ihnen zu dem Gefühl einfällt. Lassen Sie nichts weg. Beim Schreiben werden Sie eine Veränderung an sich bemerken: Sie werden erkennen, dass all das unglaublich sinnlos und aufreibend ist.

Es wird immer Menschen auf der Welt geben, die etwas haben, was wir nicht haben, etwas, worauf wir neidisch sein können, *wenn wir uns dafür entscheiden.* Mir wurde klar, dass der Schaden, den man erfährt, oft selbstverschuldet ist. Epigenetische Studien haben dies bestätigt. Emotionaler Schmerz und Stress machen uns alt und krank, sie können uns sogar umbringen. Und alldieweil wussten die Leute, auf die ich neidisch war, gar nichts davon. Manche von ihnen wussten nicht einmal, dass ich überhaupt existierte. Also ließ ich mein Gefühl los. Ich tat es nicht nur mental, sondern in einem körperlichen Akt der Großzügigkeit gegenüber einem dieser Menschen, die meinen Neid erregt hatten.

Mein Übergangsritus, meine Art, mich von diesem Stachel des Neides zu befreien, bestand darin, jemand Bestimmtem etwas zu geben, was er wollte. In diesem Fall handelte es sich um eine Information, um etwas, wovon ich wusste, dass die Person es nutzen konnte, um sogar noch erfolgreicher zu sein, sodass ich potenziell einen weiteren Grund dazu bekommen würde, neidisch zu sein. Ich gab es ihm freiwillig – und befreite mich dadurch selbst. Dabei begriff ich, dass gerade der Neid, den ich in mir angehäuft hatte, mich daran hinderte, ebendas zu tun, worum ich den anderen beneidete. Mit meinem

Neid unterdrückte ich meinen eigenen beruflichen Erfolg. Ich war so beschäftigt damit, den Erfolg des anderen zu beobachten, dass ich mich nicht um meinen eigenen kümmern konnte. Dies war eine wahre Offenbarung für mich, und Mother Shipton führte mich durch jeden Schritt, den ich machte, um mich von den Dämonen der Vergangenheit zu befreien.

Neid kann viele Formen annehmen. Als ich vor Jahren zum ersten Mal heiratete, hatte ich bereits zwölf Jahre mit meinem Partner zusammengelebt. Ich wollte Sicherheit, ich wollte die Ehe, und vor allen Dingen wollte ich ein Kind. Ich wollte mehr, als er in der Lage war zu geben, und vielleicht wusste ein Teil von mir das auch, aber dennoch heirateten wir. Ich wollte weg von dem Partyleben, das wir bislang zusammen gelebt hatten und das voller Lärm und Leute gewesen war. Er hatte Angst vor der Stille – und ich auch. Er kaufte mir einen Schaukelstuhl, und ich stellte mir vor, wie ich darin mein Kind in den Schlaf schaukelte. Wir heirateten in Las Vegas, urplötzlich und während der Vergabe der Porno-Oskars. Die Krönung des Ganzen war, dass wir in unserer Hochzeitsnacht von einem Paar unter den Gewinnern ein eindeutiges Angebot bekamen. Vielleicht hätte ich darin ein Omen sehen sollen, dass nicht alles so lief, wie ich es mir eigentlich vorgestellt hatte. Welch eine Ironie des Schicksals! Die Ehe jedenfalls war rechtsgültig.

Die Wirklichkeit holte mich drei verdammte Monate später ein, als ich meinen leeren Unterleib betrauerte. Kein Kind. Der Schaukelstuhl stand wie eine stumme Anklage unbenutzt da. Das Baby, von dem ich geträumt hatte, trat mit jedem Monat, der vorüberging, immer mehr in den Hintergrund, während mein Mann und ich uns auseinanderlebten und sich eine betäubende Stille zwischen uns wie eine Mauer auftürmte. Ich vertiefte mich in meine Arbeit und rückte immer weiter von ihm weg.

Der Lärm hielt wieder Einzug in unserem Leben, und eine Weile schien alles zu sein wie immer. Dann kündigte mir mein Mann ein paar Wochen später an, er habe sich in eine andere Frau verliebt. Er weinte genug Tränen für uns beide und bat mich dann um meinen Rat. Den gab ich ihm auf kühle, professionelle Weise. Ich war gar nicht mehr da, verstehen Sie?

Und in diesem Moment hatte ich eine Entscheidung zu treffen. Wie würde ich auf sie reagieren? Ich konnte mich mit Eifersucht vergiften, sie hassen und auf die Welt einschlagen oder aber meinen eigenen Raum in dieser Neuordnung meines Lebens finden. Die Frau wollte mich kennenlernen. Sie wollte sich bei mir entschuldigen, weil sie, als sie die Beziehung zu meinem Mann begonnen hatte, gar nicht wusste, dass ich existierte. Ich hielt sie entweder für tapfer oder für verrückt, ließ mich aber schließlich auf ein Treffen mit ihr ein. Sie war jung, schön, allein und lebte in einem fremden Land. Jetzt hatte ich keine Wahl mehr. Meine »Feindin« hatte ein Gesicht und Gefühle, so dass ich sie nun nicht mehr hassen konnte. Freunde ermutigten mich dazu, bei meiner ursprünglichen Absicht zu bleiben, das Sinnlose zu tun und sie bedingungslos zu hassen, aber das fühlte sich einfach nicht mehr richtig an. Ich entschied mich, auf mein Herz zu hören oder zumindest auf die Stimme der Mutter in mir, die ich nun nie sein würde. Ich wollte vergeben. Und das tat ich. Wir wurden Freundinnen. Enge Freundinnen. Sie heirateten. Und weniger als ein Jahr später verliebte er sich wieder – diesmal in eine noch jüngere Version. Wieder hatte ich eine Entscheidung zu treffen. Ich konnte triumphieren und die Tatsache feiern, dass ihr dasselbe passierte wie mir, oder ich konnte sie unterstützen.

Wir zogen zusammen. Ich entschied mich, sie zu unterstützen, und sie unterstützte mich ebenfalls. In dieser Frau habe ich jetzt eine Schwester. Als sie sich scheiden ließ, gingen wir zur Themse, um gemeinsam ein Ritual durchzuführen. Wir warteten, bis Big Ben zwölf Uhr schlug, und warfen dann beide unsere Eheringe in den Fluss. Das Wasser trug meine und ihre Bindung an ihn fort, während unsere beidseitige Bindung wuchs.

Diese Frau ist jetzt ein Teil meines Lebens und wird es noch lange bleiben. Mother Shipton wusste, was sie tat, als sie mir diese Begegnung bescherte. Sie trägt denselben Namen wie der Stein, den Toby (Mother Shiptons Ehemann) auf dem Grab von Mother Shipton aufstellte, und gehört, nehme ich an, zu meiner karmischen Reise. Wenn das Leben Sie überrascht, sollten Sie nicht tun, wovon Sie denken, dass Sie es tun müssten, sondern dem Rat Ihres Herzens folgen und so handeln, wie Sie gern behandelt werden würden, wenn Sie in der Lage des anderen wären. Das wird Sie frei dafür machen, eins mit der Quelle zu werden. Durch solche Taten gewinnen Sie Macht und Magie, Sie wissen es nur noch nicht. Im Moment scheint es zwar noch schwer nachvollziehbar, wie all das zu Ihrem Wunsch nach einem anderen – magischen – Leben passen soll. Vertrauen Sie mir. Ich kann es nicht oft genug wiederholen: Es kommt nicht darauf an, *wer Recht hat*, sondern darauf, *was richtig ist.* Dann *wird* alles einen Sinn ergeben. Die Magie erarbeitet sich schon, während Sie diese Worte lesen, von allein einen Weg in Ihr Leben. Hören Sie auf Ihre innere Stimme, Ihren Instinkt – dort liegt die Kraft verborgen. Hören Sie bloß nicht auf die Stimme im Außen, auf Leute, die Ihnen sagen, was Sie tun sollen, wenn Sie ein Problem haben, auf Leute, die sagen: »Du musst aber ...« Sie sollten es besser wissen. Sie wissen, wie Sie sich heilen können. Es geschieht, wenn Sie mit anderen so umgehen, wie Sie selbst behandelt werden möchten. Schenken Sie anderen Menschen Ihre Zeit, Ihr Mitgefühl und Ihre Liebe, und Sie werden um ein Vielfaches vermehrt damit beschenkt werden. Das glaube ich nicht nur, sondern ich weiß es, denn ich habe es selbst erlebt.

Wem hätte ich vergeben sollen? War da irgendwer, der mich in dieser ganzen Angelegenheit absichtlich verletzt hatte? Es ging doch gar nicht um mich. Ich ließ mein egoistisches Bedürfnis danach, die Sache persönlich zu nehmen, los, und erkannte, dass mein eigener Schmerz hier nur ein Kollateralschaden war und dass in Wahrheit drei Menschen davon betroffen waren. Ich vergab allen dreien, ja, auch mir selbst. Denn das ist der eigentliche Kern der Sache: Manchmal vergessen wir, dass wir uns selbst für die Rolle, die wir in einer Angelegenheit gespielt haben, vergeben müssen. Ich übernahm die Verantwortung dafür, dass ich den Kopf in den Sand gesteckt und mich Hals über Kopf in meine Arbeit gestürzt hatte, statt mich besser um mein Leben zu kümmern, und vergab mir selbst. Es gilt also zu verstehen, dass wir meist gar nicht jemand anderem zu vergeben brauchen, sondern unbedingt uns selbst vergeben *müssen*, denn nur dann übernehmen wir die Verantwortung für die Rolle, die wir gespielt haben, und können auch dafür geradestehen. Erst dann können wir weitergehen.

Die Quelle wird Ihnen die Fähigkeit geben zu vergeben. Das wird schneller geschehen, als Sie glauben. Versuchen Sie also nichts zu forcieren. Vergebung befreit Sie von Schuld und Wut und lässt Sie aus dem Teufelskreis der Dunkelheit heraustreten. Und was das Allerwichtigste ist: Vergebung ermöglicht Ihnen, die Magie, sobald sie sich zeigt, in Ihr Leben einzulassen, anstatt das Feuer zu löschen und die Asche Ihres Glücks zu zertreten. Sie werden in der Lage sein, synchrone Ereignisse, gute Erfahrungen und glückliche Zeiten zuzulassen, ohne das Gefühl zu haben, dass Sie diese nicht verdienen (wie Sie es womöglich in der Vergangenheit erlebten). Vergebung hebt einen der Schleier, so dass Sie einen klareren Blick auf das Leben haben.

Mother Shipton schreibt:

Als Moses seine Hände gebunden fand,
brachten Josua und Kaleb reiche Früchte aus dem
gelobten Land.
Finde den Glauben und kenne deinen Geist,
das Licht, das dich führt, du noch nicht weißt.
Dein Licht ist in dir, ob du auch blind seist.

Abschlussritual

Gehen Sie, wenn der Mond wieder abnimmt, in den Garten oder in die Natur. Sollten Sie unter freiem Himmel keinen Ort finden, an dem Sie ungestört sind, dann öffnen Sie das Fenster in dem Zimmer, in dem Sie sich aufhalten, und lassen Sie die frische Luft herein. Öffnen Sie den Kreis, zünden Sie Ihre Kerze an und beobachten Sie, wie der Luftzug die Flamme bewegt. Schließen Sie die Augen, konzentrieren Sie sich auf das Gefühl, das Sie am dringendsten loslassen möchten; lassen Sie es eine dunkle Farbe annehmen. Atmen Sie in diese Farbe hinein. Erlauben Sie ihr, Sie ganz auszufüllen. Erfahren Sie das Gefühl so intensiv, wie Sie können. Lassen Sie Erinnerungen und Gedanken kommen, in denen Sie dieses negative Gefühl stark empfinden. Bleiben Sie darin, solange Sie es nur irgend aushalten. Öffnen Sie nun Ihre Augen für einen Moment, um die Flamme noch einmal zu fokussieren. Schauen Sie so lange hinein, bis Sie das Bild im Kopf haben.

Schließen Sie jetzt die Augen wieder, um die Flamme vor Ihrem inneren Auge zu sehen. Atmen Sie die dunkle Farbe aus und lassen Sie zu, dass sie von der Sie umgebenden Luft fortgetragen wird. Nun können Sie in die Essenz der Flamme hinein atmen. Es ist das Licht der Quelle. Fahren Sie damit so lange fort, bis das Gefühl mitsamt seiner Farbe ganz und gar vom Licht der Flamme gereinigt ist.

Öffnen Sie die Augen und ruhen Sie sich einen Moment aus, bevor Sie die Kerze löschen und den Kreis schließen. Danken Sie, wie auch immer Sie möchten, der Luft dafür, dass sie Sie gereinigt hat. Schließen Sie das Fenster, oder gehen Sie wieder ins Haus.

Samhain

Dieses Fest beginnt auf der nördlichen Erdhalbkugel Ende Oktober, auf der südlichen Ende April. Samhain steht in Zusammenhang mit Halloween, dem mexikanischen *Tag der Toten* oder Allerheiligen und Allerseelen. Zu diesem Zeitpunkt ist der Schleier zwischen den Lebenden und den Toten am allerfeinsten. Es ist eine kraftvolle Zeit, in der wir uns mit unseren verstorbenen Verwandten oder engen Freunden verbinden. Es ist eine Zeit, in der wir uns Geschichten über die Verstorbenen erzählen und uns über die Geschenke, die sie uns hinterlassen haben, und über die Leben, die sie gelebt haben, freuen können. Es ist eine Zeit, in der wir den Verstorbenen Respekt erweisen, Entscheidungen über unser eigenes Leben treffen und uns auf die Weisheit derer berufen können, die vor uns lebten, damit sie uns bei den Entscheidungen, die wir zu treffen haben, unterstützen.

Jetzt werden das Ende der Erntezeit, der Winterbeginn und der Übergang vom Licht zum Dunkel gefeiert. Samhain markiert den Beginn des keltischen Neujahrs, bedeutet also auch eine Zeit der

Neugeburt. Und vor allen Dingen ist es der Gegenpart zu Beltane, dem Frühlings- und Lichtfest.

Für die Wiccaner ist dies der bedeutendste der größeren Hexensabbat, da es als Neujahr und zugleich als Beginn des Winters, der dunklen Jahreszeit, gesehen wird.

Jetzt werden Lagerfeuer angezündet, und diejenigen, die zu schauen verstehen, können in die Zukunft sehen. Jetzt werden Masken getragen, damit man jemand anders sein kann. Die an Samhain durchgeführten Rituale haben mit der Ehrung der Vorfahren, mit dem Loslassen der Vergangenheit und der Vorausschau in die Zukunft zu tun.

An Samhain können wir uns erlauben, uns mit unserer eigenen Geschichte zu verbinden und über die Ereignisse in unserem Leben zu reflektieren. Jetzt können wir uns dadurch stärken, dass wir unsere persönlichen Schwächen erkennen und an ihnen arbeiten. Denn im Winter müssen wir besonders stark sein.

Kapitel vier

Abnehmender Mond – Neugeboren

Trance

Mother Shipton schreibt:

Quäkend und schreiend,
hilflos und blind kommst du zur Welt.
Mutter umsorgt dich,
Mutter nährt dich,
Mutter belehrt dich.
Tagtäglich wirst du neu geboren.

Anfangsritual

Bevor das Kleinkind anfangen kann zu laufen, muss es lernen, auf seinen eigenen Füßen zu stehen, und auch dann wird es nicht gleich selbständig laufen können.

Während Sie auf der Suche nach Ihrem Weg zur Quelle sind, ist jeder neue Tag ein weiterer Schritt auf dem Weg.

Die Erfahrungen werden, wenn Sie sich dafür öffnen, ungebeten auf Sie zukommen. Das Wichtigste ist, sich hinauszubegeben und zu bewegen. Kommunizieren Sie mit der Welt, die Sie umgibt, so unnatürlich sich das zunächst auch anfühlen mag. Und bevor Sie einwenden, Sie hätten keine Zeit – für einen Spaziergang werden Sie doch wohl täglich zehn Minuten erübrigen können, oder? Denn genau wie ein Kleinkind müssen auch Sie wieder laufen lernen, nur dass es jetzt darum geht, *Achtsamkeit* zu üben. Das Gehen bekommt nun eine ganz neue Bedeutung für Sie, denn Sie können sich dabei in Trance versetzen. Es ist, wenn Sie so wollen, eine Gehmeditation. Das Gehen stärkt Ihre Verbindung zur Quelle, Sie bekommen dadurch mehr Kraft und Ausdauer für den Weg, der vor Ihnen liegt. Nehmen Sie dabei Ihre Umgebung und alle Zeichen, Klänge und Gerüche sowie Ihre Gefühle wahr.

Jetzt haben Sie den ersten Schritt als Reisende auf Ihrem Weg zur Quelle gemacht, die Taschen für Ihre innere Reise sind gepackt. Nun gibt es kein Zurück mehr, und Sie werden Durchhaltevermögen brauchen, um am Ende anzukommen. Sie sind Reisende mit einem Ziel und haben alles bei sich, was Sie benötigen. Sie haben sich von allem überflüssigen Gepäck befreit, können ohne Gewicht reisen und so vor allem schnell auf Änderungen reagieren. Sollten die ersten Schritte noch wackelig und unsicher ausfallen, wäre das nur allzu natürlich. Sie werden nicht gleich jeden Ritus hinbekommen, aber darauf kommt es gar nicht so an. Wichtig ist die Absicht, nicht die Form. Sie werden Ihren eigenen, passenden Weg für diese Dinge finden, meine Worte sollen Sie nur geleiten und Ihnen als Anregung dienen.

Die Übergangsriten bauen auf ganz natürliche Weise aufeinander auf, und selbst wenn die Dinge nicht entsprechend Ihrem ursprünglichen Plan zu laufen scheinen, gilt es zu verstehen, dass – vom Blickwinkel der Reise aus betrachtet – alles gut gelaufen ist. Lassen Sie die Dinge hinter sich und gehen Sie weiter. Sie sind das Neugeborene, das Fürsorge und Aufmerksamkeit braucht. Zugleich müssen Sie erkennen, dass der einzige Mensch, der Ihnen diese Fürsorge und Aufmerksamkeit schenken kann, Sie selbst (und – zumindest vorübergehend – Mother Shipton) sind. Dazu werden noch weitere Mitstreiter des Mondes in Ihr Leben treten und Sie auf einem Teil der Reise begleiten, sodass Sie sich gegenseitig unterstützen können. Auch Ihre geistigen Führer werden bei einigen Schritten auf dem Weg bei Ihnen sein, wenn Sie sie darum bitten, allerdings kommen sie nur, wenn Sie sie auch *wirklich* brauchen. Ihre Anwesenheit einfordern können Sie nicht. Niemand wird Sie die ganze Reise über begleiten. Sie sind allein geboren und werden das Ziel allein erreichen. Das gilt es jetzt in aller Tiefe zu begreifen.

Jeder von uns hat seine eigene Reise, seinen eigenen Weg zu finden und zu beschreiten. Die Straße verläuft nicht gerade, und mitunter mag man frustriert sein, wenn sie uns von unserem Ziel wegzuführen scheint.

Akzeptieren Sie es.

Schätzen Sie die Reise an sich.

Es ist nur natürlich, wenn wir uns entschließen, eine Zeitlang auf dem Weg eines anderen mitzugehen, ihn zu unterstützen, von ihm zu lernen oder sein Führer zu sein. Dennoch müssen wir verstehen und uns daran erinnern, dass sein Weg zum Erfolg nicht der unsere ist, dass wir seine Reise nicht für uns vereinnahmen und keinen Anspruch auf seinen Erfolg erheben können. Ich weiß das, denn meine engstirnige Eifersucht und der Neid auf Menschen, die ich unterrichtet und angeleitet hatte, wurden in meinem alten Leben zu einem solchen Gift, dass ich mich in meinem eigenen Fortkommen blockierte. Damals war mir der Zusammenhang nicht klar. Ich glaubte, dass die, denen ich geholfen hatte, meinen Anteil an ihrem Erfolg hätten einräumen müssen. Ich wurde verbittert und engherzig. Mother Shipton lehrte mich, dass man auf dem Weg zum Erfolg nur dann weiterkommt, wenn man alle Erwartungen an diejenigen loslässt, denen man je geholfen hat.

In meinem »früheren« Leben hatte ich so eine Art eingebaute emotionale Skala. Ich konnte bis ins kleinste Detail genau sagen, wer mir was »schuldete«. Tatsächlich drückte, während ich mich fragte, wann und wie sie mir die Schuld wohl zurückzahlen würden, mich selbst die Last dieser Schulden am schwersten nieder. Mother Shipton ließ mich erkennen, dass meine Geschenke an andere keine Darlehen, sondern genau das waren: nämlich Geschenke, an denen ich niemals hätte festhalten dürfen. Dadurch, dass ich festhielt, war ich selbst gefesselt. Ich musste lernen, dass es manchmal keine »Rückzahlung« geben wird, zumindest nicht von den Leuten selbst. Das ist eine Lektion, die wir vor allem anderen zu lernen haben: Wir müssen freigiebig und mit Liebe geben. Nur das gibt uns für das Gift der Eifersucht und des Neides das geeignete Gegengift in die Hand. Das fand ich schwer, sehr schwer. Als ich es jedoch geschafft hatte, konnte ich genug emotionalen Raum in mir herstellen, um noch mehr zu geben, und zwar so, dass es mich erfüllte, statt mich in meinem Bewusstsein darüber, wer ich war und wozu ich fähig war, kleiner zu machen.

Wie kommen wir nun dahin? Sie gehen dabei durch einen ähnlichen Prozess wie bei der Visualisierung Ihres Todes. Jetzt können Sie sich, wenn Sie diese Trance-Abschnitte lesen, der Tatsache nicht mehr entziehen, dass Sie sich auf den Weg gemacht haben. Sie werden sich so viel oder so wenig darauf einlassen, wie es für Sie stimmig ist, dürfen aber nicht vergessen, dass Sie – selbst wenn Sie die Trance-Anweisungen nur durchlesen – diese nachts in Ihren Traumlandschaften womöglich noch einmal erleben. Sie werden genau so zu Reisenden, wie es bei mir der Fall war.

Der abnehmende Mond

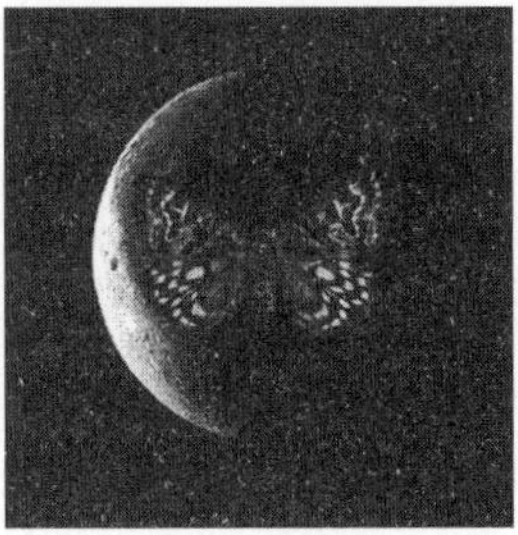

Die letzte bedeutsame Mondphase ist der abnehmende Mond, der durch den Crone-Aspekt der Mondgöttin personifiziert ist. In dieser Phase zieht sich am Meer die Strömung zurück und hinterlässt einen breiten leeren Strand. Nach der Vorbereitung der Maiden und der Erfüllung der Mutter (Mother) ist nun Crone ganz in ihrem Element. Jetzt ist es Zeit loszulassen, mit Altem abzuschließen und Muster zu durchbrechen.

Die Stärke von Crone beruht auf ihrer Weisheit sowie auf dem Wissen um die Bedeutung der Dunkelheit und dem Verständnis der Bedürfnisse anderer. Es ist eine Zeit des Bewusstwerdens. Jetzt können wir uns freimachen von Angst und Schmerz, wir können unsere Stärken und Begrenzungen erkennen. Wir können uns nicht mehr hinter irgendwelchen Spielchen verstecken, denn Crone sieht alles: In ihrem Licht sind wir auf unsere Essenz zurückgeworfen, auf die Essenz, die sich ihrer Sterblichkeit bewusst ist und dadurch die Magie des Lebens entdeckt hat.

Dies ist die Mondphase, in der wir die Dinge loslassen sollten, die für uns im Laufe des vergangenen Mondzyklus nicht sinnvoll funktioniert haben. Lassen Sie sie los, machen Sie sich frei von allem Bedauern. Es war nicht der richtige Zeitpunkt.

Es ist die Mondphase, in der wir trauern können. Wir dürfen jetzt den Schmerz des Verlustes erfahren und traurig sein oder bedauern. Vergessen Sie nicht, dass es nur eine Phase ist, die vorübergeht. Wir alle brauchen mitunter Zeit zum Trauern, das ist gesund und erlaubt uns, zu wachsen und uns zu entwickeln.

Es ist auch die Mondphase, in der wir am tiefsten mit unseren geistigen Führern verbunden sind. Wir können sie mit unseren Fragen aufsuchen und um Antworten oder Zeichen für den weiteren Verlauf unseres Weges bitten.

Begeben Sie sich heute Abend, bevor Sie sich schlafen legen, durch das Zählen von dreihundert bis null in Trance. Verwenden Sie für jede Zahl einen Ausatem. Vielleicht wollen Sie sich auch lieber vorstellen, dass Sie beim Zählen gehen – das bleibt Ihnen überlassen. Auf alle Fälle werden Sie feststellen, dass der Prozess mit jedem Mal leichter vonstattengeht.

Stellen Sie sich diesmal, wenn Sie die Null erreichen oder bereit dazu sind, vor, dass Sie einen großen Sack hochheben. Dieser Sack ist bis zum Anschlag voll mit kleinen Taschen. In jeder dieser Taschen befindet sich ein Gewicht. Jedes dieser Gewichte besteht aus einem negativen Gefühl oder Gedanken, das oder den Sie bislang mit sich herumgetragen haben. Sie brauchen sie gar nicht unbedingt im Einzelnen zu identifizieren, solange Sie erkennen, dass sie schwer sind. Stellen Sie sich vor, während Sie abwärts zählen, dass Sie versuchen, eine Treppe hinabzugehen. Die Stufen sind in soliden Fels eingehauen und schon von den Fußstapfen anderer ausgetreten, die diesen Weg vor Ihnen gegangen sind. Sie können die Stufen nicht sehen, wissen aber, wie es sich anfühlt, mit einem schweren Gewicht Stufen hinabzusteigen.

Nun haben Sie die Wahl. Sie können dieses ganze Gewicht weitertragen oder nach ein paar Stufen anhalten und die erste der Taschen auf der Stufe abstellen, die Sie gerade erreicht haben. Es bleibt ganz Ihnen überlassen. Müssen Sie sich wirklich von all diesen negativen Gefühlen niederdrücken lassen? Legen Sie sie Stück für Stück ab. Gehen Sie die Stufen hinunter und lassen Sie die Gewichte jeweils dort, wo Sie möchten. Spüren Sie, wie Ihr Sack immer leichter wird und das Gehen dabei immer leichter fällt. Gehen Sie so lange weiter, bis der Sack leer ist. Nun haben Sie das Ende der steinernen Stufen erreicht und schauen in eine wunderschöne friedliche Landschaft. Versuchen Sie nicht, diese Landschaft wirklich und wahrhaftig zu sehen, schauen Sie mit Ihrem Geist und Ihrer Erinnerung. Es ist ein Ort von natürlicher Schönheit, ein Ort des absoluten Friedens, der Himmel ist blau, und die Sonne scheint. Vielleicht dauert es eine Weile, bis Sie dies alles spüren und erleben. Lassen Sie sich Zeit, bis sich ein inneres Bild einstellt.

Nun können Sie sich einen geeigneten Ort suchen, um sich auszuruhen. Nutzen Sie ruhig den leeren Sack als Unterlage. Legen Sie sich auf den Rücken und verweilen Sie, so lange Sie wollen, den Blick auf die kleinen weißen Wolken gerichtet. Nehmen Sie wahr, wie die Sonne Sie sanft wärmt. Entspannen Sie sich und lassen Sie Ihre Gedanken eine Weile treiben. Dieser Ort ist ein geschützter Ort, an dem Sie auch die Augen schließen und eine Weile schlafen können. Wenn Sie dann bereit sind, wieder zu gehen, stellen Sie fest, dass es bereits dunkel geworden ist. Es ist Nacht, und im Licht des abnehmenden Mondes finden Sie die Treppe, die jetzt von magischen chinesischen Laternen beleuchtet ist. Die Taschen, die Sie abgestellt hatten, haben sich in diese Laternen verwandelt. Während Sie die Treppe hinaufsteigen, wird auf der Stufe, die Sie gerade betreten, die Laterne in den Himmel aufsteigen. Die Laternen tragen Ihre Hoffnungen und Träume zum Himmel hinauf, wo der Mond sie klar und deutlich sehen und beantworten kann. Wenn Sie zurückschauen, sehen Sie, dass hinter Ihnen alle Laternen verschwunden sind. Der Weg, der vor Ihnen liegt, ist dagegen beleuchtet.

Ruhen Sie sich ein wenig aus, wenn Sie oben angelangt sind, und lassen Sie die Erfahrung nachwirken. Nehmen Sie nun Ihr spezielles Notizbuch und Ihren speziellen Stift zur Hand und schreiben Sie auf, welche Gefühle oder Gedanken Sie bei diesem Erlebnis gehabt haben. Nehmen Sie sich Zeit dafür. Es könnte sein, dass Sie mehr aufschreiben wollen als erwartet. Zensieren Sie sich nicht, schreiben Sie einfach alles auf, was Ihnen einfällt.

Danach können Sie sich ausruhen. Sie werden heute Nacht tief und fest schlafen.

Ab jetzt brauchen Sie Ihre Gedanken und Gefühle nicht mehr als Gewichte zu sehen, die Sie niederdrücken. Es sind Geschenke, die Ihnen als Lichter auf Ihrem Weg erscheinen, wenn es dunkel wird. Was mich am meisten faszinierte, als mir das zu gelingen begann, war, dass mir plötzlich andere unaufgefordert ihre Hilfe anboten. Und mit einem Mal war ich nicht nur offen und bereit, ihre Hilfe anzunehmen – ich konnte sie auch in dem Geist annehmen, in dem sie mir geschenkt wurde. Sobald wir freigiebig *geben*, werden andere uns geben, sodass ein liebevoller Vorgang des Miteinander-Teilens entsteht, bei dem Gier und Neid keinen Platz haben. Ich stellte fest, dass ich mich dadurch, dass ich anderen geben konnte, ohne etwas zu erwarten, selbst dafür öffnete, etwas von denen zu empfangen, die mir helfen wollten oder konnten. Wir brauchen uns gegenseitig, damit wir blühen und gedeihen können, und wenn wir neu geboren sind, brauchen wir ganz besonders Hilfe. Genau darum geht es bei unserer Reise zu uns selbst: darum, dass wir uns dafür öffnen, uns neu zu erschaffen, neu in diese Welt geboren zu werden. Falls Sie das Gefühl haben, dafür nicht bereit zu sein, ist das in Ordnung. Beim Weiterlesen werden Sie sich verändern und nach und nach herausfinden, wie Sie am besten vorangehen können.

Außerdem ist ein Neugeborenes hungrig, und zwar nicht nur nach Nahrung, sondern auch nach Wärme und Wissen. Erlauben Sie den Menschen in Ihrem Umfeld, Ihnen zu geben, was Sie brauchen, und Ihre Bedürfnisse bedingungslos zu erfüllen. Vielleicht haben Sie nicht das Gefühl, dass diese Menschen in der Lage oder willens wären, Sie zu nähren. Das macht (im Augenblick) nichts. Im Laufe Ihrer Reise werden sie sich entweder zusammen mit Ihnen verändern, oder Sie werden sie hinter sich lassen und andere finden, die Sie nähren. Vergessen Sie nicht: Es ist *Ihre* Reise, und falls jemand, der Ihnen nahesteht, sich für einen anderen Weg entschieden haben sollte, werden sich Ihre Wege früher oder später trennen. Akzeptieren Sie es. Es wird, wenn auch vielleicht nicht ohne Schmerz, ganz natürlich geschehen. Schmerz, der nicht unbedingt physischer Natur sein muss, gehört zu einer Neugeburt dazu. Wenn man ein anderer wird, schmerzt das. Das macht das neue Leben dafür umso kostbarer.

In diesem Stadium meiner Reise begann ich das *World Wyrd Web* zu nutzen. Wir leben wirklich in einer interessanten Zeit, in der wir auf so offene und demokratische Weise miteinander in Verbindung treten können. Die Länder, die die Macht des Individuums bislang nicht erkannt haben, werden dies noch bereuen und früher oder später gezwungen sein, sich zu verändern. Nachrichten verbreiten sich im Handumdrehen, die Zeit der Anbetung des Geldes geht ihrem Ende entgegen. Ich weiß, dass dies nichts Neues ist, aber diesmal ist es anders. Es ist eine globale Erscheinung, genau wie die Verbindungen, die diesen Wandel vorantreiben werden. Die Pyramiden und Hierarchien, die uns voneinander trennen, fallen, noch während ich dies schreibe, langsam in sich zusammen. Das von den Herrschenden gesponnene Lügennetz ist dabei, sich zu entwirren. Jetzt beginnen die Menschen, sich ihrer eigenen Macht bewusst zu werden und auch die Kontrolle über sich zu übernehmen; sie erschaffen sich das *World Wyrd Web* und werden zu einem Teil davon. Was meinen Sie, warum wohl auf den alten Hexen-Abbildungen auch Spinnweben dargestellt sind? Schon damals kannten die Mütter die Macht der Netzstruktur. Mother Shipton wird Sie lehren, wie Sie sich darüber verbinden können, zunächst mit sich und dann mit den Menschen in Ihrem Umfeld, damit Sie sich Ihr eigenes Netz weben, Ihre eigene Gemeinschaft finden, sich diejenigen aussuchen können, mit denen Sie Ihr Leben teilen wollen. Damit Sie sich in eine Welt der Chancen begeben können.

Wenn Sie Ihre Arbeit ändern und Gärtner werden wollen, brauchen Sie das Wissen dafür und die Begegnung mit anderen Gärtnern. Wenn Sie Teil einer spirituellen Gemeinschaft werden wollen, können Sie diese im Netz ausfindig machen. Wenn es schwierig für Sie ist, schwanger zu werden, suchen Sie die entsprechenden Online-Foren auf und reden Sie mit anderen, die Sie verstehen. Bauen Sie sich eine Facebook-Seite für Ihre Straße oder Ihre Gemeinschaft auf. Verabreden Sie sich mit ein paar Freunden und frönen Sie ein wenig dem »Luxus von Freundlichkeit« gegenüber jemandem, von dem Sie wissen, dass er Hilfe braucht, aber nie darum bitten würde:

Vielleicht können Sie einer jungen Mutter die Wohnung putzen oder ihr ein Mittagessen kochen oder im Garten eines älteren Nachbarn Unkraut jäten. Es gibt zahllose Möglichkeiten, sich mit anderen zu verbinden.

Schauen Sie sich also um und entscheiden Sie dann, wo und wann Sie sich engagieren wollen und wo Ihr Licht Sie hinführt. Es geht dabei ums Lernen. Sie brauchen sich nicht sofort in etwas hineinzustürzen. Im Lauf der Reise werden Sie auf natürliche Weise Dinge ausprobieren (und aus Fehlern lernen). Ich habe an unendlich vielen Workshops, Vorträgen, Diskussionsgruppen und Tagungen teilgenommen, bis ich begriff, dass ich mir die Gemeinschaft, nach der ich mich sehnte, selbst erschaffen musste. Das wird Ihnen vielleicht ähnlich gehen. Ich persönlich wollte eine Gemeinschaft von erfolgreichen, spirituell ausgerichteten Frauen, bei denen als Teil von dem, was sie tun, Vielfalt, Fülle und Gemeinschaft entstehen. Eine Gruppe von Frauen, die Informationen, Erfahrung, Wissen und Solidarität miteinander teilen. Die sich nicht durch eine Grundsatzerklärung oder eine Philosophie definieren, sondern von ihrem inneren Licht – der Quelle – geleitet werden. Die Schönheit dieser Gemeinschaft liegt darin, dass wir alle darin wachsen und gedeihen können. Es gibt keine Hierarchie, die Mitgliedschaft ist flexibel. Es gibt Zeiten, in denen wir näher zusammenrücken, und andere, in denen wir mehr Rückzug brauchen. Das ist ein natürlicher Rhythmus, genau wie die Gezeiten von Ebbe und Flut, die wir in uns tragen. Wir sind mit Schwester Mond verbunden, und aus der Quelle heraus ist jedes Mitglied dieser beweglichen Gemeinschaft in der Lage, das Beste aus sich zu machen.

Auch Sie werden Ihre spirituelle Heimat, Ihre Gemeinschaft, Ihren Raum finden, wenn Sie ihn suchen. Sie werden nicht mehr allein sein, es sei denn, Sie wollen es nicht anders.

Das Neugeborene nimmt alles Wissen und alle Informationen in sich auf und filtert sie erst, wenn es genug Erfahrung hat. Seien Sie daher beim Lesen dieses Buches zunächst einfach offen wie ein Neugeborenes und denken Sie an Mother Shiptons Worte »*Tagtäglich wirst du neu geboren*«. Sie lehrte mich, dass wir jeden Morgen, während wir – noch bevor wir ganz wach werden – mit geschlossenen Augen daliegen, die Wahl haben: Es liegt in unserer Hand, wie der Tag wird. Wir können dem Regen da draußen lauschen und beschließen, dass der Tag elend und grau wird, oder wir lauschen ihm und beschließen, ihn zu etwas Schönem zu machen. So einfach ist das. Es braucht Übung, bis wir tatsächlich *glauben*, dass wir das können. Und in dieser TraumZeit lernen wir, wie wir echtes Verbundensein erleben können. Wir erlauben dem Licht draußen, das Licht in uns zu wecken.

Wenn ich dieses Verbundensein nicht herstellen kann, werde ich schwach und spüre den Unterschied sofort. In dem Zustand zwischen Schlafen und Wachen habe ich wirklich die Freiheit, mich für den kommenden Tag zu erschaffen. Da gibt es kein *Ich muss* oder *Ich will*, es gibt nur ein *Ich werde* … Ich werde fröhlich sein, ich werde die Dinge in die Hand nehmen, ich werde stark sein, ich werde das geeignete Buch für meinen Bedarf finden, ich werde einen schönen Tag haben.

Anhand Ihrer Erfahrungen während der TraumZeit werden Sie sich den Tag so gestalten, wie Sie ihn haben möchten. Das ist die wahre Bedeutung und Kraft des sechsten Sinnes.

Der sechste Sinn

Der sechste Sinn ist die Summe der fünf anderen Sinne und größer als sie alle zusammen. Wenn Sie Ihren fünf Sinnen erlauben, engmaschig und simultan (harmonisch) miteinander, anstatt nacheinander zu arbeiten, schaltet sich Ihre Intuition ein. Ihr sechster Sinn wird die Hindernisse in Ihrer Umgebung erkennen, die für Sie schädlich sein könnten, und Ihnen erlauben, die Aspekte des Lebens zu spüren, die Sie näher an Ihre Quelle heranführen. Beginnen Sie also, Ihren sechsten Sinn – die Verschmelzung der anderen fünf – zu pflegen. Wenn Sie sich beim Gehen auf Ihre Umgebung einstimmen, werden Sie anfangen, darin die Macht der Quelle wahrzunehmen und mit ihr zu schwingen. Das wird Ihre Begeisterung und Ihr Vertrauen wecken. Pflegen Sie das Schweigen.

Es gibt ein treffendes chinesisches Sprichwort über einen weisen Mann und einen Narren. Der einzige Unterschied zwischen den beiden besteht hiernach darin, dass der weise Mann wenig sagt, sodass seine Mitmenschen auf jedes seiner Worte achten, während der Narr die ganze Zeit redet und der Welt zeigt, dass er schwachsinnig ist. Jetzt geht es darum, wie der weise Mann wenig zu sprechen und stattdessen mehr zuzuhören und zu beobachten. Sie werden feststellen, dass die Leute Sie, selbst wenn gerade andere reden, beachten werden. Wenn Sie dagegen die ganze Zeit selber reden, wird sich keiner Gedanken darüber machen, was Sie wohl denken, und man kann Sie ignorieren in der Annahme, dass Sie unsicher und bedürftig sind (was in den meisten Fällen bei Leuten, die zu viel reden, auch zutrifft).

Mother Shipton brachte mir bei, still zu sein und mich im Hintergrund zu halten, wie ihre Mutter es sie gelehrt hatte. Von ihr lernte ich, zu lauschen, zu beobachten und die Launen der anderen zu erkennen. Dies ist eine Fähigkeit von unschätzbarem Wert. Erfahren Sie die Macht des Schweigens. Versuchen Sie es, wenn Sie das nächste Mal mit einer Gruppe von Freunden zusammen sind. Achten Sie darauf, wie die Menschen sitzen oder stehen, wie sie mit den anderen in der Gruppe interagieren. Achten Sie auf den Tonfall, in dem sie sich unterhalten. Bald werden Sie – wie jemand, der Gedanken lesen kann – in der Lage sein, die Gefühle der anderen besser zu verstehen und ihre Bedürfnisse zu erkennen. Als das Neugeborene, das Sie sind, geht es dabei zunächst einzig und allein um die Übung. Wenn Sie der Quelle aber näher kommen, werden Sie feststellen, dass diese Fähigkeit von echtem Nutzen ist. Sie werden in der Lage sein, die Bedürfnisse anderer zu verstehen und sie zu Ihren eigenen zu machen – falls Sie das möchten. Mother Shipton lehrt diese Lektion frühzeitig, da sie sehr wichtig ist. Zugleich ist es wichtig zu wissen, dass wir dieses Wissen nur zum Wohle anderer und nie zu unseren eigenen Gunsten nutzen dürfen. Wir lernen, wie wir die Bedürfnisse anderer erkennen und ihnen somit helfen können. Aber Achtung: Wenn Sie diese Macht nutzen, um zu manipulieren oder ein Durcheinander zu stiften, dann entfernen Sie sich vom Mond, kommen der Sonne zu nah und werden unter dem grimmigen Blick des Sonnengottes verbrennen. Übrigens gibt es nicht wenige, die absolut rücksichtslos und äußerst geschickt darin sind, ihre Macht zum Schaden anderer einzusetzen. Lassen Sie bloß die Finger davon – selbst dann, wenn Sie meinen, Sie könnten jemandem damit helfen.

Je weniger Sie reden und je mehr Sie auf sich selbst hören, desto mehr werden Sie dem Menschen vertrauen, der Sie im Begriff sind zu werden. Sie werden anfangen, die Stimme der Magie in sich zu hören, Sie werden frei werden und sich direkt mit Ihrer Quelle verbinden können. Zuerst werden Sie die Verbindung als zufälligen, flüchtigen Augenblick der Synchronizität erleben. Kaum bemerken Sie einen solchen Augenblick jedoch, ist er auch schon vorbei. Unser Bewusstsein von der Quelle können wir nicht bewusst entwickeln. Es offenbart sich uns eher als eine Bewegung, die wir flüchtig aus den Augenwinkeln erhaschen. Wenn Sie sich den älteren Teilen Ihres Gehirns überlassen, werden Sie Ihre Verbindung in dem Moment, wo sie geschieht, halten können. Das werde ich Ihnen mit Hilfe der Trance beibringen, und Mother Shipton wird Sie dabei so geleiten, dass das Dunkle in Ihnen für immer gehen kann. In der Zeit zwischen Wachen und Schlafen, wenn Sie noch wach daliegen, aber sich schon aus der Welt zurückgezogen haben, kann sich Ihr Geist dafür öffnen, Wege zum Loslassen der Dämonen zu finden. Hören Sie auf die Mutter in Ihnen. Sie wird Ihnen den Weg zeigen, wenn Sie ganz und gar bereit dazu sind. Versuchen Sie nichts zu erzwingen.

Öffnen Sie Ihren Geist und lassen Sie das Wissen mit jedem abnehmenden Mond zu Ihnen kommen, wenn Sie

Ihr Buch aufschlagen und einen weiteren Schatten-Anteil auswählen, den Sie loslassen möchten. Sie schließen den Prozess noch während des abnehmenden Mondes dadurch ab, dass Sie das Blatt Papier, auf dem Sie Ihren Schatten niedergeschrieben hatten, verbrennen. Die Devise lautet also: Benennen, Handeln, Verbrennen.

Auf Ihrem Weg zur Quelle werden Sie mit der Zeit erfinderisch werden. Mitunter wird es scheinen, als gäbe es keine direkte Möglichkeit, sich aktiv von bestimmten Belastungen zu befreien. Vielleicht rührt Ihr Schmerz aus einer Partnerschaft mit jemanden, der nicht mehr lebt. Sie können sich trotzdem befreien, indem Sie ihm einen Brief schreiben und reinen Tisch machen. Sie können sich befreien.

Was tun Sie mit den Blättern, wenn Sie sich durch Ihr Handeln befreit haben? Gemäß dem Ritus ist es nun an der Zeit, den Kreis mit einem Ritual zu schließen. Diesmal ist das Element Feuer dran.

Mother Shipton schreibt:

Wenn der Mond abnimmt,
benenne ich mein Schatten-Ich, das durchs
  Benennen gebunden ist.
Es kann mir nichts tun, denn ich habe das Leben
  gewählt.
Ich entlasse den Schatten ins Feuer,
das meinen Schmerz verzehrt und das Dunkel von
  mir nimmt.

Abschlussritual

Nehmen Sie sich, wenn Sie so weit sind, an einem Abend in dieser Mondphase etwas Zeit, zünden Sie Ihre Kerze an und öffnen Sie den Kreis. Legen Sie Ihre feuerfeste Schale bereit. Suchen Sie das Blatt Papier hervor, das Ihren Schatten-Anteil enthält, und verbrennen Sie es in der Schale. Lassen Sie es so lange brennen, bis nur noch feine Asche übrig ist. Bringen Sie die Asche hinaus ins Freie und vergraben Sie sie in der Erde, wenn Sie mögen. Mutter Erde wird sich um den Rest kümmern.

Wiederholen Sie die oben stehenden Worte von Mother Shipton, um sicherzustellen, dass die Dunkelheit keinen Raum findet, um sich wieder bei Ihnen einzunisten.

Ich verbrannte bei diesem Ritual alle meine Papierblätter und mit ihnen alle meine Schatten-Anteile. Dann vermischte ich die ganze Asche, vergrub sie in meinem Garten und setzte genau an dieser Stelle im Licht von Schwester Mond einen Rosmarinstrauch in Mutter Erde. Den Rosmarin, der für das Gedenken steht, wählte ich, um mich daran zu erinnern, dass ich mich innerlich *nie wieder* an diese Orte zu begeben brauchte. Meine Verbindung zur Quelle wurde mit jedem Tag stärker. Während ich mich wandelte, wandelte sich auch die Welt um mich herum. Ich war nun bereit und offen dafür, jede Gelegenheit beim Schopf zu ergreifen, um mich zusammen mit ihr zu verwandeln.

Kapitel fünf

Neumond – Stärke

Trance

Mother Shipton schreibt:

Die Zahlen kommen jetzt ins Spiel.
Hearn durchdringt die Flamme und lässt die
 Spieler zahlen.
Der grüne Mann führt und fordert nun sein Geld.
Bezahl ihn gut, damit du lernst,
dass Papiergeld nur verbrennt.
Jetzt geht's darum, die rechte Zahl zu nutzen.

Anfangsritus

Der Wunsch nach Geld als Ziel setzt eine endlose Welle der Unzufriedenheit in Gang, denn es wird nie genug sein. Man meint, dass man immer noch mehr braucht, damit man sich stark und sicher fühlen kann. Jetzt ist der Moment gekommen, wo Sie lernen sollten, Ihre Finanzen unter Kontrolle zu bekommen und die Bedeutung der Zahlen zu verstehen, statt sie zu ignorieren in der Hoffnung, dass sie sich schon von selbst regeln werden. Nehmen Sie sich die Zeit und listen Sie einmal Ihre Ausgaben und Einnahmen auf. Es muss hier eine Balance geben. Wenn sie fehlt, werden Sie erkennen, dass ein Teil Ihrer Ausgaben nur dazu da war, Ihre Emotionen zu füttern, während andere Ausgaben neu eingeordnet werden müssen. Geld ist eine Form von Macht, die es nutzbar zu machen gilt, damit das Geld für Sie arbeiten kann und nicht umgekehrt. Entwickeln Sie ein wenig Pragmatismus: Stellen Sie monatlich Tabellen mit Ihren Ausgaben auf, damit Sie die Energie Ihrer Finanzen zügeln können und mit der Zeit Kontrolle über sie bekommen. Das ist notwendig, denn andernfalls wird das Geld, das Sie generieren, gleich wieder davonfließen. Dadurch, dass Sie sich einen Überblick über Ihre Einnahmen und Ausgaben verschaffen, erzeugen Sie einen Geldtopf, in den die Gewinne hineinfließen können. Suchen Sie sich, falls notwendig, Hilfe dafür. Dieser Übergangsritus ist ein Muss und keine Option. Sie gewinnen dadurch Stärke und beginnen zu verstehen, dass alles, was Sie umgibt – auch das Geld –, eine Form von Macht ist. Entweder Sie beherrschen es, oder es wird Sie beherrschen. Ich weiß es, denn ich habe es am eigenen Leib erfahren.

Wir nutzen die Energie des Neumondes, um uns die Macht des Geldes nutzbar zu machen. Der Neumond gibt kein Licht ab und schenkt uns keine Hinweise. Wenn wir in die Dunkelheit schauen, sehen wir nichts außer uns selbst. Genau wie der Wunsch nach Geld treibt die Dunkelheit manch einen in den Wahnsinn. Manche fallen in das Dunkel hinein und können nicht akzeptieren, was sie dort vorfinden. Ihnen geht es da anders, weil Sie auf dem Weg sind und Ihr Verhältnis zum Geld anhand dieses Übergangsritus erkunden werden. Nur wenn Sie sich der Dunkelheit stellen, werden Sie die Kraft finden, den Weg zur Quelle bis an sein Ende zu gehen.

Als ich mich auf die Reise machte, hielt ich mich für machtlos und glaubte, Geld sei schwer zu bekommen. Ich sah mich immer im Mangel, was sich auch in der Welt, die mich umgab, widerspiegelte. Anderen nahm ich es übel, wenn sie mehr Geld hatten und deshalb glücklicher zu sein schienen. Wenn ich dann selbst einmal Geld hatte, nährte ich es nicht, um es anwachsen zu lassen, sondern ließ es mir zwischen den Fingern zerrinnen, weil ich das ohnehin für den Lauf der Dinge hielt. Ich missbrauchte die Macht meines Geldes und erlaubte ihm, eine Barriere zwischen mir und anderen zu bilden.

Alles Geld, was ich besaß, wurde mir von meinen Freunden abgesaugt. Das war das Leben, das ich mir ausgesucht hatte. Ich war ständig damit beschäftigt, dass nie genug Geld da war. Worauf ich nicht vorbereitet war und was ich auch gar nicht wusste, war, dass ich die Kontrolle übernehmen musste.

Mein persönlicher Neumond ereignete sich eines Nachts in Deptford, als ich in meinen frühen Zwanzigern war.

Ich kam gerade von einem Besuch bei meinen Eltern in Yorkshire zurück. Es war spät am Abend, mir war kalt, und ich war hungrig. Es regnete in Strömen, und als ich meinen Schlüssel in das Schloss der Wohnung steckte, die ich mit meinem Freund und einem weiteren Pärchen teilte, passte er nicht. Das Schloss war neu, und in der Wohnung brannte kein Licht. Ich hatte keine Ahnung, was passiert sein konnte. Ich ging also zurück zur U-Bahnstation, setzte mich auf eine Bank und wartete. Ich schaute zu, wie Zug um Zug einfuhr, bis der letzte kam und verschwand. Dann dachte ich, ich hätte mich geirrt. Ich ging zurück zur Wohnung, aber nichts hatte sich geändert.

Die Nacht verbrachte ich damit herumzulaufen. Von Deptford lief ich nach Greenwich, wo ich über die Parkmauer in den Park kletterte. Als ich den Nullmeridian fand, lief ich ihn entlang bis zum Observatorium. Es hatte aufgehört zu regnen, der Himmel war wieder klar. Ich lief so lange weiter, bis ich eine Bank fand, auf die ich mich setzte. Ich werde nie vergessen, wie kalt es in jener Nacht war. Es war wunderschön und schrecklich und kalt. Ich schlief unter dem klaren Himmel, die Kuppel des Observatoriums als Silhouette in der Dunkelheit des Neumondes vor mir. Mein Geist leerte sich in meinem unruhigen Schlaf. Immer wieder weinte ich leise, ich hatte Angst. Angst vor der Dunkelheit, Angst vor dem, was der Morgen mir bringen würde, Angst vor der Situation, in der ich mich befand. Ab und zu durchbrach Hundegebell die Stille im Park. Weitere Schatten nahmen die Bänke in meiner Nähe in Besitz. Niemand störte mich. Jede Gestalt war in ihre eigene Dunkelheit gehüllt.

Der Morgen brachte eine trostlose, wässerige Sonne und mit ihr die Parkwächter, Wecker in menschlicher Gestalt für uns Penner. Ich wollte meine Bank verlassen, bevor sie bei mir angelangten, aber mein Körper war so steif und kalt, dass ich gar nicht so recht hochkam. Als mir ein pathetischer Schluchzer entfuhr, spürte ich plötzlich, wie eine heiße, raue Hand nach meiner griff. Sie gehörte zu der Gestalt von der Bank nebenan, die sich jetzt als zarte Kindfrau, mehr Elfe als Mensch, entpuppte. Ich lächelte bei diesem Gedanken und versuchte mich freizumachen, aber die Besitzerin der Hand war erstaunlich stark. »Ich bin Jennifer«, sagte sie mit breitem schottischem Akzent. »Willst einen Tee?« Sie nahm meine Tasche und ließ mir keine andere Wahl, als hinter ihr herzuhumpeln.

All die Nachtgestalten, die jetzt menschliche Form angenommen hatten, waren in derselben Richtung unterwegs: Sie wollten zum Hintereingang der Kirche jenseits des Parks, auf der anderen Straßenseite. Drinnen roch es nach Kohl und altem Papier, aber es war warm. Lächelnde Frauen verteilten Becher mit Tee. Jennifer war die Erste in der Schlange. »Da, schau. Wenn man schnell genug ist, kriegt man noch einen Doughnut. Ich hab auch einen für dich.« Da sie die Hände voll hatte, benutzte sie die Füße, um zwei Plastikstühle von einem Haufen wegzuschieben, und setzte sich mit einem breiten Grinsen hin. Dankbar nahm ich ihr einen Becher mit Tee ab und setzte mich ebenfalls. Den Doughnut lehnte ich ab. »Iss du ihn«, sagte ich. Sie zuckte mit den Achseln und legte ihn anmutig auf ihrem Knie ab. Ich schaute ihr beim Essen und Trinken zu. Sie war höchstens fünfzehn und aß so unbefangen wie ein Kind, obwohl der Ausdruck in ihren Augen uralt war. »Schau mich an …«, sagte sie ruckartig. »Ich suche nach meinem Bruder. Er ist von Inverness zum Arbeiten hergekommen, und ich werd mit ihm leben.« Hungrig sah sie auf. »Heute find ich ihn bestimmt. Hast du Geld?« Ich schüttelte den Kopf. Sie wischte die restlichen Krümel von ihrer Jeans und hielt plötzlich, den Blick starr hinter mich gerichtet, inne.

Ich drehte mich um und sah einen großen, hageren Mann in der Tür lehnen. »Dein Bruder?«, fragte ich. Jennifer grinste und zeigte dabei ihre Zahnlücken. »Nee, Süße! Das ist mein Freund.« Sie beugte sich zu mir, küsste mich auf den Kopf und ging zur Tür. Dort nahm sie ein schmales Päckchen von ihm entgegen und betastete es schweigend. Dabei starrte er mich die ganze Zeit an. Ich hatte ihn schon einmal gesehen – auf der Treppe des Hauses, in dem sich meine Wohnung befand.

Es ist seltsam, wenn ich daran zurückdenke, denn jetzt kommt mir alles so logisch vor. Ich ging nach Hause und traf dort die Vermieterin an. Sie hatte drei Monate keine Miete erhalten, und das war's: keine Miete, keine Wohnung. Ich versuchte, ihr klarzumachen, dass ich das Geld meinem Freund gegeben hatte, damit er es an sie weitergab, aber sie schlug mir die Tür vor der Nase zu. Kein Zuhause, kein Geld, keine Habe, kein Freund.

Ich hätte weinen oder schreien können, aber ich wusste, dass ich keine einzige weitere Nacht draußen auf der Straße verbringen wollte. Ich musste die Kontrolle zurückgewinnen. Am Ende des Tages hatte ich sowohl ein Zuhause als auch einen Job, und noch dazu war ich von ganz wunderbaren Männern umgeben. Wie ich dazu kam? Von meinem alten Zuhause aus war ich, während die Markthändler ihre Stände aufbauten, über den Markt zur Hauptstraße gelaufen. Dort hielt ich einen Moment lang inne, bevor ich mich für eine Richtung entschied.

Das Zeichen rief mich.

Es war ein schmuddeliges Stück Papier an der Tür eines Clubs in der Deptford High Street. »Barkeeper gesucht, Unterbringung im Haus erwünscht«, stand darauf. Ich riss das Papier von der Tür ab, ging hinein und sagte den Besitzern, dass ich diejenige war, die sie suchten. Ich hatte mein neues Zuhause. Die Tatsache, dass es sich um eine Schwulenbar handelte und die Betreiber eigentlich einen süßen Boy wollten, um Kunden anzuziehen, fand gar nicht erst Eingang in mein Bewusstsein. Ich brauchte sie und hatte sie schnell so weit, dass auch sie mich brauchten. Ich arbeitete hart und liebte meine neue Familie. Damals gab ich mir selbst ein Versprechen. Ich würde nie mehr in meinem Leben irgendjemandem – egal ob Männlein oder Weiblein – mein Geld und damit die Macht über mich anvertrauen. Ich übernahm die Kontrolle über mein Geld. Noch wusste ich nicht, wie ich seine Macht nutzen oder es anwachsen lassen konnte, aber den ersten Schritt hatte ich allein getan.

Ich hielt auch Ausschau nach Jennifer, obwohl ich in Wahrheit nicht wusste, was ich tun würde, falls ich sie fände. Ich wusste nur, dass ich mich irgendwie um sie kümmern wollte. Als ich mich zu der Kirche aufmachte, sagten mir die Frauen, sie sei nicht lange nach dem Tag, an dem ich ihr begegnet war, weggeblieben. Eine ließ anklingen, sie sei eine Prostituierte geworden, der sogenannte Freund hätte nicht zum ersten Mal junge Mädchen dort in der Kirche aufgegabelt. Ich konnte es nicht herausfinden. Was ich jedoch in dieser Nacht gelernt habe und nie mehr vergessen werde, ist, wie schnell jeder von uns ganz unten auf der sozialen Leiter sein kann. Die Erfahrung lehrte mich, Obdachlose nicht mehr zu verurteilen. Sie lehrte mich, die Menschen zu sehen und nicht ihre Umstände.

Das Problem an unserem heutigen Leben ist, dass es so viel Lärm und Zerstreuungen und zu viele Dinge enthält, die man tun und sehen und wollen kann. Alle diese Zerstreuungen entfernen uns immer mehr von der Quelle. Mich machten sie schwach, und zugleich dachte ich, dass ich, wenn ich mich noch mehr in sie hineinstürzte, Glück oder Frieden oder irgendetwas anderes finden würde, von dem ich *dachte*, ich brauchte es an diesem Tag. Das ging ja so leicht. Innezuhalten, nach innen zu schauen und mich der Dunkelheit in mir zu stellen dagegen – nein danke. Das hätte bedeutet, eine Reise durch meine emotionale Vergangenheit zu unternehmen und Verantwortung dafür zu übernehmen, dass ich anderen Schmerz zufügte oder zumindest daran scheiterte, den Schmerz der anderen zu lindern. Ich wusste, dass ich egoistisch gewesen war. Und zwar nicht in einem positiven, vorausschauenden, sondern in einem gierigen, gemeinen Sinn. Ich war gierig wie eine Süchtige. Ich wollte Besitz und Schmeichelei und Aufmerksamkeit. Was nicht bedeutet, dass ich sie auch bekam. Aber in einer dunklen Ecke meines Seins, die ich mir nicht eingestand, gab es ein gemeines Ich. Solange ich mich ihm nicht offen stellte und meinen Frieden mit seinen Handlungen schloss, konnte ich nicht weitergehen. Es war wie der Hund, der sich dem Narren auf der Tarotkarte an die Fersen heftet. Es hielt mich zurück.

Erst eine schwere Krise brachte mich dazu, meine dunkle Seite endlich zu akzeptieren und ihre Bedürfnisse ernst zu nehmen. Erst da war ich bereit, mich an Mother Shipton zu wenden.

Die Person in mir und die, die da draußen in der Welt existierte, hatten sich immer weiter voneinander entfernt, während meine Angst davor, immer älter, sonderbarer und noch einsamer zu werden, wuchs. In meinen Beziehungen hatte ich mich verhärtet. Sobald die anderen das leiseste Anzeichen einer Schwäche oder Verletzlichkeit zeigten, wusste ich das zu nutzen – oder hob mir das Wissen darum für eine mögliche spätere Gelegenheit auf. Ich lernte das von einem Meister seines Fachs und hatte keine Ahnung, wie sehr ich mir selbst und anderen dabei schadete. Wenn man selbst zerbrechlich und verletzt ist, findet sich immer jemand, der einen für seine Zwecke missbraucht. Nach dem Zusammenbruch meiner Ehe fühlte ich mich leer, und da die Natur Leere verabscheut, machte mich ein Magier ausfindig, der die Herzen und die Seelen der Menschen manipulierte.

Er erkannte, dass es eine Lücke in mir gab, die aufgefüllt werden konnte. Jetzt ist mir klar, dass es dabei nicht um mich ging – ich war gar nichts Besonderes für ihn. Dass ich mich so fühlte, war einfach Teil der Manipulation. Er benutzte viele Menschen, und wenn er sie nicht mehr brauchte oder sie ihm über den Kopf wuchsen, ließ er sie fallen. Er war kein schlechter Mensch, er lebte nur achtlos und ohne das geringste Bewusstsein darüber, wie groß sein Einfluss auf andere war, seine eigene Geschichte aus. Es gibt viele solche Menschen dort draußen. Menschen, die unseren Gefühlen gerade so viel Nahrung geben, dass wir bei ihnen bleiben möchten. Dann werden wir wie Verhungernde, die dankbar sind für das kleinste Quäntchen Trost. Heute fürchte ich den Mann nicht mehr, aber das hat lang gedauert. Der Klang seiner

Stimme reichte aus, um mir physische Schmerzen zu bereiten. Es legte sich mir ein solcher Druck auf die Brust, dass ich keine Luft mehr bekam. Angst ist eine unglaublich starke Emotion, und ich hatte Angst vor der Macht, die er über mich hatte. Ich hatte keine Ahnung, wie ich mich selbst hätte befreien können, denn ich begriff nicht, dass ich selbst ihm die Macht über mich abgetreten und eine Wahl hatte. Erst als ich einen solchen Tiefpunkt erreicht hatte, dass ich keinen anderen Ausweg mehr sah, als dieses Leben zu verlassen, kam mir die Erleuchtung. So etwas hatte ich noch nie erlebt, und es versetzte mich wirklich in Angst und Schrecken. Ich liebte das Leben oder hatte es zumindest geliebt, bis ich unter den Bann dieses Mannes geriet. Weder mich selbst noch meine Taten erkannte ich mehr. Ich war zu einem dieser Menschen geworden, die ich bis dahin gehasst hatte – gemein, egoistisch und hart.

Dies war der Moment, wo ich mich an Mother Shipton wandte. Ich erinnerte mich daran, wie sie mir schon früher aus der Not geholfen hatte, und jetzt klangen ihre Worte von Magie, Freiheit und Leben nur umso stärker in mir nach. Und zwar in einem Maße, dass ich bereit war, alles aufzugeben, worum ich mich bis dahin bemüht hatte. Ich war bereit, mich dem Tod zu stellen, einem Tod, aus dem ich als neuer Mensch hervorgehen konnte. Ich musste das gemeine Ich in mir ernst nehmen. Ich musste jetzt endlich Verantwortung für das übernehmen, was ich tat, und mich von dem Bann derer befreien, die meine Fähigkeiten zu ihrem eigenen ausschließlichen Nutzen verwendeten. Ich musste endlich selbst stark werden.

Mother Shiptons Worte waren klar. Ich sollte in der Neumondnacht, wenn wir kein Mondlicht sehen, mit der Macht von Crone in Verbindung treten. Crone ist eine alte Seele, sie ist älter als die Zeitrechnung, älter als das Denken. Sie ist die Personifizierung der Weisen Frau, der Hexe in der Literatur und Mythologie. Sie weiß *alles*. Sie ist der Teil von uns, vor dem wir nichts verbergen oder entschuldigen können, vor dem alles offen und vor der Dunkelheit ausgebreitet daliegt. In meiner Angst hätte ich am liebsten alle möglichen Ausflüchte, alle möglichen Gründe angeführt, um zu erklären, warum ich mich so verhalten hatte. Wenn wir uns dem Neumond, der Crone, aussetzen, bekommen wir diese Gelegenheit jedoch nicht. Wenn wir der Crone unser gemeines Ich offenlegen, dann stellt sie uns nur eine Option zur Verfügung: Wir müssen uns ändern. Es gibt keine Ausflüchte mehr, nur noch die Möglichkeit, unser gemeines Ich dort bei ihr zu lassen.

Wenn wir diese Wahl treffen, dann können wir die Aufgaben, die wir auf unserer Reise zu erledigen haben, realer und klarer sehen. Für mich galt es, dem Mann zu verzeihen, den ich für meine schlimmsten Taten verantwortlich gemacht hatte, und bei denen etwas wiedergutzumachen, die unter meinem gemeinen Ich gelitten hatten. Ich wusste, dass ich das, wenn ich der Dunkelheit nicht erneut Futter geben wollte, ohne ihr Wissen tun musste. Nur so konnte ich vermeiden, dass sie mich womöglich aufsuchten, um mir zu danken und damit mein Ego zu füttern. Was natürlich viel schwerer war, denn schließlich schrie mein Ego die ganze Zeit nach Lob und Anerkennung. Ein Weitergehen war für mich jedoch nur ohne jeden Ballast dieser Art möglich.

Also versetzte ich mich selbst in Trance. Ich lag im Licht des Neumondes auf meinem Bett und machte mich auf die Suche nach meinem dunklen Ich. Schließlich fand ich es als kleines Mädchen unter dem Bett im Haus meiner Großeltern. Es war klein und verängstigt und wollte nicht unter dem Bett hervorkommen. Ich war schockiert, denn ich hatte gedacht, es müsste groß und stark sein und Angst einflößend. Dabei war es nur ein Kind mit dem kindlichen Bedürfnis nach Liebe und Fürsorge. Zwischen den Staubflocken und den Büchern, die es mitgenommen hatte, um sich zu schützen und zu flüchten, robbte ich zu ihm unters Bett. Es trug Jungenkleider, und sein Haar war kurz und lockig. Wütend starrte es mir in die Augen. Also wartete ich, und als es bereit war, mir zuzuhören, sprach ich zu ihm und erzählte ihm, dass wir auf eine Reise gehen würden. Es wusste es bereits und antwortete, dass es nicht mitkommen würde, nein danke. Es wollte nicht sterben. Das war es also. Es dachte, dass »auf die Reise gehen« bedeutete, sich zu verlieren. Während ich neben ihm lag, beruhigte ich es und erklärte ihm, dass wir die Reise gemeinsam antreten würden, damit es an einen Ort kam, an dem jemand, der viel älter war als es und seine Bedürfnisse verstand, für es sorgen konnte.

Wir rutschten unter dem Bett hervor, und ich half ihm auf die Füße. Seine Bücher hielt es noch immer schützend vor der Brust fest. Wir machten uns auf die Reise zur Crone. Im Dunkel des Neumondes gelangten wir zu ihrer zwischen Felsen gelegenen Höhle. Sie kam uns am Eingang entgegen, während das Kind mich eifrig hinter sich her zur Höhle zog. Die Crone war verhüllt und vermummt, sodass ich ihr Gesicht nicht sehen konnte, wohl aber ihren Blick auf mir spürte. In diesem Blick lagen Antworten auf Fragen, die mir noch nicht bewusst waren. Jetzt zog es das Kind von mir fort, und die Crone schlug ihm den Mantel auf. Ich konnte einen Blick auf lauter kleine, stille Gesichter erhaschen, bevor der Mantel sich wieder vor mir schloss. Die Crone sprach nicht mit mir, sie ging den Felshang hinauf und verschwand in der Dunkelheit der Höhle. Ich stand allein da, die Bücher lagen verlassen zu meinen Füßen.

Die Stärke, die wir für die Reise brauchen, entsteht aus der Bereitschaft, sich wirklich und wahrhaftig zu ändern. Aus der Entscheidung dafür rührt die emotionale Kraft, die uns vorantreibt, auch dann, wenn wir mal nicht wollen, wenn wir am liebsten auf den alten Weg zurückkehren würden, weil er uns leichter und vertrauter vorkommt. Stärke entsteht aus dem Verstehen, dass die Vergangenheit vorbei ist und wir die Zukunft nur dadurch anders gestalten können, dass wir die Gaben, die uns jetzt zur Verfügung stehen, erkennen. Dann wird uns die Stärke leichter zugänglich, und um uns herum beginnt Magie zu geschehen. Echte Stärke entsteht, wenn wir die Flexibilität und die Fähigkeit entwickeln, allen Veränderungen mit offenen Armen zu begegnen und sie als Herausforderung zu sehen, als Prüfung dafür, ob wir es wert sind, der Quelle zu begegnen.

Um wirklich stark werden zu können, müssen wir erkennen, dass wir Unterstützung für die ersten Schritte brauchen. Wir brauchen eine Person, an die wir uns wenden, die wir um Führung bitten können, die uns ermutigt und an die wir uns bei Bedarf anlehnen können. Es handelt sich dabei um eine Person, die in der Außenwelt noch nicht existiert, die jedoch in uns steckt und direkt der Quelle entstammt. Sie wird uns sowohl auf unserem inneren Weg zur Quelle, aber auch zu den Büchern und Menschen, den Orten und Erfahrungen führen, die wir von selbst nicht als nützlich oder hilfreich für unsere Reise erkennen würden.

Diese Person ist unsere geistige Führerin. Sie wird uns lehren, ja zu sagen zu neuen Ideen. In der nun folgenden Trance werden Sie ihr begegnen. Vielleicht sind Sie ihr sogar schon begegnet, vielleicht nimmt sie die Form von jemandem an, den Sie kennen, lieben und respektieren. Für manche ist sie ein altes weises Wesen wie etwa ein Vorfahr oder auch ein Tiergeist. Manchen erscheint sie als Engel. Während wir auf der Reise sind, stellt diese Führerin für jeden von uns die Verbindung zur Quelle dar. Wir sollten also lernen, ihr Vorhandensein in unserem Leben zu akzeptieren und ihre Weisheit zu respektieren. Manche erleben die Anwesenheit der Führerin hinter sich, zum Beispiel in Form von Wärme. Sie werden die Anwesenheit von jemandem spüren, der stärker und weiser ist als Sie und voller bedingungsloser Liebe. Sobald Sie sich der Quelle öffnen, werden Sie diese Präsenz wahrnehmen. Ihre Führerin ist nur für Sie und zu Ihrem Nutzen da. Womöglich wissen Sie das auf einer Ebene bereits, dennoch könnte es sein, dass Sie noch nicht bereit sind, diese Führung anzunehmen. Sie werden immer wählen können, ob Sie darauf hören oder nicht, und mitunter werden Sie nicht hören wollen. Ihre Führerin wird Ihnen sagen, was *richtig* ist, was nicht immer bedeutet, dass es leicht wäre (obwohl wir doch meist am liebsten den leichten Weg wählen würden).

Jetzt gilt es also, Ihrer Führerin zu begegnen. Lesen Sie, wie gehabt, zunächst die Anweisungen durch. Machen Sie die Übung dann, wenn Sie ungestört sind und Zeit und Raum dafür haben. Gut geeignet ist die Zeit vor dem Schlafengehen, wenn Sie schon entspannt sind und sich Ihr Geist auf die innere Reise während des Schlafes vorbereitet.

Gehen Sie heute direkt vor dem Einschlafen in Ihre Trance, indem Sie von dreihundert bis null zählen. Nutzen Sie dabei einen Ausatem für jede Zahl, was Ihnen mit jedem Mal leichter fallen wird. Sobald Sie die Null erreichen, befinden Sie sich wieder am oberen Ende der Steintreppe. Die Stufen sind in einen massiven Felsen geschlagen, ausgetreten von den Fußstapfen anderer, die den Weg vor Ihnen gegangen sind. Diesmal gehen Sie die Stufen frei von aller Last hinunter. Dabei werden Sie merken, wie viel leichter das jetzt geht. Nehmen Sie Ihre Umgebung wahr und sehen Sie, dass die Stufen jetzt beleuchtet sind. Das wird Sie sicherer machen.

Gehen Sie die Stufen ganz nach unten in die wunderschöne friedliche Landschaft, die Sie bereits kennen. Sie spüren den Frieden dieses Ortes, schauen sich um und nehmen jetzt noch mehr von der Landschaft wahr. Vielleicht sehen Sie blühende Wiesen und Felder mit goldenem Weizen, durch den ein sanftes Lüftchen weht. Sie bemerken runde Hügel in der Ferne und hinter ihnen schneebedeckte Berge. Dorthin machen Sie sich auf den Weg, denn der höchste Gipfel ist Ihr Ziel.

Schon beim Losgehen merken Sie erstaunt, dass es viel leichter geht, als Sie sich das hätten vorstellen können. Sie stellen außerdem fest, dass Sie die Kälte nicht spüren, obwohl Sie Ihr Weg hinauf in die Hügel und in die Berge führt. Sie können ruhen, wann immer Sie möchten, und Sie nehmen die sich ändernden Aussichten wahr, während Sie immer höher klettern. Oben auf dem Gipfel angelangt, schauen Sie zurück und erkennen den Punkt, an dem Sie, als Sie das erste Mal hier waren, Ihren Sack abgestellt hatten. Jetzt setzen Sie sich oben auf dem Berggipfel hin, ruhen sich aus und betrachten die Landschaft, die sich Ihrem Geist offenbart. Hier können Sie Ihre Führerin bitten, zu Ihnen zu kommen. Nutzen Sie Ihre innere Stimme, um ihr zu sagen, dass Sie jetzt bereit sind, sie zu einem Teil Ihres Lebens zu machen. Nun warten Sie einfach ab, bis sie kommt. Bald werden Sie eine Präsenz hinter sich spüren, eine warme, liebende Energie, die zu Ihnen ausstrahlt.

Vielleicht wollen Sie sich umdrehen, um sie zu sehen, aber das ist gar nicht nötig. Entscheiden Sie selbst. Ihre Führerin weiß nun, dass Sie bereit dazu sind, sich ihr anzuvertrauen. Verweilen Sie noch ein wenig in ihrer Präsenz und danken Sie ihr, dass sie gekommen ist.

Wenn Sie wieder aufbrechen, lassen Sie sie in den Bergen zurück. Sie halten an, wann immer Sie es brauchen, und finden den Weg zurück ins Tal.

Während Sie die Felstreppe wieder hinaufsteigen, können Sie noch immer wahrnehmen, dass Ihre Führerin existiert. Sie befindet sich als Lichtpunkt oben auf dem Berg. Haben Sie das Ende der Treppe erreicht, können Sie die Augen öffnen.

Ruhen Sie sich einen Moment aus und lassen Sie diese Erfahrung nachwirken.

Schreiben Sie nun wieder mit Ihrem speziellen Stift alle Gefühle oder Gedanken in Ihr Notizbuch, die Sie bei dieser Erfahrung erlebt haben. Notieren Sie alle Fragen, die Sie Ihrer Führerin beim nächsten Mal stellen möchten. Nehmen Sie sich Zeit dafür. Es könnte sein, dass Sie mehr aufschreiben wollen, als Sie erwartet hätten. Zensieren Sie sich nicht, schreiben Sie einfach alles auf, was Ihnen einfällt.

Mother Shipton schreibt:

Stärke – sie ist ohne Form.
In Zahlen gemäßigt, dort kannst du mich finden.
Meine Gestalt vor dem Hintergrund
der Lücken in deinem Geist.
Deine ewig getreue Führerin, selbst wenn du
versuchst, dich zu verstecken.

Abschlussritus

Geben Sie etwas fort, das Ihnen kostbar ist und wovon Sie wissen, dass der Empfänger es wirklich schätzen wird; etwas, das Sie lieber für sich behalten würden. Es könnte sich um Zeit handeln, die Sie einer Aufgabe widmen, welche Sie lieber nicht übernehmen würden, oder um Eintrittskarten zu einer Veranstaltung, die Sie gern selbst besucht hätten, darum, sich einem älteren Verwandten zu widmen, oder um ein Geschenk an jemanden, dem Sie nie begegnen werden. Es muss etwas sein, das Sie wertschätzen, sonst hat es keinen Wert für die Reise. Geben Sie es, wenn möglich, unauffällig, damit sich Ihr Wunsch, von der anderen Seite Dankbarkeit zu erfahren, nicht erfüllen kann und Ihr Schatten-Ich auf keinen Fall genährt wird.

Kapitel sechs

Zunehmender Mond – Grenzen

Ritual

Mother Shipton schreibt:

Gefangen bist du, obgleich das Tor weit offen steht.
Gefangen bleibst du, bis du den inneren Feind besiegt.
Von Licht umgeben gehst du in die Freiheit des Wassermanns.
Zieh die Pfeile aus deinem Herzen und erwecke Draco, den Drachen in dir.

Anfangsritual

Öffnen Sie den Kreis. Zünden Sie Ihre Kerze an und konzentrieren Sie sich auf die Flamme. Richten Sie Ihre Aufmerksamkeit nach innen. Bleiben Sie einige Minuten dabei und lassen Sie Ihre Gedanken kommen und gehen.

Schreiben Sie nun die Namen derer, denen Sie Unrecht getan zu haben meinen, einzeln auf lose Blätter. Nehmen Sie sich Zeit dafür, und wenn Sie den Wunsch haben, genau festzuhalten, worin Ihrer Meinung nach das Unrecht bestand, dann tun Sie auch dies. Legen Sie die Seiten in Ihr Notizbuch hinein. Blasen Sie die Kerze aus. Schließen Sie den Kreis und legen Sie Ihr Werkzeug fort.

Frei nach Ivan Illich – in seinem Buch Selbstbegrenzung. Eine politische Kritik der Technik (Reinbek 1975) – kann man sagen: In einer Konsumgesellschaft gibt es zwei Arten von Sklaven: die Gefangenen der Sucht und die Gefangenen des Neides. Wenn Sie dies auch für sich als wahr erkennen, können Sie selbst entscheiden, ob Sie gefangen oder frei sein wollen. Ich weiß, wie seltsam das klingt: Schließlich will doch jeder Gefangene frei sein, oder? Aber das stimmt nicht. Es gibt Menschen, die lieber glauben möchten, dass sie Geld verdienen *müssen*. Dabei müssen wir nur ein paar wenige Dinge wirklich tun, nämlich: atmen, essen, uns warm halten. Jedoch scheinen wir in den letzten dreißig Jahren vergessen zu haben, dass der Wunsch nach einem größeren Auto, einem besseren Zuhause und mehr Besitz keine echten Notwendigkeiten sind. Fragen Sie mal jemanden, der lange krank gewesen ist. Einfache Freuden – wie Kontakt mit der Natur, gute Freunde, Zeit dafür, Neues zu lernen oder die Wunder dieser Erde zu erleben – bekommen dann so viel mehr Bedeutung. Sie lassen sich jedoch nicht mit Geld kaufen. Wir fallen so leicht in das Gefängnis der Abhängigkeit von unserem Lebensstil, sind so leicht neidisch auf andere. Das ist eine Falle. Halten Sie nur einen Augenblick inne auf Ihrer Reise. Beobachten Sie, welche

Menschen um Sie herum die glücklichsten sind. Aus meiner Erfahrung kann ich Ihnen sagen, dass es ganz und gar nicht die wohlhabendsten sind. Die glücklichsten sind diejenigen, die das Gefängnis des Konsums verlassen haben, die den Fernseher, mit den Filmen und Berichten über das Leben anderer, ausgeschaltet lassen, um ihr eigenes Leben zu leben. Warten Sie nicht, bis Sie krank zusammenbrechen, um diese Lektion zu lernen: Das Gefängnis befindet sich in Ihrem Kopf. Sie haben den Schlüssel zur Freiheit, wenn Sie mutig genug sind, ihn zu nutzen. Ihre Angst ist nur natürlich, und es würde mich wundern, wenn Ihnen der Gedanke an eine solche Veränderung keine Angst bereiten würde. Aber glauben Sie mir: Ich weiß, wie anders es ist für unser Selbstgefühl und unsere Fähigkeit, das Leben voll auszuschöpfen, wenn wir uns von dem Gefängnis der Abhängigkeit und des Neides befreien. Wenn wir aus dem Gefängnis heraustreten, erlösen wir uns von der Angst.

Als ich mein persönliches Gefängnis verließ, fühlte ich mich sehr ungeschützt und verletzlich. Unsere inneren Gefängnisse können uns nämlich durchaus wie Zufluchtsorte vorkommen – warm und bequem, sicher und vertraut. Wenn wir sie einmal verlassen haben, müssen wir stark genug sein, um die Abneigung und mitunter den unerklärlichen Hass anderer ertragen zu können. Auf unserer Reise zur Quelle werden wir immer wieder Menschen begegnen, die uns unsere Reise anscheinend absichtlich erschweren wollen, die auf den ersten Blick eine Abneigung gegen uns hegen oder uns bereits, ohne uns überhaupt kennengelernt zu haben, hassen. Das tut natürlich weh. Aber lassen Sie mich gleich hinzufügen:

Es tut weh, weil wir ihnen Einlass in unseren Kopf gewähren. Es tut weh, weil wir denken, dass es dabei um *uns* geht und dass wir womöglich irgendwann etwas getan haben, was sie verletzt hat, so dass wir durch unser Verhalten ihre Haltung uns gegenüber ändern können. Lektion eins: Es geht nicht um uns. Lektion zwei: Es gibt nichts, absolut *gar nichts*, was wir tun können, damit die anderen ihre Meinung ändern. Wir alle sind Gewohnheitsmenschen (und die Gewohnheiten sind oft weitgehend unbewusst), sodass wir bezüglich Menschen und Situationen meist Entscheidungen treffen werden, die auf unseren eigenen Gefühlen zu dem jeweiligen Zeitpunkt basieren. Leider bedeutet dies, dass uns das Leben mitunter als unfair erscheinen mag und uns Menschen grausam vorkommen werden. Ich habe es immer wieder erlebt. Das ging so weit, dass ich, als ich diesen Teil von Mother Shiptons Schriften las, nur schwer akzeptieren konnte, dass ich niemanden *dazu bringen* konnte, netter zu mir zu sein. Ich schätze, dass ich in irgendeinem dunklen Winkel meines Seins gern in der Lage gewesen wäre, die Leute, die gemein zu mir waren, zu bestrafen oder ihnen jedenfalls irgendwie zu zeigen, dass ihr Verhalten und ihre Reaktionen mir gegenüber falsch waren. Ich wollte sie dazu zwingen, ihre Meinung zu ändern und mich zu mögen. Um diesen Wunsch überwinden zu können, musste ich eine universelle Wahrheit anerkennen: Es ist unmöglich, jemanden dazu zu bringen, seine Meinung zu ändern. Nur dadurch, dass ich wahrhaftig und ehrlich und in meinem Verhalten beständig bin, kann es solchen Menschen möglich werden, eine andere Sichtweise zu entwickeln. Dann halten sie entweder an ihrer schlechten

Meinung über mich fest, auch wenn es längst nicht mehr nachvollziehbar ist, oder sie können ihre Meinung ändern.

Das Kostbarste an diesem Wissen ist, dass wir, wenn wir uns selbst gegenüber ehrlich und wahrhaftig sind, andere dazu veranlassen können, ebenfalls darüber nachzudenken, ob sie ehrlich und wahrhaftig sich selbst gegenüber sein wollen. Wenn sie sich dagegen entscheiden, ist es ihre Wahl, und wir können ihren Mangel bedauern – ihren Mangel an Freude und an Erfahrungen, die sie mit uns hätten teilen können, und ihren Mangel an emotionalem Frieden. Leider geht es dabei oft um Menschen, die uns nahestehen, mit denen wir also unsere Freude am Erfolg und unser Glück gern teilen würden. Sie hingegen können oder wollen es nicht, weil sie in dem Gefängnis ihrer Vorstellungen feststecken, von dem sie wiederum gern hätten, dass wir es mit ihnen teilen. Ein Gefängnis, das uns daran hindert, erfolgreicher zu sein als sie, obwohl sie es gar nicht erst darauf anlegen, erfolgreich zu sein. Wenn wir erfolgreich sind, halten wir ihnen in ihrem Scheitern, sich zu ändern, einen Spiegel vor. Deshalb dürfen wir nicht erwarten, dass sie uns dafür mögen, ganz im Gegenteil – oft wird das Gegenteil passieren.

Ich habe gelernt, dass Menschen, die grundlos hassen, oft eine traurige, dunkle Geschichte haben, für die sie eher Mitgefühl verdienen. Wir können sie nicht direkt beeinflussen, vielleicht aber durch unsere Ehrlichkeit und Wahrhaftigkeit uns selbst gegenüber dazu beitragen, dass auch sie anfangen nachzudenken und Fragen zu stellen. Sie hassen ja nicht *uns* persönlich, sondern das, was wir repräsentieren, egal ob es sich dabei um Erfolg oder Beliebtheit oder etwas so Simples wie unser Aussehen oder unser Verhalten handelt. Sie hassen uns, weil wir etwas von ihnen widerspiegeln, mit dem sie sich nicht auseinandersetzen wollen oder können. Ich kann das anerkennen, denn auch ich war einmal so. Auch ich hasste Menschen wegen ihres Erfolges, weil ich dachte, mir stünde mehr davon zu als ihnen. Ich steckte im Konkurrenzgefängnis fest. Es war eine Konkurrenz, die ich nie gewinnen konnte, weil ich ihr Spiel, ihre Ressourcen, ihr Leben und ihren Erfolg wollte. Ich begriff nicht, dass ich, statt nach dem der anderen zu gieren, mein eigenes Leben finden musste. Ersteres führt nur zum Wahnsinn des Neumondes. Viel besser ist es, die lösende Kraft des abnehmenden Mondes zu nutzen, um diese zerstörerische Konkurrenz loszulassen und damit die negativen Kräfte daran zu hindern, jemals wiederzukehren. Nur dann können wir vermeiden, dass der Hass anderer uns verletzt oder unseren Liebsten schadet. Wir müssen uns eine Schutzhülle erschaffen.

Diese Schutzhülle können wir durch das Loslassen unserer Negativität bilden. Egal ob es sich um eine psychologische oder physische Schutzhülle handelt: Wesentlich an ihr ist ihre Flexibilität und Stärke, dann begleitet sie uns, wohin wir auch gehen. Wenn sie nicht beweglich ist, wird sie zu einem Gefängnis. Eine gesunde Schutzhülle dagegen wird uns die Kraft erhalten helfen, die wir brauchen, um weiterzugehen, und uns nicht in unseren Bewegungen einschränken. Wenn wir in Zeiten von Angst einen Schutzwall um uns errichten, wird dieser zu klein für uns sein und uns in unserem Leben, in unseren Bewegungen einengen. Wenn wir dagegen in Zeiten der Stärke eine Schutzhülle für uns erschaffen, werden wir unsere Angst gehen lassen, sie je nach Bedarf verstärken oder reduzieren, um uns zurückzuziehen oder für neue Menschen und Erfahrungen zu öffnen, und uns frei vorwärts bewegen können.

Können Sie sich noch an das Ritual erinnern, bei dem Sie mit dem Tageslicht aufwachen? Während dieser kostbaren Momente zwischen Wachen und Schlafen erschaffen wir uns den Raum für eine mentale und emotionale Schutzhülle. Wenn Sie morgen früh mit dem Tageslicht aufwachen, können Sie sich der natürlichen Schutzhülle Ihres Geistes bewusst werden, des Raumes, der zwischen dem inneren und dem äußeren Ich besteht. Handelt es sich dabei um eine Gefängnismauer, dann begegnen Sie der Welt angstvoll und defensiv, und es ist an der Zeit, die Mauer einzureißen. Sagen Sie sich, dass Sie bereit dazu sind, frei zu sein, und dass Sie ein Recht darauf haben, glücklich zu sein. Beobachten Sie, wie die Mauer zerbröckelt. Das mag einen oder auch mehrere Tage in Anspruch nehmen. Ist sie jedoch erst einmal verschwunden, dann sind Sie offen für neue Einflüsse, die sowohl aus Ihrem Inneren als auch aus Ihrer Umwelt auf Sie zukommen. Sobald Sie dies bemerken, sollten Sie sich eine Schutzhülle errichten, die Sie nicht nur schützt, sondern Ihnen auch in jeder Lebenslage erlaubt, einen Überblick zu gewinnen. Es handelt sich hierbei also eigentlich nicht nur um eine bewusste Schutzhülle, sondern mehr um einen Filter zwischen den inneren und äußeren Wirklichkeiten.

Ihre Schutzhülle besteht aus reinem Licht, dessen

Farbe Ihnen ganz von selbst erscheinen wird. Mit dieser Farbe können Sie sich dann umgeben. Manche Menschen spüren die Farbe in Form von Wärme, andere erleben sie als Ton. Für einige gibt es ein Bewusstsein über die Qualitäten der Farbe wie z. B. die der Heilung oder des Friedens. Manche glauben, bei anderen die Aura zu sehen, deren Farbe sich verändern kann. Ich selbst habe dieses Phänomen nie gesehen und erlebe es bei anderen eher so, dass sie eine Wärme ausstrahlen.

Sie werden feststellen, dass die Farbe, die Sie umgibt, wenn Sie morgens aufwachen und sich bewusst mit Ihrer Schutzhülle verbinden, die Aufgabe widerspiegelt, die Sie *heute* Ihrer Schutzhülle zuschreiben. Auf diese Weise werden Sie immer ganz auf die Ereignisse des Tages vorbereitet sein. Sie dürfen nicht vergessen, dass die innere Wirklichkeit immer die wichtigste ist. Wenn Sie das erkennen, dann können und werden Sie beginnen, diese Wirklichkeit auf Ihre Umgebung zu projizieren. Sie werden Ihre eigene Magie geschehen lassen. Ab jetzt werden Sie sich Ihre Welt (und Ihre Träume) formen, Sie werden die Negativität unter Kontrolle halten und sich für die positiven, warmen Farben der Quelle entscheiden.

Wenn Sie anfangen, Ihre Gefühle niederzuschreiben, werden Sie dasselbe erfahren. Es wird immer Menschen geben, die Ihnen übelwollen, besonders wenn Sie erfolgreich sind in Ihrem Leben. Jetzt können Sie sie an ihren Platz verweisen, von wo aus sie Ihnen keinen Schaden mehr zufügen können.

An die Menschen, die Sie am meisten verletzt haben, erinnern Sie sich bestimmt am intensivsten, obwohl Sie sie am liebsten vergessen möchten. Es sind diejenigen, für die Sie für jeden Tag, für jede neue gegen Sie begangene Ungerechtigkeit einen weiteren Strich in die Gefängniswand Ihres Herzens geritzt haben. Jetzt geht es darum, dass Sie sich aus dem Gefängnis *ihres* Schmerzes befreien und ihnen erlauben, Sie nach Belieben zu hassen. Sollen sie nur hassen – es wird Ihnen ab jetzt keinen emotionalen Schmerz mehr bereiten, da diese Gefühle nicht mehr durch Ihren Schutzschild dringen werden. Der Raum, den Sie sich in Ihrer TraumZeit, der Zeit zwischen Schlafen und Wachen, erschaffen, wird für Sie immer realer und stärker werden. Dieser Raum wird Form und Gestalt annehmen und Ihnen einen Schutzschild bieten gegen das emotionale Leid, das Ihnen andere zuzufügen versuchen. Sollte physischer Schmerz ein Teil Ihrer Lebensgeschichte sein, dann gilt es jetzt sicherzustellen, dass niemand Sie je wieder auf diese Weise verletzen kann, denn in dem Maße, wie Sie Respekt für sich selbst entwickeln, werden Sie die Kontrolle über sich gewinnen. Sie können und werden sich aus den negativen Einflussspiralen befreien, egal ob es sich dabei um eine Person, um Drogen oder um eine Situation handelt. Ich weiß, dass das für einige von Ihnen im Moment kaum vorstellbar ist, aber Ihre Reise zur Quelle ist auch eine Reise fort von der Angst und dem Schmerz. Sie sind nicht mehr allein, es sei denn, Sie wollen es sein, und die Schutzhülle, die Sie sich jetzt erschaffen, wird Ihnen die Sicherheit und die Kraft dafür geben, tiefgreifende Entscheidungen zu treffen. Lassen Sie den Schmerz los, lassen Sie den Wunsch los, denen zu gefallen, die Ihnen nur Schaden zufügen würden. Lassen Sie die Verletzung in den Schatten des abnehmenden Mondes los. Lassen Sie

Schwester Mond das Gift aus Ihnen herausziehen und Sie von Ihrem Schmerz befreien, damit Sie bereit für die Heilung sind.

Abschlussritual

Zünden Sie Ihre Kerze an. Konzentrieren Sie sich auf das Licht und spüren Sie die Wärme der Flamme. Verbinden Sie sich für einige Augenblicke mit der Wärme der Flamme, damit sie in Ihrer Brust ein Echo findet, denn auch hier brennt eine Flamme. Schließen Sie die Augen, sodass Sie nun das Echo der Flamme vor Ihrem inneren Auge sehen. Nehmen Sie sich die Zeit zu spüren, wie das Licht in Ihnen antwortet, und fühlen Sie die Wärme beider Lichtquellen – des Lichtes im Außen und des Lichtes in Ihnen.

Nehmen Sie nun die Blätter zur Hand, auf die Sie die Namen derer geschrieben haben, die Sie grundlos verletzt haben, und zerreißen Sie sie in möglichst kleine Teile. Löschen Sie die Kerzenflamme. Der nächste Schritt besteht darin, die Papierfetzen ins Wasser zu werfen. Gehen Sie zu einem Bach oder Fluss und werfen Sie sie dort hinein. Sollte es in Ihrer Nähe keinen Fluss geben, macht das nichts weiter – die Toilette tut es auch. Spülen Sie die Papierfetzen hinunter. Lassen Sie das machtvolle Element Wasser den Schmerz für Sie davontragen.

Mit den folgenden Worten beenden Sie Ihr Abschlussritual:

Mother Shipton schreibt:

Die Pforte öffnet mir ihren Schlund.
Ich fürchte mich nicht mehr.
Das Unteilbare umgibt mich mit Liebe.
Ich gebe meine Gaben insgeheim
und säe die Blumen, die auf meinem Weg wachsen.

Mother Shipton spricht

2

Meine Mutter hatte beschlossen, mich ganz allein im Schuppen zu gebären. Diese Entscheidung führte zu einer heftigen Reaktion bei den Frauen im Dorf. Da mich niemand bei der Geburt gesehen hatte, erfanden sie alle möglichen Geschichten darüber, wie mich der Teufel höchstpersönlich aus der Hölle hergeholt und in Mutters Arme gelegt habe. Sie erzählten, ich sei hässlich, hätte ein widerliches Gesicht mit einer Hakennase und sei bereits mit allen Zähnen geboren, wahrlich ein Zeichen, dass ich ein Teufelskind sei. Tatsache war: Ich war keine Schönheit, sondern ein ganz gewöhnliches Kind. Nur in ihrer Angst nahmen mich die anderen als gefährlich, verunstaltet und hässlich wahr.

Am Ende brauchte Mutter sich keine Geschichten einfallen zu lassen, um mich zu schützen, dafür sorgten die Frauen im Dorf selbst. Ich hatte meinen Ruf weg, schon bevor ich das Laufen lernte. Als Teufelsbrut war ich Hexe, Kind einer gefallenen Frau und daher unberührbar. Ich würde den Kamin hochfliegen und aus reiner Boshaftigkeit Frauen auf den Kopf stellen, so sagten sie. In Wahrheit passte dies Agatha und mir gut, und als ich laufen lernte, stellten der Bauer und seine Frau uns eine der Hütten zur Verfügung. Hier wuchs ich an Kraft und Wissen.

Ich beobachtete meinen Vater mit seinen Büchern und

lernte dabei lesen in dem Wissen, dass ich es nicht verraten durfte. Andere sahen dies später als ein weiteres Zeichen für meine unnatürlichen Kräfte, dabei hatte es mich mein Vater gelehrt, ohne es zu ahnen. Ich war eine gute Schülerin und sehr wissbegierig. Da Mutter keinen Groll gegen ihn hegte, kam er oft zu Besuch, um mit mir zu spielen. Auch mit meiner Mutter spielte er, bis er aus der Gemeinde verschwand. Mutter erfuhr nie, wohin man ihn geschickt hatte, und sie hätte sich nie zur Kirche begeben, um danach zu fragen. Sie hätte ohnehin keine Antwort erhalten, so waren die Zeiten damals.

Die ersten zwölf Jahre meines Lebens waren unbeschwert. Ich lernte lesen, während ich meinem Vater zu Füßen saß. Die Zeichen auf den Buchseiten sprachen auf Lateinisch und Englisch zu mir, und in dem kleinsten der Bücher, die er immer bei sich trug, entdeckte ich die magischen Formen der hebräischen Worte und Symbole. Wenn er ging, rauchte mir der Kopf, und vieles verwirrte mich. Ezechiels bildhafte Beschreibungen ließen Gottes Thronwagen durch meine Träume stürmen, und aus Angst vor möglichen Stimmen machte ich einen weiten Bogen um jeden Busch. Als ich neun Jahre alt war, hörte Vater auf, mir vorzulesen, und damit war mein Lernen aus Büchern beendet. Er hätte mein Wissen nicht gutgeheißen, denn schließlich war ich ein Mädchen. Wozu sollte das also gut sein? Es wäre für ihn unnatürlich und gottlos gewesen.

Mein Hunger nach der Magie der Worte hörte nicht auf, und Bücher sind bis heute die Essenz all dessen, was für mich Magie bedeutet. Zu Hause lernte ich kochen, nähen und den Schafen bei der Niederkunft helfen. Ich lernte, welche Kräuter sich zum Essen oder als Medizin eigneten. Ich lernte die Namen der Sterne am Himmel und die Bedeutung des Mondes und seiner verschiedenen Phasen. Agatha konnte zwar nicht lesen, aber sie lehrte mich viele andere Dinge. Sie lehrte mich praktische Fähigkeiten. Echtes Wissen. Damals war ich eine fähige und wissbegierige Schülerin. Und vor allem lehrte mich Mutter, ganz und gar zu verschwinden, mich so in einer Menschenmenge aufzuhalten, dass ich unsichtbar war. Die härteste Lektion jedoch, die sie mich lehrte, bestand darin, still zu sein. Ich hatte eine Stimme und wollte sie benutzen. Ich wollte mitten in der Menge sein und Fragen stellen. Mutter lehrte mich, dass dies nicht sein durfte. Ich war ein vaterloses Kind, Teufelsbrut, unberührbar. Als ich den Hass in den Augen der anderen Kinder sah, zog ich mich schnell zurück. Warum hassten sie mich so? Sie kannten mich doch gar nicht. Mutter lehrte mich viel, und ich hörte auf sie.

Die anderen haben Angst vor der Kraft in dir, sagte sie. Sie wissen, dass sie gefesselt sind an ihre Familie, an die Kirche, an die Felder, die sie pflügen, und an die Männer, für die sie schuften. Du und ich, mein Kind, wir sind frei. In unserer Armut und in unserem Ausgestoßensein gibt es niemanden, der uns an seine Regeln bindet, und das macht ihnen Angst. Vor allem die Männer fürchten uns. Sie fürchten, dass ihre Frauen uns eines Tages sehen, auf die Felder davonlaufen und sich dem Vergnügen hingeben. Sie fürchten sich vor unserer Kraft, und deshalb werden sie versuchen, uns zu leugnen und zu zerstören.

Mutter wusste es am besten. Ich schwieg und hörte ihr zu. Nacht für Nacht saß sie am Feuer. Sie war eine Formenwandlerin, die mich lehrte, im Wald eine Beobachterin, auf den Feldern eine Zuhörerin und in den Städten und Dörfern ein Schatten zu sein. Das Wissen, das Mutter an der Grenze zum Wahnsinn erworben hatte, gab sie an mich weiter, bevor der Verstand sie ganz verließ. Ich besaß keine Schönheit, um andere zu bezirzen, durch Mutter jedoch lernte ich, mit Worten Zaubersprüche zu weben, die mir einen Schutzmantel boten. Als ich zwölf Jahre alt war, verstand ich es, in die Herzen der Männer und Frauen zu schauen, und wusste um ihre Bedürfnisse. Diese Bedürfnisse sollten mich später am Leben erhalten. Sie kleideten und nährten mich, gewährten mir Asyl.

Ein Jahr nachdem mein Vater uns verlassen hatte, wurde Mutter verrückt vor Einsamkeit und begann mit den Steinen auf dem Feld zu sprechen. Männer besuchten sie und boten ihr Geld für ihren Körper, aber sie wollte sich nicht verkaufen. Als sie eines Tages auf den Feldern ihren Verstand verlor, holte ich sie nach Hause, wo sie bald darauf starb. Zu dem Zeitpunkt war ich dreizehn und konnte bereits für mich selbst sorgen. Der Bauer und seine Frau hätten mich zu sich genommen, wenn die Frauen im Dorf ihnen nicht die Feindschaft angedroht hätten. So beschlossen sie, dass mich Bauer Adam am nächsten Markttag auf den Markt mitnehmen würde, wo er seine Schafe verkaufen wollte. Sie waren gute Menschen, und bevor ich sie verließ, bastelte ich eine Getreidepuppe für sie und legte sie in den Schuppen, in dem ich zur Welt gekommen war. Ich sagte ihnen, sie würde ihre Schafe beschützen, und so geschah es. Sobald sich im Dorf herumsprechen würde, was ich gemacht hatte, würde niemand mehr wagen, ein Schaf zu stehlen. Ich beschützte sie also wirklich. Ich war traurig, dass ich den Bauernhof verlassen musste. Tiere verstehen dich. Sie urteilen nicht über dich. Dennoch hatte ich keine Wahl. Ohne Mutter, die mich beschützt hatte, konnte ich nicht bleiben. Die Dorfbewohner waren überzeugt, als Agathas Kind sei ich eine mächtige Hexe, sodass mein Ruf sich an jenem Tag zusammen mit den Schafen und mir auf den Weg machte.

Ich war noch nie mit einem Karren gefahren, und die Geschwindigkeit machte mich benommen. Als ich auf dem Marktplatz in York heruntersprang, drückte mir der Bauer ein paar Münzen in die Hand. »Von Tom Martin«, sagte er und fuhr los. Ich schaute ihm nach, bis die Menge den Karren verschluckt hatte und ich ganz allein war.

Ich hatte gar nichts gegen mein Alleinsein. Ursula Sontheil, ungebundene und freie Jungfrau, genoss ihre Freiheit und Jungfräulichkeit in diesen vier Tagen auf dem Markt. Ich wusste, dass meine Jungfräulichkeit nicht von Dauer sein würde. Sie war bare Münze, und ich musste mir dringend ein Obdach besorgen. Ich musste einen Mann finden, der mir seinen Namen und ein Bett gab. Solange ich nicht das Tuch einer Ehefrau trug, würde ich in York oder anderswo keinen Frieden finden. Nur diese ersten vier Tage auf dem Markt konnte ich frei in York herumstreunen. Hier gab es die seltsamsten Geräusche und vieles zu sehen, viele leichtgläubige Fremde, die sich für allerlei Vergnügungen die Taschen leeren ließen.

Und inmitten von all dem erblickte ich das Wunderbarste überhaupt: Wie ein gelber Berg erhob sich der Dom vor mir. Ich stand in seinem Schatten und starrte mit weit geöffnetem Mund nach oben. Während ich um ihn herumging, beobachtete ich die Männer, die wie Ameisen an ihm herumkletterten. Zerbrechliche Gestalten auf hölzernen Gerüsten, die mit einem Seilzug Steine hoch in den Himmel über York hinaufbeförderten. Ich ließ meinen Blick über die Männer schweifen, bis ich fand, was ich suchte. Starke Arme und einen breiten Rücken, der von der starken Sommersonne verbrannt war. Und ein feines Hinterteil hatte er auch. All das sah ich, während mir sein Gesicht verborgen blieb. Ich stand da und wartete ab, brachte ihn mit meinem ruhigen Bick dazu, sich umzudrehen und zu mir herunterzuschauen. Was er auch tat. Von dort oben sah er das Beste von mir. Eine gute Sicht auf meinen Busen brachte ihn dazu, das Brett, das er in der Hand hielt, loszulassen. Es fiel direkt zu mir herunter. Doch ich zuckte nicht zurück und hielt seinem Blick stand. Das Brett landete nur wenige Zentimeter vor mir und wirbelte eine ganze Staubwolke auf, doch noch immer bewegte ich mich nicht. Als sich der gelbe Staub gelegt hatte, stand er schon vor mir und zog mich – erleichtert, weil mir nichts geschehen war – an sich. Er sah nicht meine Hässlichkeit, sondern eine junge Frau mit runden Brüsten und mit einem steten Blick, und er wollte mich. Er sah eine fröhliche Zeit vor sich in seinem Bett, jemanden, der für ihn kochen und nähen würde. All das tat ich gern. Kurze Zeit später nahm ich seinen Namen an, denn obgleich er für den Dom arbeitete, war er kein Freund der Kirche und ihrer Regeln.

So verwandelte ich mich in Mother Shipton, die Gattin des Schreiners, eine achtbare Frau. Obgleich er nicht lange bei mir blieb, veranlasste mich das nicht, zu schimpfen und zu fluchen. In Wahrheit brauchte und wollte ich weder einen Mann noch Kinder, für solchen Unsinn hatte ich zu viel zu tun. Nur dem Namen nach würde ich Mutter sein, für alle miteinander würde ich ab jetzt die »Mutter« sein, denn das war mir nützlich. Ich konzentrierte mich auf das, was Agatha mich gelehrt hatte, und studierte die Himmelsgestirne. Mit diesem Wissen konnte ich denen, die mich aufsuchten, Hoffnung geben. Ich stellte Balsame und Tinkturen her und begann all denen zu weissagen, die mir etwas dafür gaben. Unsichtbar für die Menschen lief ich durch die Straßen Yorks und hörte mir ihre Geschichten an. Es ging mir gut. Ohne auch nur einen Penny zu verlangen, wurde ich zum Dank immer reich beschenkt, etwa mit einer Rinderflanke oder einem Stoffballen. Das Glück stand mir zur Seite, und ich verdiente gut. Ich las nicht die Sterne, sondern die Menschen, die mit ihren Nöten zu mir kamen. Der Himmel diente mir als Spiegel für ihre Geschichten, für die Ereignisse auf der Erde. Und so webte ich passende Zaubersprüche für die guten Leute.

In Wahrheit war die Zeit in York mit meinem Toby eine magische Zeit. Die Stadt war voller fremder Kaufleute und exotischer Gerüche. Die Arbeit am Dom ging ihrem Ende zu, es zog die Menschen nach York, hier liefen die Fäden nun zusammen. Ich hatte viel mit Jungfrauen zu tun, die die Initialien ihrer künftigen Männer wissen wollten, mit Ehefrauen, die Zaubertränke wollten, damit ihre Männer nicht mehr mit den Mädchen herumstreunten. Der Dom nahm vor unseren Augen Form an, er war mehr als nur ein Gebäude aus Stein. Seine Gestalt wurde durch alte Magie zusammengehalten. Die Leylinien wurden in ihrem Verlauf durch die

Erde die Wände hochgezogen und in die Streben eingebunden, die die gewölbten Decken trugen. Die Luft im Dom vibrierte vor alter Magie. Die Priester hatten sie einem Buch entnommen, das älter war als das Christentum selbst. Das wusste ich, denn ich hatte das Buch gesehen und seine Macht gespürt. Später las ich, wie in die Wände und Ziffern dieser und vieler anderer Kirchen Magie eingewoben ist.

Wie kam nun eine einfache Frau zu diesem Wissen? Ich barg es in der Kirche, wo es nach mir rief, damit ich es freisetzte. Als der Innenraum der Kirche fertig war, wurden die Frauen vom Ort gerufen, um den endlosen gelben Staub hinauszukehren. Ich war eine von ihnen, grüßte die, die ich kannte, und beobachtete die, die ich nicht kannte. Ich hatte ja bereits einen bestimmten Ruf, und niemand störte mich bei meinem Rundgang. Da sah ich das Buch, oder besser: hörte seinen Ruf nach mir. Es sang wie eine Sirene und zog mich magisch an. Ich erkannte es sofort, obgleich es mitten in einem Stapel anderer Bücher lag, die darauf warteten, von den Lakaien der Priester fortgetragen zu werden. Ich wusste, dass es sich um ein Grimoire handelte, denn mein Vater hatte mir einmal eines gezeigt. Dieses war zwar viel kleiner, aber von meinem Vater wusste ich, wie man es erkannte und las. Vielleicht ist die Legende wahr, und er war kein Mann, sondern ein Dämon in menschlichem Gewand. Jedenfalls rief mich dieses avalonische Grimoire um Hilfe an, da seine Kraft durch die heiligen Bücher, die es umgaben, niedergedrückt wurde. Ich folgte seinem Lied tief in den Dom hinein. Doch ein fetter Priester hatte mich gesehen und jagte mich fort. Grimmig lächelnd kehrte ich zu den anderen Frauen zurück, die sich gerade zur Tür wandten und den ganzen Staub auf die Domtür zufegten. Die Wolke, die sie aufwirbelten, brachte mich auf eine Idee.

Ich ging still davon und kehrte früh am nächsten Morgen zurück. Der Dom war noch nicht verschlossen, und ich wusste, dass ich nur diese eine Chance hätte. Ich trat noch vor der Matutin ein und entzündete am Südende ein kleines Feuer. Der Schaden, der entstehen konnte, war gerade groß genug, um die Aufmerksamkeit der Gläubigen zu erregen, die zum Frühgebet kamen. Diesen Moment nutzte ich, um das Buch aus seinem Gefängnis zu befreien und unter meinem Mantel zu verstecken. Der Rauch und der Staub bewahrten mich davor, entdeckt zu werden. Ich gesellte mich zu der Menschenmenge, die sich, angezogen durch den Rauch des Feuers, gebildet hatte, und ging erst, als sie sich wieder verlief. Mein Gesicht drückte nichts als Ruhe aus, sodass mir keiner folgte.

Als ich mein Zimmer betrat, schloss ich die Tür ab und legte meinen Schatz, noch immer umhüllt von meinem Mantel, aufs Bett. Ich legte es so sorgsam nieder wie ein Kind und mit demselben Gefühl von Liebe und Ehrfurcht, wie ich es bei Müttern mit ihren Neugeborenen gesehen hatte. Noch heute kann ich mich an das Gefühl erinnern, wie ich unter meinen Händen, mit denen ich den rauen Schaflederdeckel berührte, die Symbole und Formen in seinem Innern spürte. Ich nahm magische Formen wahr, die mein Herz vor Furcht rasen ließen. Doch als ich das Buch aufschlug, waren die dicken Pergamentseiten leer. Ich versteckte das Buch unter den Bohlen in dem Zimmer, das ich mit Toby geteilt hatte, kehrte auf die Straße zurück und schloss mich den letzten Nachzüglern der Menge an.

Kurz zuvor hatte ich mich mit einem Mohren von der Straße angefreundet, einem Leser der Himmelsgestirne und Spion für den Spanischen Hof, wie er mir anvertraute. Er folgte den Spuren der Pilger, war erfahren und wusste, wonach sich die Menschen sehnten. Als er einmal zu tief ins Glas geschaut hatte, zeigte er mir, wie die Nachrichten, die er an seine Meister schrieb, vor seinen Augen verschwanden. Diese leeren Seiten, deren Schrift mit Essig und Pflanzengalle wieder sichtbar gemacht werden konnten, trug er durch ganz Europa mit sich. Doch wollte ich den Mohren nicht nach dem Rezept fragen, denn das Leben war mir lieb. So verging – derweil die Geheimnisse des Buches, die unter dem Schafsleder versteckt waren, nach mir riefen – ein wenig Zeit, bis ich die richtige Mischung gefunden hatte. Ich kochte die Pflanzengalle der stärksten und höchsten Eichen, die ich finden konnte, und verwendete den allerfeinsten Weinessig. Als ich nun die Seiten sanft mit diesem Gemisch betupfte, wurden die Worte wieder zum Leben erweckt.

Von der Kirche wollte ich nichts weiter, und sie wollte nichts von mir. Es wurde kein Alarm wegen des verschwundenen Buches geschlagen, sodass ich es fortan als meines betrachtete. Ich wollte mich darum kümmern, es verstehen und es nähren. Es war wie ein Kind für mich.

Toby ließ sich seine Gesäßbacken schon seit langem vom Bauch einer anderen wärmen, die ihm bald einen Sohn gebären sollte. Ich war ihm nicht böse, und als es so weit war, half ich seinem Sohn Sam auf die Welt. Ich brauchte so viele Freunde, wie ich nur bekommen konnte, und hatte zugleich keine Angst mehr vor dem Alleinsein, denn nun war ich bereits als Mother Shipton bekannt. Kein Mann belästigte mich, ich zahlte meine Miete und hielt Frieden mit den Nachbarn. Wenn sie etwas brauchten, kamen sie zu mir, und ich gab ihnen, was sie wollten. Durch das Buch wuchsen meine Gerissenheit und meine Weisheit. Ich sog seinen Inhalt in mich auf, und mein Wissen vergrößerte sich.

Kapitel sieben

Vollmond – Heilung

Ritus

Mother Shipton schreibt:

Einen anderen zu heilen ist Balsam für dich selbst.
Der Pfeil in deiner Brust wurde von innen
geschossen.
Selbstliebe beginnt da, wo die Selbstzerstörung
endet.
Du musst mich lieben, um mich zu besitzen.

Anfangsritus

Sobald wir dem Wasser erlaubt haben, unsere Fragmente von Widerwillen und Hass gegen bestimmte Menschen und der Angst vor ihnen fortzuspülen, sollten wir mit unserem nächsten Übergangsritus sicherstellen, dass wir uns in der Zukunft nicht aus Versehen wieder in dasselbe Gefängnis zurückbegeben. Der direkteste und meist schwierigste Weg besteht darin zu lernen, ihnen positive

Gefühle entgegenzubringen. Es genügt nicht, neutral zu sein, sie zu ignorieren oder zu versuchen, sie aus unserem Leben auszuschließen. Wir müssen ihnen die Gefühle entgegenbringen, die wir uns von ihnen uns gegenüber wünschen würden.

Bevor wir das tun können, sollten wir uns morgens, wenn wir mit dem Licht aufwachen und uns unserer natürlichen Schutzhülle bewusst werden, die Zeit nehmen, diese Schutzhülle für den Tag, der vor uns liegt, zu stärken. Dies lässt sich zum Beispiel dadurch erreichen, dass wir ihre Farbe intensivieren oder sogar eine andere Farbe wählen, von der wir das Gefühl haben, dass sie passender ist. Beginnen Sie, Ihren Gefühlen zu trauen, und *bemühen* Sie sich in diesem Stadium nicht allzu sehr. Was Sie brauchen, wird nach und nach zu Ihnen kommen. Das morgendliche Licht und der Raum zwischen Wachen und Schlafen werden sogar noch an Bedeutung für Sie gewinnen, da sich genau jetzt die direkte Verbindung zwischen der Magie Ihrer Innenwelt und dem herstellt, was Sie sich für den kommenden Tag vornehmen.

Nun will ich Ihnen gegenüber ganz offen sein. Ich persönlich fand es wirklich sehr schwer, diesen Ritus auszuführen. Ich kann nicht genau sagen, ob das an meinem eingefleischten englischen Zynismus oder an meinem wissenschaftlichen Rationalismus lag, die sich an diesem Punkt querstellten, jedenfalls war ich plötzlich störrisch wie ein Esel. Ich konnte mir einfach nicht vorstellen, wie dies die Magie in meinem Leben verbessern sollte. Ich gab ja zu, dass mich alle Stadien, die ich bis dahin auf meiner Reise durchlaufen hatte, manchmal direkt, manchmal auch indirekt belohnt hatten; dass ich also immer einen klaren Nutzen daraus gezogen und einen Schritt nach vorn getan hatte. Ich hatte erkannt, dass sich mein Leben *wirklich und wahrhaftig* veränderte. Die Ziele, die ich mir gesetzt hatte, begannen in meiner äußeren Welt Form anzunehmen. Ich hatte mich getraut, um Hilfe zu bitten, und erhielt sie. Ich begann tatsächlich an diese Wirklichkeit zu glauben, die in mir existierte und in der ich erfolgreich und glücklich, frei und erfüllt war. Ereignisse und Fügungen, die man nur übernatürlich nennen konnte, wurden zur Normalität. Es änderte sich wirklich etwas, und ich fing langsam – sehr langsam – an, dem Prozess zu vertrauen. Aber das hier? Welchen Wert sollte es bitte schön haben, gute Gedanken und Gefühle an die Menschen auszusenden, die mich verletzt hatten? Da hob ich mir doch meine guten Gefühle lieber für die auf, die sie auch verdienten. Wo blieb ich denn da sonst? Wie sollte das mit Selbstliebe vereinbar sein? Ich glaubte überhaupt nicht daran.

Also überging ich diesen Schritt. Was sollte schon dagegensprechen? Alles lief blendend, und die Tatsache, dass ich den Wert dieses Ritus nicht einsah, bedeutete einfach, dass er für mich nicht relevant war. Das wollte ich jedenfalls gern glauben. Ich machte also weiter mit dem, was ich bis dahin gemacht hatte, und konzentrierte mich sorgfältig auf den allmorgendlichen Ritus, bei dem man zum Licht aufwacht und seine Schutzhülle stärkt. Es ging mir gut.

Doch dann lief plötzlich alles schief. Die Firma, die die Fernsehsendung produzierte, wurde von einem großen amerikanischen Konzern übernommen, und ich kam plötzlich mächtig ins Schlittern, statt weiter meinen Weg zu beschreiten. Nun sollte ich lernen, warum es so gefährlich ist, den beruflichen Werdegang mit kompromissloser Karriere zu verwechseln. Der Titel der Serie wurde von »Hypnoconfessional« *(Hypno-Beichtstuhl)* in »Sex, Lies and Hypnosis« *(Sex, Lügen und Hypnose)* geändert; ich hatte jede Kontrolle über die Ereignisse verloren. Was da geschah, war schrecklich für mich. Jetzt machte ich mir ernsthafte Sorgen, dass mein ach so moderner Wunsch, berühmt zu sein, womöglich fürchterlich nach hinten losgehen könnte. Ich schlief wenig damals und spürte, wie meine Schutzhüllen bröckelten. Sie schwanden wie das Zahnfleisch eines alten Weibes. Warum drängte sich mir nun ausgerechnet dieses Bild auf? Ich konnte den Schatten von Mother Shipton sehen, wie sie in meinem Schaukelstuhl vor und zurück schaukelte, und das zerrte an meinen Nerven. Ich hatte die Wahl. Ich konnte mich wieder auf den Weg begeben und weitergehen oder mir die ganze Magie wie Sand durch die Finger rieseln lassen.

Also tat ich, was mir aufgetragen worden war. Ich notierte die Namen all dieser hassenswerten Leute auf einzelnen Papierblättern, schrieb alle Geschehnisse und Gefühle auf, die mir zu ihnen einfielen, und als ich fertig war, zerriss ich die Blätter in kleine Fetzen und lief zu meinem Fluss – der Themse – hinunter. Oh ja, selbst wenn es auch der Fluss von Millionen anderer Menschen ist, empfinde ich die Themse doch als Teil von mir, als Teil der Magie. Ich stellte mich mitten auf die Westminster Bridge und wartete auf einen günstigen Wind, der meine Papierfetzen in die graue Arterie Londons tragen würde. Dann ließ ich sie los und schaute dabei zu, wie sie über das Wasser flatterten. Nun kam der schwere Teil – positive Gefühle für die zu entwickeln, deren Hass sich in meinem Kopf festgesetzt hatte. Oder ihnen womöglich Gutes zu tun! Bitte verstehen Sie mich nicht falsch: Ich grollte ihnen noch. Es fühlte sich an, als würde ich gezwungen, etwas zu tun, was gegen die Natur, was gegen mich selbst gerichtet war. Aber ich tat es trotzdem.

Es war besonders schwer für mich, weil meine Verletzung viel älter war, als ich es mir eingestehen wollte.

Als es mir zum ersten Mal geschah, war ich elf Jahre alt, und dabei dauerte es – anders als bei manch anderem – gar nicht lang. Ich war kein kleines Kind mehr. Sie waren zu dritt, wobei es eigentlich nur ein Junge war, die anderen zwei schauten zu. Sie waren ein Jahr älter als ich. Ich kannte sie aus der Schule, wo ich ihnen aus dem Weg gehen konnte. Auf dem Nachhauseweg von der Schule war ich angreifbar, und sie hackten nach mir wie mit Parkas bekleidete Krähen. Es wird immer wieder gesagt, Kinder seien nicht böse, aber das Herz ihres Anführers war rabenschwarz. Später, im Erwachsenenalter war es nicht anders, nur hatte er da weniger Gelegenheit, anderen Schmerz zuzufügen. Ich bin ihm vor gar nicht langer Zeit begegnet. In seinen Augen gab es kein Zeichen des Erkennens, als er sah, dass ich ihn beobachtete.

Dies war, so weit ich mich erinnere, die erste Gelegenheit, bei der Mother Shipton mich aufsuchte. Aber lassen Sie mich von vorn anfangen, damit Sie mir folgen können. Als das Schreckliche passierte, war ich verängstigt und verwirrt. Ich fühlte mich hässlich und allein. Ich begriff nicht, was mir da geschah, nur, dass es etwas Verbotenes war, und dass ich, falls ich irgendjemandem davon erzählen würde, sterben musste. Daran glaubte ich fest, ich *wusste* es.

Die fünf Nächte danach blieb ich jeweils wach, so lange ich konnte, und beobachtete durchs Fenster, wie Mother Shipton nach mir suchte. Ich konnte spüren, dass sie mich ausfindig machen wollte. Sie schaute in die anderen Häuser der umliegenden Straßen. Ich konnte sehen, wie sie die Schlafzimmer durchstreifte und aus den Fenstern in die nächtlichen Gärten spähte. Ihr dunkles Aussehen ängstigte mich mehr als das, was mir geschehen war, und ich wäre gern vor ihr davongeflogen, wenn ich gewusst hätte, wie.

Als sie schließlich eines Nachts in meinem Zimmer erschien und mir über den Bettrand ins Gesicht schaute, schnüffelte sie mit der Nase an mir wie die Hexe in »Hänsel und Gretel«. Ich dachte, sie wäre gekommen, um mich zu verzehren, und hatte nichts – oder jedenfalls kaum etwas – dagegen. Dann wäre ich zumindest in Sicherheit, und es würde nicht noch einmal geschehen. Als ich mich auf die Ellenbogen stützte, um sie richtig anschauen zu können, lächelte sie mich an. Es war ein breites, zahnloses Lächeln, das sie fast wie ein kleines Mädchen aussehen ließ. Ich lächelte zurück, und sie legte ihren knorrigen Finger an meine Lippen, damit ich still blieb.

Sie lehrte mich dann zu fliegen, wegzufliegen, sodass ich, als es wieder passierte, nicht da war. Zuerst schaffte ich nur den Flug in einer Art Spiralbewegung nach unten. Da fand ich mich im Erdgeschoss wieder und sah, wie meine Eltern sich bereit machten, ins Bett zu gehen. Ich beobachtete meinen Vater dabei, wie er den Raum verließ und das Licht ausmachte, obwohl meine Mutter noch dort war und gerade las. Sie blieb ganz still und allein im Dunkeln sitzen. Mother Shipton zerrte mich unsanft am Fuß zurück in mein Zimmer. *Dazu ist das nicht gedacht, Kind. Du darfst das nicht zum Spionieren verwenden. Das endet nur mit Tränen, und zwar mit deinen*. Ich zog einen Schmollmund, berappelte mich aber schnell, als sie mich an der Hand nahm und mit mir aus dem Fenster flog. *Dazu ist es gedacht!* Ich spürte die Luft um uns herum, ohne jedoch etwas von der Kälte zu bemerken. Ich sah, wie sich, während wir flogen, Schneeflocken auf ihrem Mantel niederließen. Hier war ich frei. Wir flogen bis zu den Berggipfeln, über Old Man's Head hinaus, bis wir in einem Heidefeld landeten. Die Schafe starrten uns an, während Mother Shipton mich zu einem schwarzen Felsen führte, wo ich mich setzen sollte. Die Schafe folgten uns. *Wieso können sie uns sehen?*, fragte ich. *Mich sehen sie, Kind. Du bist nicht hier*. Für weitere Fragen gab es keinen Grund. Sie hatte mich abgeholt und fortgebracht, sie hatte mich gelehrt zu fliegen. Ich war ihr dankbar und hatte keine Fragen.

Von da an konnte ich selbstständig zu ihr fliegen und suchte sie in Agathas Hütte bei dem Bauernhaus auf. Ich legte meinen Kopf in ihren Schoß, an ihrem Kamin fand ich Schutz. Damals erzählte sie mir viele Geschichten über Magie, über Zahlen und über Menschen. Sie goss das Wissen in meinen leeren Kopf hinein und verschloss es darin, damit es dem Kind, das ich damals war, nicht schaden konnte und erst zur rechten Zeit wieder ans Tageslicht kam. Sie hielt meinen Kopf in ihren rauen

Händen und ließ mich ihr versprechen, dass ich das Wissen für mich behalten würde, bis andere reif dafür wären. Bis zu dem Tag, an dem ich bereit sein würde, die Tür zu meinem Geist zu öffnen. Bis ich eine Lehrerin sein würde. Ich versprach es und musste, eingelullt durch die Hitze des Feuers am Kamin, immer mehr gähnen, bis ich einschlief. Dabei spürte ich, wie sie mir mit der Hand über das Haar strich und leise vor sich hinsummte.

Ich versuchte wirklich, anderen von dem schrecklichen Geschehen zu erzählen. Aber die Worte kamen einfach nicht über meine Lippen. Die Todesdrohung war für mich real, und ich wollte nicht sterben, sondern überleben, leben. Also schluckte ich die Worte hinunter, bis ich vor lauter Anstrengung blau und gelb und grün wurde. Ich hielt mir den Mund zu, damit die Worte mir nicht aus dem Mund entweichen konnten, und sog so heftig die Luft ein, dass mir das Blut durch die Poren trat. In der Hoffnung, dass sie mich nicht mehr finden würden, nahm meine Haut alle Farben an. Ich biss mir auf die Lippen und schluckte meinen Schmerz herunter.

Meine Mutter weinte, als sie das sah. Sie dachte, es ginge um sie, es gebe etwas, was sie getan oder nicht getan hätte. Sie wollte nicht glauben, dass ich mir diesen Schaden selbst zufügte, selbst als der Doktor meine Glieder bewegte, als wäre ich eine Marionette, um ihr zu zeigen, wie ich es mir selbst zugefügt hatte. Der Doktor verglich die Abdrücke mit meinen Lippen. Abdruck-Lippen, eine Parodie schmerzhafter Küsse. Ich sah Schmerz in den Augen meiner Mutter und hörte auf, mich zu beißen, beschloss jedoch, nie von meinem Schmerz zu sprechen. Ich wusste, dass die Worte meine Lippen verbrennen würden. Daher behielt ich sie bei mir. Brennend. Ich war eine Überlebende.

Als es zum letzten Mal passierte, flog ich wieder zu Agathas Hütte. Diesmal jedoch wartete kein Kaminfeuer auf mich. Mother Shipton stand reisefertig in der Tür. Sie nahm mich gegen meinen Willen bei der Hand. Ich wusste, dass sie mich zurückbringen würde zu ihnen. Damit ich dort war, während es geschah. Ich kniff die Augen fest zusammen und wartete ruhig darauf, dass es anfing. Da sah ich, wie Mother Shipton mich anlächelte und in meinen Körper hineinschlüpfte. Noch einmal würde ich eine Marionette sein, diesmal aber eine von Schrecken erregender Art. Sie benutzte meine Stimme, und die Schärfe der Worte versah diese Stimme mit ätzender Kraft. Sie benutzte meine Glieder, um auszukeilen und zu kämpfen. Als ich die Augen öffnete, sah ich die Jungen zurückweichen und in die schwarzen Mutteraugen fallen. Es waren die Augen vieler, vieler Mütter. Ihrer eigenen und der Mütter ihrer Väter und Mütter. Mother Shiptons Augen in meinem Kopf schauten sie an und sprachen zu ihnen von ihrer größten Angst: Sie würden allein und im Schmerz sterben. Die Worte kamen aus ihren eigenen Köpfen und nagelten sie am Boden fest. Ich schloss die Augen und fiel zu Boden, als Mother Shipton meinen Körper verließ. Damit war der Bann gebrochen, und die Jungen rannten davon. Meine Augen weinten Blut zum Dank für ihre Tat. Sie hinterließ meinen Körper entleert, die Gefahr war gebannt.

Ich weiß weder, wie ich nach Hause, noch, wie ich in mein Bett gekommen bin. Was ich weiß, ist, dass sie in jener Nacht bei mir blieb und meinen unruhigen Schlaf bewachte. Immer wenn ich aufwachte, war sie da, in einer Zimmerecke sitzend und leise immer dieselbe Melodie summend. Sie war kaum zu hören, doch von tief innen antwortete ich ihr. Sie war da. Wachsam. Ich war in Sicherheit. Es würde nie mehr passieren.

Und tatsächlich passierte es nicht mehr, mit ihren Zauberworten versiegelte sie die Tür zu dieser Geschichte, so gut sie es vermochte. Sie verriegelte die Tür und rettete mich damit vor dem Verrücktwerden. Die Erinnerung war gefangen und würde vergehen, bis nichts als Staub davon übrig bliebe. Das war mir genug, ich konnte überleben. Das Chamäleon aber blieb in mir bestehen. Wenn es sich auch nicht mehr in Blau und Rot zeigte, so hatte ich doch die Fähigkeit erworben, mich zu tarnen. Wenn ich wollte, konnte ich verschwinden. Und ich kann es noch heute. Ich habe überlebt.

Und nun sollte ich mich dadurch heilen können, dass (s.o.) ich jenen Erbarmen entgegenbrachte, die mir diese Dinge angetan hatten, ja, sogar dadurch, dass ich ihnen Liebe schenkte? Das war eine ganz andere Geschichte. Mother Shiptons Anweisungen für diesen Teil der Reise waren ein zu hoher Preis. Sie forderte von mir, denen, die mich verletzt hatten, Liebe zu senden. Das konnte ich nicht. Also traf ich eine Wahl. Mitleid und Erbarmen? Vielleicht. Aber Liebe? Nein. Manche dieser Leute waren für mich längst gestorben, entweder tatsächlich physisch oder sie waren so weit weg von mir und meinem Leben, dass ich sie ohnehin nur schwer erreichen konnte.

An diesem Punkt der Reise feilschte ich mit mir selbst, und vielleicht wird es Ihnen ähnlich ergehen. Wir müssen eine Wahl treffen. Ich wählte eine Teilheilung. Als ich mich entschied, hatte ich die Worte aus John Lennons Song »Crippled Inside« im Ohr und verstand nun deren wahre Bedeutung. Ich fand nicht genug Kraft und auch nicht den Willen in mir, Liebe an die auszusenden, die mich böswillig und absichtlich so tief verletzt hatten. Ich handelte mit mir aus, dass ich Erbarmen mit ihnen haben und dafür ein wenig Schmerz behalten konnte.

Diesen Menschen jeden Morgen, wenn ich zum Tageslicht aufwachte, Erbarmen zu senden war meine allerschwierigste Aufgabe. Heute weiß ich, dass ich mich damit tatsächlich heilte. Es ging dabei gar nicht um sie oder um ihre Gedanken und Gefühle – es ging um mich selbst. Ich sandte ihnen also Erbarmen mit einem dicken, großen E. Bedingungsloses Erbarmen. Ein Erbarmen, das nicht erwidert werden würde oder konnte, das keine Reaktion erwartete. Ein Erbarmen, von dem ich in irgendeinem dunklen Winkel meiner selbst wusste, dass es sie, wenn sie davon erführen, verletzen konnte, denn es bedeutete, dass ich mich selbst wieder ermächtigt hatte. Ein Erbarmen, das denen, die vielleicht ihrerseits zu einem anderen Zeitpunkt verletzt worden waren, ein wenig Frieden bringen würde.

Ich beschloss, dass ich mir meine Liebe für die vorbehalten würde, die mich reicher machten und nährten. Wenn ich die Menschen, die so schlimme Dinge getan hatten, schon nicht lieben wollte und konnte, würde ich ihnen jetzt doch mein Erbarmen schenken. Sollte dies meine Reise zur Quelle erschweren, so war das meine Wahl. Es ist immer unsere Wahl, welche Schritte wir tun und wie weit wir gehen wollen. Ab da wusste ich, dass ich immer meine eigene Wahl treffen konnte, und Ihnen wird es ähnlich ergehen. Die Dinge, für die oder gegen die Sie sich entscheiden, werden die Geschwindigkeit Ihrer Reise und den Weg bestimmen, den Sie einschlagen, um sich mit Ihrer Quelle zu verbinden.

Tag für Tag und an jede Person einzeln teilte ich nun also allmorgendlich, wenn ich mich mit dem Licht verband, mein Erbarmen sparsam dosiert aus, auch an diejenigen, deren Namen ich gar nicht kannte. Wenn ich meine Schutzhülle gestärkt und mich bei ihr bedankt hatte, sendete ich jedem einzelnen dieser Menschen mein Erbarmen. Mit jedem Tag wurde es leichter. Mit jedem Tag nahm mein anfangs noch beißender Ärger ein Quäntchen mehr ab. Mit jedem Tag stellte ich fest, wie ich dem Weg näher kam und aus dem haltlosen Schlittern in tiefste Tiefen die Kontrolle Stück für Stück zurückgewann. Nun lief mein beruflicher Werdegang wieder konform mit meiner inneren Wirklichkeit. Die Magie war zu mir zurückgekehrt.

Die anderen Menschen, mit denen ich anderes erlebt hatte und die noch immer zu meinem Leben gehörten, erforderten mehr als ein reines Aussenden von Gedanken. Diese Menschen brauchten konkretes Handeln. Das war der Preis, den ich bezahlen wollte, um der Quelle näher kommen zu können. Meine Arroganz, selbst entscheiden zu wollen, was ich von diesem Prozess brauchte oder nicht, lehrte mich eine ganz simple Lektion. Wir alle müssen jedes Stadium der Reise auf irgendeine Weise durchlaufen. Auch wenn uns das eine einfacher erscheinen mag als das andere, steht es uns nicht zu, diejenigen auszumustern, die uns schwierig erscheinen. Wir müssen uns unsere Verbindung mit der Quelle verdienen. Meine erarbeitete ich mir durch Worte und Taten. Zuerst schrieb ich Briefe, weil ich dachte, dass mir das leichter fiele als der direkte Kontakt zu Menschen, die mich verletzt hatten. Dann stellte ich fest, dass Briefe darüber, wie sie mich verletzt hatten, nicht ausreichten. Ich lud sie also ein, Teil meines Lebens zu sein, vergab ihnen und bat sie, mir zu vergeben, falls mein Verhalten sie zu ihren Reaktionen mir gegenüber gebracht haben sollte.

Während ich die Briefe schrieb, spürte ich die Präsenz dieser Menschen förmlich im Raum. Das Merkwürdigste aber war, dass ich plötzlich keine Angst mehr vor ihnen hatte. Sie konnten mich nicht verletzen, denn ich war dabei, die Kontrolle zu übernehmen. Es war seltsam, diese Briefe zu schreiben. Und bestimmt noch seltsamer, sie zu erhalten. Nur eine Person aus der jüngsten Vergangenheit nahm Kontakt zu mir auf, um mir mitzuteilen, dass sie keine Entschuldigungen meinerseits und überhaupt nie mehr etwas von mir hören wolle. Das fand ich hochinteressant, zumal ich an keiner Stelle versucht hatte, mein eigenes Verhalten zu entschuldigen. Meine Worte schienen sich in dem Moment, wo sie gegen die Gefängnismauern des Geistes dieser Person stießen, verwandelt zu haben. Für mich war die Sache erledigt, denn ich hatte meinen Teil der Abmachung erfüllt. Ich war jedem freigiebig und mit aller Liebe, zu der ich fähig war, begegnet.

Kaum hatte ich alle Briefe geschrieben, wusste ich, dass ich wieder auf dem richtigen Weg war. Jetzt konnte ich weitergehen in dem Wissen, dass ich tagtäglich meine Schutzhülle stärken und mich nie mehr in das

Gefängnis der negativen Emotionen eines anderen zu begeben brauchte. Mit jedem Mal, wo ich diesen Menschen positive Gefühle entgegenschickte, konnte ich spüren, wie die Löcher in meiner Schutzhülle heilten. Diese Aktionen machten mich stärker. Ich begriff, dass ich in meiner inneren Wirklichkeit das Recht hatte, nein zu sagen und andere mit ihren Problemen außerhalb meines geschützten Raums zu lassen. Ich konnte die Leute mit ihren Meinungen von mir in der äußeren Wirklichkeit lassen, ohne sie als Last in meiner inneren Wirklichkeit mit mir herumzuschleppen. Wenn ich nicht zuließ, dass die negativen Emotionen anderer meine innere Wirklichkeit einnahmen, wurde alles *unglaublich* klar. Ich wusste jetzt, dass ich zuallererst das Recht hatte, mich um mich selbst zu kümmern. Dann war ich gewappnet gegen jeden, der versuchen würde, sich in meinem Kopf einzunisten und meine Magie zu manipulieren. Ich hatte die Kontrolle zurückgewonnen.

Mother Shipton schreibt:

Sei kein Narr, lass dir die Liebe nicht entgehen.
Es wird dir nicht geschenkt, die anderen zu lieben.
Selbstliebe lässt dich selbstlos weitergehen.
Wisse, dass Maiden, Mother und Crone sich ihren
Platz erobern.

Abschlussritual

Öffnen Sie den Kreis, zünden Sie Ihre Kerze an, konzentrieren Sie sich auf die Kerzenflamme und denken Sie über die Kraft des Morgenlichts sowie darüber nach, wie Sie sich fühlen, wenn Sie sich mit ihm verbinden. Schreiben Sie Ihre Gedanken und Gefühle in Ihr Notizbuch. Behalten Sie es danach noch geschlossen in den Händen. Schließen Sie die Augen und erspüren Sie sich Ihren Weg in die Worte hinein. Fühlen Sie die Macht der Worte, die Sie nun schon aufgeschrieben haben. Nehmen Sie sich ab jetzt jeden Abend Zeit, um alle Ereignisse oder Fügungen des Tages zu notieren, die Ihnen anzeigen, dass Sie sich auf dem Weg zur Quelle befinden.

Gehen Sie morgen online und registrieren Sie sich auf der Seite makeachildsmile.org. Durch Ihre Registrierung erklären Sie sich damit einverstanden, einem kranken Kind zu schreiben, es zu unterstützen oder ihm Geschenke und Postkarten zu schicken. Mit dieser Geste bieten Sie denen Hoffnung und Liebe, die am meisten davon profitieren können, und diese Liebe wird Ihnen vielfältig vergolten werden. Wenn Sie ein krankes Kind unterstützen, werden Sie sich nicht selbst bemitleiden, sondern sich an das erinnern, worauf es wirklich ankommt im Leben: auf den Menschen, und zwar auf den guten Menschen. Werden Sie durch diese Geste zu einem solchen.

Imbolc

Traditionsgemäß markiert dieses Fest den ersten Frühlingstag im Jahr. In der nördlichen Hemisphäre beginnt es mit dem ersten Februar, in der südlichen mit dem ersten August. Im Laufe der Zeit verschmolz Imbolc dann mit dem Valentinstag. Es ist ein Feuerfest, das die Wärme in unser Leben und Heim zurückbringen soll.

Dieses Fest ist der Maiden-Phase des Mondes gewidmet und gilt als günstige Zeit, um an körperlicher Heilung zu arbeiten sowie Aktivitäten und Beschäftigungen zu entdecken, die unser physisches Wohlbefinden fördern.

Da es sich bei Imbolc um ein Feuerfest handelt, sollte man unbedingt darauf achten, dass natürliches Sonnenlicht in die Wohnung oder ins Haus strahlt. Dadurch lässt sich gut erkennen, was vielleicht erneuert oder verändert werden muss.

Achten Sie auf die Gefühle, die mit der Rückkehr des Lichtes kommen, und nutzen Sie sie für diese Erneuerung. Dazu gehört auch, sich das eigene Zuhause so zu gestalten, wie es Ihnen gefällt, und einen Frühjahrsputz zu machen.

In den zu Imbolc durchgeführten Ritualen geben

wir uns außerdem Versprechen oder Gelöbnisse für das kommende Jahr. Es ist eine Zeit, in der wir neue Projekte starten und uns von der erwachenden Welt um uns herum inspirieren lassen können. Wir sollten dazu Kerzen anzünden und die dunklen Winkel in uns selbst beleuchten, um uns für eine neue Wertschätzung uns selbst gegenüber und einen Wandel vorzubereiten.

Es geht darum, jetzt Neues willkommen zu heißen.

Kapitel acht

Abnehmender Mond – Akzeptanz und Verkörperung

Trance

Mother Shipton schreibt:

Gib dem, der dich bittet, oder
  nimm von dem, der dir gibt.
Geben und Nehmen lehren dich
deine Reise zu verkörpern.
Dann werden alle Geschenke vergütet.

Beginn

Verfügen Sie frei über Ihre Zeit und Ihren Raum? Oder erlauben Sie anderen, mit ihren Bedürfnissen dort, wo eigentlich Grenzen sein sollten, bei Ihnen einzudringen? Nehmen Sie Ihr Spezialnotizbuch zur Hand und schreiben Sie auf eine neue Seite die Namen derer, von denen Sie meinen, dass sie Sie *brauchen*. Zensieren Sie sich auch jetzt nicht; diese Übung dient dazu, dass Sie Ihre Überzeugungen schwarz auf weiß vor sich sehen und überprüfen können. Wenn ich von »brauchen« spreche, meine ich die Menschen, die sich als Erstes an Sie wenden, wenn sie Hilfe benötigen. Wenn Sie Kinder haben oder für Erwachsene verantwortlich sind, die – physisch oder mental bedingt – nicht für sich selbst sorgen können, gehören ihre Namen nicht auf die Liste, denn ihre Bedürfnisse sind berechtigt. Die Menschen, die ich meine, sind die *immer Bedürftigen*. Es geht hier – und ich möchte Sie bitten, meine Schärfe zu verzeihen – um die emotionalen Vampire, die nur nehmen, ohne zu geben, und denen Sie dies derzeit *erlauben*, weil sie damit ein Bedürfnis in Ihnen stillen. Wenn Sie die Namen notiert haben, legen Sie Ihr Notizbuch bitte zunächst zur Seite.

Die Tatsache, dass ich denen, die mir Schmerz zugefügt hatten, Erbarmen entgegenbrachte, verschob etwas in mir. Ohne all den Hass und die damit zusammenhängende Geschichte, die meinen mentalen Raum besetzt hatte, fühlte ich mich beinahe leer. Da Mother Shipton mich nicht genug darauf vorbereitet hatte, möchte ich Sie jetzt gern warnen vor den Gefahren, die daraus entstehen können.

Ohne den Hass und all das, was damit zusammenhängt, laufen Sie Gefahr, in eine Falle zu tappen, die darin besteht, dass Sie versuchen, andere zu heilen. Eine gute Falle, könnten Sie zunächst denken, aber glauben Sie mir: Sich dort länger aufzuhalten ist gefährlich. Dadurch, dass ich mich selbst geheilt hatte, fühlte ich mich ermächtigt, dieses heilende Wissen an andere weiterzugeben. Dabei ist »ermächtigt« hier gar nicht das richtige Wort, »arrogant« wäre wahrscheinlich passender. Weil ich geschafft hatte, die Last meiner Geschichte abzuwerfen, fühlte ich mich so toll und stark, dass ich dieses Gefühl gern mit anderen teilen wollte. Diejenigen, denen ich helfen konnte, verstand ich ausfindig zu machen. Es waren die mit dem Schleier auf den Augen, die nur nach innen schauten. Mit Augen, wie ich selbst sie früher gehabt hatte. Ich hörte sie, wenn sie auf dem Land mit ihren Hunden redeten. Ich sah sie als Pendler in der brechend vollen Londoner Metro. Ich spürte ihre Nähe im Dunkel eines Theaters. Es gab so viele von ihnen – und alle hatten dieselben Augen. Augen, die zu viel gesehen hatten. Augen, die immer wieder denselben Film ablaufen ließen auf dem Bildschirm ihres eigenen, privaten Kinos, das nur einen Platz hatte, und zwar den allerbesten im eigenen Haus. Ich war mir ganz sicher, dass ich ihnen helfen konnte, und wollte mein Freiheitsgefühl mit ihnen teilen.

Genau darin lag auch schon die Gefahr. Und zwar eine sehr reale Gefahr für mein weiteres Fortkommen auf dem Weg zur Quelle der Magie. Ich hatte schnell verdrängt, wie tief ich noch in mich hineingehen musste, bevor ich andere heilen konnte. Ich blendete einfach aus, wie viel Arbeit ich noch in meine eigene Vergangenheit stecken musste, um die dunkelsten Winkel meiner Erinnerung zu erforschen. Ich sprang gleich zu den wunderbaren Ergebnissen über und vergaß völlig, dass man *niemandem* ein Geschenk – besonders eines von solcher Tragweite und lebensverändernder Gewalt – anbieten darf, es sei denn, er hätte darum gebeten.

Wir haben keine Ahnung, an welchem Punkt die anderen auf ihrer Reise sind, sodass die meisten unser Angebot ablehnen und uns womöglich wegen unseres Versuchs böse sein werden. Wir wissen nichts über ihre Erfahrungen und bieten ihnen wie ein vorwurfsvoller Prediger ein neues Leben und Freiheit an? Nehmen Sie sich meine Erfahrung zu Herzen. Manche Menschen sind nicht bereit für die Freiheit, sie glauben gar nicht, dass sie Gefangene der Vergangenheit sind, und sind *glücklich* mit dem, was sie sind. Es hat eine Weile gedauert, bis ich akzeptieren konnte, dass es da draußen eine Menge Leute gab, die von meinem Hilfsangebot nichts wissen wollten. Solche Menschen müssen wir in Ruhe lassen, wir dürfen ihnen keine Hilfe aufdrängen, wenn sie unerwünscht ist. Etwas anderes ist es, wenn jemand darum bittet. Wenn wir jedoch nicht gebeten werden, dürfen wir nicht versuchen zu helfen, sonst sind wir am Ende nur frustriert. Ich weiß es, denn ich habe es versucht und damit bei anderen oft für Irritation gesorgt.

Doch dann gibt es auch noch die Menschen, die Geschenke in unser Leben bringen. Wir haben uns Hilfe gewünscht, und nun kommen also Leute, die ihr Wissen, ihre Zeit und ihre Energie mit uns teilen möchten, weil sie die Wurzeln ihrer eigenen Kraft kennen. Sie sind nicht passiv, ganz im Gegenteil: Sie sind sozusagen Aktivisten. Vielleicht kennen wir sie schon und haben sie bislang als »Glückspilze« oder »privilegiert« abgestempelt und daher nicht um Hilfe gebeten. Wenn sie so sicher sind, wie sie scheinen, werden sie nichts gegen unsere Fragen haben. Im Gegenteil, wir werden sogar feststellen, dass sie ihr Wissen gerne teilen. Sie haben akzeptiert und verstanden, dass sie über ihre Macht – ihre Magie – nicht nur verfügen, sondern dass mit den Rechten auch eine Verantwortung einhergeht. Sie sind sich also dessen bewusst, dass wir alle davon profitieren, wenn wir unser Wissen teilen und Verbindungen aufbauen, mithin ein Netz bilden, das auf gegenseitigem Verständnis und Respekt aufbaut. Wir alle brauchen Hilfe, um unser volles Potenzial leben zu können. Es geht also darum, Hilfe von anderen anzunehmen und diese Hilfe zu schätzen, sodass wir – wenn wir so weit sind – wiederum unsere Hilfe an andere weitergeben können. Wir sind Teil des Netzes, und das Weitergeben von Wissen und Hilfe trägt dazu bei, dass sich die Verbindungen erfolgreich entwickeln können. Wenn wir Verantwortung für unsere Reise übernehmen wollen, gehört dazu auch, dass wir in der Lage sind, Hilfe anzunehmen. Denn jetzt wissen wir, dass uns niemand mehr dazu bringen kann, etwas zu denken, zu fühlen oder zu tun, das sich für uns nicht richtig anfühlt. Auch Sie sind jetzt in einem Stadium, in dem Sie in Erwägung ziehen können, sich zu öffnen, um solche Geschenke mit offenen Armen zu empfangen.

Ich erkannte, dass mein Leben lang immer wieder Menschen versucht hatten, mir zu helfen – mit Zeit, Geld, Geduld und Verständnis, mit vielen Geschenken also, die ich damals jedoch nicht in dem Geist annehmen konnte, in dem sie mir angeboten wurden. Entweder versuchte ich, ihre Hilfe mit anderen Geschenken zu erwidern, oder ich nahm ihnen ihre Angebote übel, weil ich sie für herablassend hielt oder dachte, sie würden mit ihrer Hilfe nur ihre eigene Überheblichkeit nähren wollen. Für manche mag das gestimmt haben, in den meisten Fällen aber lag das Missverständnis auf meiner Seite. In Wahrheit hatte ich Angst vor der Beziehung, in die ich meiner Meinung nach durch diese Geschenke gezwungen wurde. Ich fürchtete, mich dadurch jemandem zu verpflichten. Also machte ich die Geschenke kaputt, selbst wenn sie mir schon gegeben worden waren. Es war, als glaubte ich nicht, dass ich den Nutzen aus dem, was mir jemand zu schenken versuchte, verdiente. Also vermasselte ich jede Gelegenheit gründlich. Ich *wollte* gar nicht, dass mir geholfen wurde, da ich in dem falschen Glauben lebte, dass mein Erfolg nichts wert sein konnte, solange ich ihn mir nicht eigenhändig erschuf. Als würde, wenn ich anderen erlaubte, mich bei meinem eigenen Gedeihen zu unterstützen, der Erfolg ihnen gehören und ich doch weiterhin »weniger wert« sein als sie.

Ich kam nicht davon los, mich und meinen Erfolg mit dem zu vergleichen, was andere waren und was sie erreicht hatten. Es war ein perfektes Katastrophenrezept, das ein ebenso perfektes Set an sich selbst erfüllenden Prophezeiungen beinhaltete. Ich beschloss, dass niemand mir helfen wollte, also half mir auch niemand. Ich erlaubte mir, den Geschenkemachern zu grollen, statt ihnen dankbar zu sein. Am Ende versuchte mir keiner mehr zu helfen, weil es immer so kompliziert und heikel war. Ich erschuf mir eine Situation, in der ich keine Hilfe mehr erhielt, und redete mir ein, dass es so sein musste.

Das änderte sich erst, nachdem ich Mother Shipton um Hilfe angerufen hatte. Als ich mich an sie wandte, war ich an meinem absoluten Tiefpunkt. Es gab keine Menschenseele mehr in meinem Leben, die mich angehört hätte. Diejenigen, die versucht hatten, mir zu helfen, hatte ich so weit wie möglich von mir gestoßen und mich stattdessen mit Menschen umgeben, die etwas von mir brauchten – und nahmen, ohne mir auch nur das Geringste zurückzugeben. Ich war die einsame Geberin geworden. Ich wollte die sein, die oben auf dem Berggipfel sitzt und Geschenke an diejenigen verteilt, die Hilfe brauchen. Das hielt ich für Macht. Natürlich kamen Menschen und baten mich um Hilfe, sodass ich mich gebraucht fühlte. Aber Mother Shiptons Worte machten mir bald klar, dass sich diese Leute auf meine Kosten nährten und dass ich mich – statt durch ihre Bedürftigkeit stark zu werden – von ihnen aussaugen ließ. Es lag eine verführerische Gefahr darin zu glauben, ich sei die Einzige, die diesen Menschen mit ihren Problemen helfen konnte. Das war so verführerisch, dass ich, sobald jemand nach mir rief, alles stehen und liegen ließ und mich auf den Weg machte, um ihm zu helfen. Natürlich waren diese Leute auch dankbar und rühmten mich für meine Hilfe. Meine eigenen Bedürfnisse und Träume und mein Weg jedoch verkümmerten dabei und verblassten aufgrund fehlender Nahrung immer mehr. Ich hatte ja noch nicht einmal mehr Pflanzen zu Hause, denn ich war nie da und hätte mich folglich gar nicht um sie kümmern können.

Ich brauchte Führung, und Mother Shipton gab sie mir durch ihre Worte. Damals als Kind hatte ich sie abgewiesen. Jetzt dagegen ging ich hilflos und tränenüberströmt zu ihr wie ein Kind. Wir alle brauchen Führung in unserem Leben. Bevor wir aber unsere physischen Führer in unser Leben treten lassen können, müssen wir unsere innere Führerin identifizieren, uns mit ihr verbinden und einen Kommunikationskanal für sie öffnen.

Jetzt ist es so weit, dass Sie Ihre Führerin aus der inneren Welt in die äußere bringen, damit sie auch dort gehört wird.

Gehen Sie, bevor Sie sich heute Abend schlafen legen, in Ihre Trance und zählen Sie von dreihundert bis null. Nutzen Sie für jede Zahl einen Ausatem. Wenn Sie bei null angelangt sind, befinden Sie sich wieder einmal oberhalb der Felsstufen. Inzwischen kennen Sie sie und die Natur ringsum ja schon. Gehen Sie die Stufen hinunter in diese wunderschöne friedliche Landschaft hinein.

Die Felder und Wiesen, die Hügel und Berge – alles ist genau so wie in Ihrer Erinnerung. In der Ferne erkennen Sie den Berggipfel, auf dem Sie Ihrer geistigen Führerin begegnet sind. Kehren Sie dorthin zurück und bitten Sie noch einmal darum, ihr begegnen zu dürfen. Fragen Sie sie diesmal, ob sie bereit ist, den Berg zu verlassen und sich mit Ihnen auf den Weg in Ihr Leben zu machen. Warten Sie die Antwort ab. Wenn sie nein lautet, bitten Sie sie um Erlaubnis, sie während Ihres Schlafes noch einmal besuchen zu dürfen. Wenn die Antwort ja lautet und ihre Führerin bereit ist, jetzt mit Ihnen zu kommen, bitten Sie sie, Ihnen den Weg zurück in Ihr Leben zu zeigen. Sie können ihr nun den Berg herab und ins Tal hinein folgen. Sie bemerken, dass Ihre Führerin, genau wie der Einsiedler auf der Tarotkarte, eine Lampe bei sich trägt und Ihnen den Weg leuchtet, sodass Sie sich sicher fühlen können.

Bei den Stufen angelangt, steigen Sie sie in dem Bewusstsein hinauf, dass Sie Ihre Führerin jetzt in Ihren Alltag mitnehmen. Nun brauchen Sie sich nicht mehr allein zu fühlen.

Sobald Sie oben sind, können Sie die Augen öffnen.

Ruhen Sie sich noch ein wenig aus und lassen Sie diese Erfahrung nachwirken.

Machen Sie sich keine Sorgen, falls Ihre Führerin aus irgendeinem Grund diesmal nicht mitgekommen sein sollte. Sie wird Ihnen im Schlaf und in Ihren Träumen, in Ihrer TraumZeit erscheinen, immer dann, wenn Sie einer Versicherung bedürfen, dass Sie tatsächlich auf Ihrem Weg zur Quelle sind. Sie werden die Stimme Ihrer Führerin hören und ihre Zeichen erkennen. Sie werden ihre Präsenz wahrnehmen, wenn Sie ganz und gar bereit dafür sind.

Nehmen Sie nun wieder Ihr spezielles Notizbuch zur Hand und schreiben Sie mit Ihrem speziellen Stift alle Gefühle und Gedanken aus dieser Erfahrung auf. Gönnen Sie sich genug Zeit dafür, denn es könnte mehr zu notieren geben, als Sie zunächst dachten. Zensieren Sie sich nicht, schreiben Sie einfach alles auf, was Ihnen in den Sinn kommt. Danach können Sie sich ausruhen. Sie werden heute Nacht tief und fest schlafen.

Nun haben Sie Ihre Führerin – die wir auch Ihr Höheres Selbst nennen können – in Ihr Leben eingeladen. Ab jetzt werden Sie sich ihrer Stimme und ihrer Führung mit jedem Tag bewusster, was nicht heißt, dass Sie unbedingt auf sie hören wollen. Wahrscheinlicher ist, dass Sie nicht wirklich vorbereitet sind auf das Gefühl, dass es da eine Stimme gibt, die Ihnen sagt, was Sie tun, denken und fühlen sollen. Vielleicht werden Sie sich eher wie ein Kind behandelt fühlen (so ging es mir jedenfalls) und anfangen, sich auch wie eines zu benehmen.

Ich dachte, dass mir die Begleitung meiner Führerin das Leben einfacher machen würde, dass alles, was sie mir sagen würde, nett und ermutigend sein würde und dass sie mir nur Dinge sagen würde, die ich hören wollte – Sie wissen sicher, was ich meine. Ich dachte, dass mir meine Führerin das Ego streicheln würde, wann immer ich es brauchte. Weit gefehlt! Versuchen Sie einmal, mit einer fünfhundert Jahre alten Hexe zu diskutieren: Sie werden *immer* den Kürzeren ziehen. Tatsache ist, dass wir eine Führung brauchen, gerade weil wir so weit vom Weg abgekommen sind. Nun bekommen wir diktiert, wie und wann und was wir tun sollen. Aber ich wiederhole es noch einmal: Sie haben die Wahl. Sie können entweder darauf hören und mit der Zeit herausfinden, dass Entscheidungen leichter fallen, oder Sie können sich mit Ihrer Führerin streiten, sich gegen ihre Ratschläge wehren und wieder vom Weg abkommen. Sie trägt das Licht der Erfahrung, das den Weg zur Quelle ebnet. Sie weiß Bescheid, und vor allem weiß sie, welches der richtige Weg für Sie ist. Wenn Sie die Präsenz Ihrer Führerin spüren, sollten Sie auf sie hören und auf das achten, was sie Ihnen sagt. Die Reise wird Ihnen leichter fallen, und Sie kommen schnell und vor allen Dingen direkt ans Ziel.

Mother Shipton schreibt:

Lerne, still zu sein, und nimm die Menschen wahr,
die dich umgeben.
Nimm alles neue Wissen an und filtere erst dann.
Erlaube anderen, dich zu füttern und zu nähren.
Suche dir Gleichgesinnte
und lass die anderen links liegen.

Abschlussritual

Öffnen Sie den Kreis und zünden Sie Ihre Kerze an. Nehmen Sie drei tiefe Atemzüge und lassen Sie alle Gedanken zum Mittelpunkt des freundlichen Lichtscheins fließen, um Ihren Geist zu klären. Schlagen Sie in Ihrem Notizbuch die Seite auf, auf die Sie die Namen der immer bedürftigen Menschen in Ihrem Umfeld geschrieben hatten. Streichen Sie die Namen nacheinander durch, während Sie im Stillen bei jedem sagen: *Heute lasse ich dich frei, damit du deinen eigenen Weg findest. Ich helfe dir am besten dadurch, dass ich mich zurückhalte und dir ermögliche, dir selbst zu helfen.* Klappen Sie Ihr Notizbuch zu, wenn Sie damit fertig sind. Schließen Sie die Augen und konzentrieren Sie sich noch einmal auf das Herz der Flamme. Kommen Sie nun langsam wieder ins Hier und Jetzt zurück. Öffnen Sie die Augen und ruhen Sie sich noch eine Weile aus.

Sie werden bald merken, dass sich die Menschen ändern, die Ihnen mit ihrer Bedürftigkeit unnötig Zeit und Energie stahlen. Wenn Sie sich ihnen gegenüber anders verhalten, erlauben Sie ihnen, zu wachsen und sich zu entwickeln, was zu der Zeit, als Sie alles für sie machten, nicht der Fall war. Nur wenn wir uns zurücknehmen und andere ihre eigenen Fehler machen lassen, werden sie in ihrem Denken, Fühlen und Handeln aus Kindern zu Erwachsenen. Womöglich kann dann sogar aus einem bedürftigen ein echter Freund werden. Diejenigen, die Ihre neue Kraft ablehnen und weiterhin wollen, dass Sie ihre Bedürfnisse bedienen, sind keine wahren Freunde. Lassen Sie sie frei, denn sie befinden sich auf einem anderen Weg.

Kapitel neun

Neumond – Zuhause ankommen

Trance

Mother Shipton schreibt:

Dein Zuhause/dein Heim ist in dir, es bewohnt
deine Träume. Dein zuhause/das Heim
im Außen ist näher, als es scheint.
Zuhause ankommen/Heimkommen ist dein Retter
und dein Freund,
es ist der Weg, der für manche nie zu Ende geht.
Schau nach innen, außen wirst du nur verkümmern.
Mach keinen Fehler und eile her,
Neumond zeigt dir, was noch fehlt.
Hör gut zu und hole dir dein Heim zurück.

Anfangsritus

Unser Heim oder Zuhause ist der Ort, an dem wir unsere neue Wirklichkeit zuerst manifestieren können. Hier werden wir finden, was wir wollen. Hier werden die Energie des Feuers und unser Sinn für Ausgewogenheit zu uns kommen. Den Fokus ausgerechnet bei Neumond auf unser Zuhause zu legen mag ungewöhnlich erscheinen. Schließlich ist Neumond der Mond der psychischen Kräfte, der Träume und Wünsche, zugleich steht er aber auch für Abwesenheit und Leere. Unser Zuhause sollte ein Ort sein, an dem wir uns selbst im Dunkeln und selbst dann, wenn wir ganz allein sind, sicher und geschützt fühlen. Machen Sie einen Gang durch Ihre Wohnung oder Ihr Haus, wenn Sie allein zu Hause sind. Haben Sie in den verschiedenen Räumen unterschiedliche Gefühle? Notieren Sie in Ihrem speziellen Notizbuch, falls es Räume gibt, in denen Sie negative Emotionen oder Empfindungen verspüren. Notieren Sie ebenso die Orte, an denen Sie sich besonders ruhig oder zufrieden fühlen. Auch wenn Ihnen Ihr Zuhause gar keine Gefühle vermittelt, sollten Sie das aufschreiben. Am Ende dieses Kapitels werden Sie im Abschlussritual mit diesen Emotionen (oder dem Fehlen derselben) arbeiten.

Der Neumond trägt die Gefahr des Irrsinns in sich, vergleichbar mit den irrigen Vorstellungen mancher Menschen von ihrem eigenen Zuhause. Sie kennen sicher jemanden (oder sind es womöglich selbst), der in unglückliche oder gar in manchen Fällen gefährliche häusliche Beziehungen verstrickt ist. Wenn Sie dann mit dieser Person darüber diskutieren, werden Sie feststellen, dass sie immer eine Erklärung dafür weiß, warum sie diesen Ort nicht verlassen kann: *Meine Kinder brauchen die Sicherheit, die ihnen beide Eltern geben; meine Partnerin hat gedroht, dass sie sich umbringt, wenn ich sie verlasse; es nicht so, wie es scheint; hinterher tut es ihm immer leid.* Eine scheinbar endlose Liste an Ausreden, um an diesem dunklen, gefährlichen Ort bleiben zu können. Das ist der Irrsinn des Neumondes, dem wir uns stellen können müssen, um uns ein wirkliches Zuhause zu erschaffen.

Ein Zuhause sollte ein Ort der Liebe sein, der uns nährt, an dem wir uns gern aufhalten, wo wir nach Hause kommen und geschützt sind. Wenn das nicht der Fall ist, dann ist es kein Zuhause, sondern nur ein Ort, an dem wir leben oder – um noch deutlicher zu sein – an dem wir existieren. Wirklich zu leben ist schwierig, wenn wir uns nicht sicher oder geschützt fühlen können, denn dann ist es auch äußerst schwierig oder sogar unmöglich, eins mit der Quelle unseres magischen Selbst zu werden. Wenn wir ohne Sicherheit leben, ist alles, was wir uns zu erschaffen versuchen, instabil und verletzlich.

Das Erste, was wir erkennen müssen, ist, dass wir eine Wahl *haben*. Wir haben die Wahl, zu gehen oder zu bleiben. Wenn wir das anerkennen, fällt uns der nächste Schritt leichter. Entscheiden wir uns zu bleiben, dann geht es darum, *mit* unserem Partner daran zu arbeiten, dass es ein geschütztes und liebendes Zuhause wird, ein Ort, an dem beide ehrlich miteinander sein und füreinander sorgen können und einander erlauben, zu wachsen und sich zu entwickeln. Die Entscheidung fällt schwer, wenn wir merken, dass wir jemanden noch lieben, uns selbst aber verändern – und uns näher zur Quelle hinbewegen –, während der andere das nicht tut. Er ist nicht auf derselben Reise wie wir, und es mag sein, dass uns die Unterschiede zu groß vorkommen, um die Beziehung fortzusetzen. Es ist *nicht* unser Fehler, dass wir uns ändern, und falls der Partner uns dessen beschuldigen will, können und werden wir das als Teil des Prozesses loslassen. Denken Sie daran: Dieser Prozess bringt Sie nicht dazu, sich zu ändern, er stellt nur Ihren Wunsch, sich zu ändern, in den Fokus und gibt Ihnen das Werkzeug in die Hand und die innere Kraft, diesen Wandel in sich vorzunehmen. Sobald Sie ein klares Verständnis für den Ort haben, den Sie Ihr Zuhause nennen, haben Sie ein festes Fundament für Ihren persönlichen Wandel, egal, ob dies innerhalb oder jenseits einer Partnerschaft geschieht.

In der Vergangenheit wusste ich nicht, was es bedeutete, ein Zuhause zu haben. Ich dachte (merke: nicht *fühlte*, sondern *dachte*), dass ein Zuhause ein Ort mit Möbeln und Besitztümern war, in dem Menschen nur eine geringe Rolle spielten. Auf meiner Reise zur Quelle entdeckte ich dagegen, dass die Dinge, die ich besaß, *gar keine* Bedeutung hatten. Genau zu dieser Zeit wurde nämlich bei mir eingebrochen, und Dinge, die ich für sehr wertvoll gehalten hatte, waren für immer verloren. Dadurch veränderten sich meine Gefühle zu dem Ort, an dem ich lebte. Einerseits war er durch diesen Einbruch in meine Privatsphäre wie vergiftet, andererseits wachte ich am nächsten Morgen mit einem seltsamen Gefühl der Befreiung auf. All die Dinge, die ich so verzweifelt gehegt und gepflegt hatte, waren verschwunden, ich aber war am Leben. Ich fühlte mich jetzt nicht kleiner, sondern frei. Und als meine Freunde mir Liebe und Mitgefühl entgegenbrachten, verließ auch das Gefühl der Verletzlichkeit das Haus. Die Fürsorge, die sie für mich aufbrachten, überdeckte den Übergriff, und mir wurde langsam klar, dass eigentlich nur die Menschen von Bedeutung waren. So einfach war das. Menschen, die sich für mich interessierten und mir durch solche Dinge wie Blumen und Essensgaben ihre Liebe zeigten. Ich begann, die wahre Bedeutung des Wortes Zuhause zu begreifen.

Vor noch längerer Zeit, die mir jetzt wie ein früheres Leben erscheint, lebte ich in einer Beziehung mit einem Mann, der ebenfalls nicht wusste, was ein Zuhause ist. Er brachte seine Vorstellungen davon mit und erschuf sie an dem Ort, an dem wir lebten, neu. Es war eine Zeit ständigen Lärms, mit viel Alkohol und reichhaltigem Essen, vielen Partys und einem ständigen Kommen und Gehen von Leuten. Er sorgte für den Lärm, weil er Angst vor Frieden hatte und die Stille hasste. Und weil er vor allem Tod und Vergessen fürchtete, füllte er, um diese Dinge nicht spüren zu müssen, das Haus mit Leben. Es gab keinen einzigen friedlichen Winkel darin, und meine innerlichen Schreie nach Ruhe blieben bei dem ständigen Grundpegel von Musik und Gelächter unbeachtet. Schließlich trennten wir uns. Ich wünsche ihm, dass er glücklich ist. Ich wünsche ihm einen ruhigen Winkel, in dem er jetzt Frieden findet. Mother Shipton war damals noch nicht wieder in mir aufgetaucht, sodass ich mich total allein fühlte. Ich war damals taub und blind durch die Depressionen meines Partners und fiel tief in den täuschenden Irrsinn des Neumondes hinein.

Ich fühlte mich gehässig und gemein. Nach diesen Partys, bei denen ich oft nicht einmal anwesend war, da ich mir inzwischen – um ein wenig Ruhe zu haben – einen Arbeitsplatz außerhalb unseres Hauses gesucht hatte, machte ich wie besessen sauber. Als Dinge aus dem Haus zu verschwinden begannen, hatte er keine Ahnung, wie das passieren konnte. Mir war, als hätte ich gar kein Zuhause. Sollte Ihnen hier irgendetwas bekannt vorkommen, tappen Sie bitte nicht in die Falle, den anderen dafür verantwortlich machen zu wollen. Er hat das einzige Zuhause aufgebaut, das er kennt, während Sie ebenfalls das Ihre mitgebracht haben. Manchmal ist einfach nur die Vorlage verkehrt, und das kann an einem Partner oder auch an beiden liegen. Deshalb frage ich als Therapeutin, wenn ich Menschen behandle, die aufgrund wiederkehrender Partnerprobleme zu mir kommen, warum sie ihrer Meinung nach bestimmte »Fehler«, wie z. B. sich einen Alkoholiker oder gewalttätigen Partner zu suchen, immer wieder machen. Die Antwort ist einfach: *Wir* suchen ihn uns unbewusst aus. Das ist wie bei einem Puzzle: Wir passen zusammen, weil wir schon wissen, wie wir uns unter so eigenartig dysfunktionalen Umständen zu verhalten haben, und am Ende glauben wir, dass diese Art zu leben, dieses Muster unausweichlich ist. Aber das stimmt *nicht*. Wir können den Neumond dazu verwenden, uns Klarheit darüber zu verschaffen, worauf es uns bei einem Zuhause wirklich ankommt. Bei Neumond können wir deutlich erkennen, was in unserem Zuhause fehlt. Fehlt das Herz darin, fehlt die Sicherheit? In der Leere des Neumondes können wir uns erlauben, uns das bislang Undenkbare vorzustellen. Was wäre, wenn Sie morgen alles verlören? Worum würden Sie trauern? Ein sehr seltsames Gefühl.

Vor vielen, vielen Monden verließ ich den Ort, den ich damals mein Zuhause nannte. Ich nahm die Uhr, die ich zum Examen bekommen hatte, ein paar Fotos, einen alten Teddybären und ein paar Klamotten mit. Vermisste ich noch etwas? Nein. Gegenstände lassen sich ersetzen. Und die Dinge, mit denen ich meinen Raum angefüllt hatte, waren schnell vergessen. Jetzt war ich nicht mehr durch die Dinge, die ich besaß, bestimmt. Da ich damals die Lektion noch nicht ganz gelernt hatte, musste ich sie so lange wiederholen, bis ich verstand. Ich füllte also meine neue Behausung wieder mit Gegenständen, Besitztümern, die ich abermals verlieren musste. Fragen Sie die Menschen, die ein Feuer im Haus oder eine andere zerstörerische, ihr Zuhause vernichtende Naturgewalt erlebt haben – sie werden alle Ähnliches erzählen. Andenken sind das Einzige, was sie gern gerettet hätten. Nur das, was unersetzbar ist, also die Erinnerungen, nicht die finanziell wertvollen Dinge.

Ein Zuhause ist ein Ort, an dem man Erinnerungen schafft und bewahrt. Nichts weiter. Wenn Sie bei Neumond das Fehlen eines eigenen Heimes durchlebt haben, wissen Sie, dass es ein Ort ist, den Sie bei sich tragen. Es ist kein physischer Ort im augenfälligen Sinne, sondern ein mentaler Raum. Das Zuhause wird zu einem Ort, den Sie, egal wohin Sie gehen, immer mitnehmen können. Für mich bedeutet Zuhause inzwischen: Zeit mit meinem Mann, Kontakt mit meinen Freunden, Zugang zu Büchern und Raum zum Schreiben. Ich kann überall zu Hause sein. Unser Zuhause ist etwas, das wir uns selbst erschaffen, es ist der innere Frieden, der aus dem Wissen entsteht, dass wir in diesem Moment genau richtig sind.

Wenn wir unser Zuhause bei Neumond betrachten, werden alle Bereiche, die darin fehlen, beleuchtet. Wenn der Frieden oder die Zeit füreinander oder die Liebe fehlen, dann gilt es, das festzustellen. Wenn wir unser derzeitiges Zuhause nicht so formen können, dass es uns gibt, was wir brauchen, um uns sicher zu fühlen, ist es an der Zeit, etwas zu verändern. Die Tatsache, dass wir einen Mangel in unserem Leben zu Hause entdecken, bedeutet nicht unbedingt, dass wir diesen Ort verlassen müssen. Ganz im Gegenteil, denn dies könnte sogar dazu führen, dass wir uns wieder genau dieselben Umstände erschaffen. Denn wir selbst haben ein Bild von Zuhause im Kopf, das wir immer und an jeden Ort mit uns tragen. Und dies bedeutet, dass *wir selbst* verantwortlich sind für den Ort, an dem wir leben. Vergessen Sie nicht, dass wir uns auf einer Reise befinden. Sie können nicht erwarten, Ihr Ziel unmittelbar zu erreichen. Mitunter geht es darum, erst einmal zu merken, wo man sich gerade befindet, um sich dann in die richtige Richtung weiterbewegen zu können.

Denken Sie daran, dass Sie entscheiden, welcher Weg für Sie am besten ist, um sich in Trance zu begeben. Sie können sich vorstellen, jetzt gleich an der Handlung teilzunehmen, oder – direkt heute vor dem Schlafengehen – von dreihundert bis null zählen und für jede Zahl einen Ausatem verwenden. Wie schon gehabt, befinden Sie sich, wenn Sie bei null angelangt sind, oberhalb der Felsstufen. Mit jedem Mal werden Sie sicherer beim Hinuntergehen, da Ihnen die Landschaft immer vertrauter wird. Achten Sie auf Ihre Umgebung. Die Stufen sind jetzt hell erleuchtet, sodass Sie sich noch sicherer fühlen können.

Unten angelangt, stehen Sie wieder einmal in dieser wunderschönen friedlichen Landschaft, die Sie bereits kennen. Spüren Sie den Frieden, der Sie an diesem Ort umgibt, und nehmen Sie noch mehr Einzelheiten in der Landschaft wahr als bisher. Da sind blühende Wiesen und Felder mit goldenem Weizen, die sich sanft im Wind wiegen. Beachten Sie auch die Geräusche der Natur.

Da ist das Rauschen eines Flusses. Gehen Sie auf ihn zu. Dort stehen Schilf, Gräser und Bäume. Lassen Sie sich von einem ganz bestimmten Baum anziehen. Es ist ein alter *Duir* – eine Eiche – mit einem soliden Stamm und knorrigen Wurzeln, die sich zu Ihren Füßen tief in die Erde graben. Dieser Baum ist stark. Legen Sie sich im Schutz der Eiche hin und schließen Sie die Augen. Die Eiche bildet das Tor zu einem tieferen Wissen.

Achten Sie auf Ihre Atmung, während Sie unter der Eiche ruhen. Nehmen Sie das Rauschen der Blätter in den Ästen wahr, als wäre es der Atem des Baumes. Mit der Zeit werden Sie feststellen, dass sich Ihr Atem mit dem Baum zu synchronisieren beginnt, und Sie verbinden sich mit ihm als lebendigem Wesen. Der Baum lädt Sie ein, seine Essenz mit ihm zu teilen, zu erfahren, wie es ist, ganz natürlich über uraltes Wissen zu verfügen und mit der Erde verbunden zu sein. Lassen Sie sich treiben und erlauben Sie dem Baum, Sie auf eine Reise durch seine Wurzeln und Äste mitzunehmen.

Zunächst führt er Sie ganz tief in seine Wurzeln hinein. Sie spüren die Verbindung mit der Erde.

Jetzt führt er Sie durch seinen Stamm hindurch. Sie spüren seine Stärke.

Schließlich reisen Sie mit ihm durch seine Äste bis hinauf zum obersten Blatt, wo Sie Bewegung spüren, weil der Wind es umherweht. Sie erlauben dem Wind, Sie zu bewegen, denn Sie sind in Sicherheit. Der Baum teilt drei Qualitäten mit Ihnen: Verbundensein, Stärke und Flexibilität.

Verabschieden Sie sich nun von dem Baum und gehen Sie zurück durch die Landschaft zur Treppe. Während Sie die Stufen hinaufsteigen, fühlen Sie sich noch immer mit der Eiche und den Qualitäten verbunden, die sie mit Ihnen geteilt hat. Diese Qualitäten werden Ihnen zugänglich sein, wann immer Sie sie brauchen.

Sobald Sie wieder auf der obersten Treppenstufe angelangt sind, können Sie die Augen öffnen.

Ruhen Sie sich noch einen Moment aus und lassen Sie die Erfahrung nachwirken. Wenn Sie etwas notieren wollen, tun Sie dies in Ihrem speziellen Notizbuch. Andernfalls lesen Sie jetzt weiter.

Mother Shipton schreibt:

Klären, läutern und bannen, dein Heim braucht
Herz und Geist,
mit Licht und Wärme hier sind keine alten Schatten
mehr in Eck und Winkel. Das Heim ist, wo die
Liebe nah, es ist nicht Hölle jetzt, ist Himmel.

Abschlussritual

Richten Sie sich einen Platz ein, den Sie Ihren Vorfahren widmen. Wie bei einer Herdstelle, wo sich die Wärme konzentriert und die Menschen zusammenkommen, ist der den Vorfahren gewidmete Platz ein Sammelpunkt für positive Energie.

Dort stellen Sie Andenken und Fotos von Menschen auf, die Ihnen nahestehen oder -standen und Ihnen Liebe geschenkt haben. Fotos von Menschen, die nicht in diese Kategorie passen, haben hier nichts zu suchen. Durch die Einrichtung eines solchen Platzes in Ihrem Heim verbinden Sie sich mit den Menschen, die Ihren Sinn für ein echtes Zuhause stärken.

Zünden Sie nun eine Kerze an dieser Stelle an (am besten in einem Glasbehälter, damit Sie sie gefahrlos herumtragen können) und bitten Sie jeden Einzelnen von den Personen, denen Sie diesen Ort gewidmet haben, der Kerzenflamme etwas Liebe zu schenken. Nun können Sie mit der Kerze durch Ihre Wohnung oder Ihr Haus gehen, überall dorthin, wo Sie zuvor gewesen sind. Beleuchten Sie alle Ecken und dunklen Winkel mit diesem Kerzenlicht. Damit fordern Sie dem Raum um Sie herum die Liebe ab, die Ihnen andere geschenkt haben. Sie verwandeln ihn in ein Heim, das mit Liebe gefüllt sein soll.

Den Platz, den Sie den Vorfahren gewidmet haben, können Sie nutzen, wann immer Sie es brauchen. So zum Beispiel zu einem Todestag oder wenn Sie jemandem aus dieser Gruppe, der physisch für Sie gerade nicht erreichbar ist, besonders nahe sein möchten. Zünden Sie dazu vor dem entsprechenden Foto eine Kerze an und schließen Sie die Augen. Rufen Sie die Person in Ihre Gedanken hinein. Verbringen Sie so viel Zeit mit ihr, wie Sie brauchen. Bitten Sie sie um ihre Liebe und Unterstützung und sprechen Sie mit ihr. Pusten Sie die Kerze aus, wenn Sie fertig sind.

Damit füllen Sie Ihren Wohnbereich mit einer starken liebenden Energie an, die Sie schützen wird. Ihr Gefühl zu Ihrem Heim wird sich ändern. Wenn Sie sich an diesen speziellen Platz gewöhnt und mit ihm verbunden haben und sich wohl damit fühlen, schlagen Sie wieder Ihr Notizbuch auf, und zwar auf der Seite, wo Sie Ihre Gefühle zu dem Ort, an dem Sie wohnen, notiert hatten. Entweder Sie oder der Ort selbst werden bald bereit sein für den Wandel, der ihn zu einem echten Zuhause werden lässt.

Kapitel zehn

Zunehmender Mond – Sie sind nicht Ihre Vergangenheit

Ritual

Mother Shipton schreibt:

Durchtrenne den Gordischen Knoten.
Zieh nicht an den Enden.
Erschaffe deine TraumZeit, um die Luft,
die dich umgibt, zu atmen.
Tu es jetzt und sieh das Chaos schwinden.

Anfangsritual

Beginnen Sie nun, den Zeiten zwischen Wachen und Schlafen Ihre Aufmerksamkeit zu schenken. Es sind diese Momente am Abend, wenn Sie zu Bett gegangen sind, aber noch nicht eingeschlafen sind. Nehmen Sie wahr, wie warm und schwer sich Ihr Körper anfühlt und was Sie denken. Nehmen Sie es einfach nur zur

Kenntnis. Jetzt ist das Bewusstsein über die jüngste Vergangenheit – über den Tag, der gerade vergangen ist – am stärksten. Seien Sie sich zunächst einfach nur dieses Übergangszustandes bewusst. Was zu tun ist, werden Sie im Abschlussritual erfahren.

Bevor ich mich an Mother Shipton wandte, war mein Leben ein einziger Teufelskreis. Ich schien immer wieder auf bestimmte Vorstellungen über mich und die Welt, auf dasselbe Verhalten und sogar auf dieselbe Art von Beziehungen hereinzufallen. Die Ereignisse schienen sich zu wiederholen. Mit anderen Menschen und an anderen Orten zwar, aber immer mit demselben Ergebnis, mit mir als immer derselben. Es schien eine gewisse Unausweichlichkeit in meinem Leben zu geben bezüglich dessen, wie mein Leben in der Zukunft aussehen würde, als wäre darin bereits alles festgelegt. Meine Vergangenheit schien zugleich meine Zukunft zu sein. Selbst wenn ich mich auf einen, wie ich dachte, neuen Weg aufmachte, nahmen die alten Gewohnheiten überhand, und wieder geriet ich in dasselbe Fahrwasser. Vor lauter Frust versuchte ich alles Mögliche, um meinen Mustern zu entkommen, aber ich scheiterte unausweichlich. Denn ich erschuf mir meine Muster selber, obwohl ich damals nichts davon wissen wollte. Wir können einfach nicht vor uns selbst davonlaufen.

Als ich endlich das Stadium erreicht hatte, in dem ich bereit war, Mother Shiptons Rat anzunehmen, hatte ich die Hoffnung, ich könnte mich ändern, längst verloren. Waren wir nicht alle Produkte unserer Erziehung und unserer Erfahrungen?

Mother Shipton lehrte mich, dass dies zwar stimmen mag, aber längst nicht alles ist. Sie lehrte mich, dass das Meiste von dem, was ich für tief verwurzelte, unveränderliche Charakterzüge hielt, einfach nur Gewohnheiten waren. Es waren Muster, nach denen ich mich richtete, aber sie waren nicht *ich*. Mother Shipton erinnerte mich an die ursprüngliche Bedeutung des Wortes »Gewohnheit«. Eine Gewohnheit war einfach nur etwas, worin man sich wohnlich einrichten, was man nach Bedarf jedoch auch wieder verlassen konnte. Wir sind *nicht* unsere Verhaltensweisen, genau wie wir uns nach Bedarf in unseren Gewohnheiten häuslich einrichten oder uns ein anderes »Zuhause« suchen können. Sobald uns das klar wird, haben wir wieder die Wahl. Ich verhielt mich jetzt Ereignissen gegenüber nicht mehr reflexartig, sondern nahm mir Zeit, um zu *entscheiden*, wie ich reagieren sollte. Das war natürlich zunächst schwer, aber als ich den Trick mit dem Nachtnetz, den ich Ihnen am Ende dieses Kapitels im Abschlussritual beibringen werde, erst einmal zu nutzen gelernt hatte, fiel es mir viel leichter. Es ist eine Art Gedächtnistraining; genau wie wir vor vielen Jahren unser Gedächtnis trainiert haben für die Gewohnheiten, die uns schadeten, sind wir jetzt so weit, uns bewusst heilende Gewohnheiten anzutrainieren. Das geschieht nicht sofort. Es dauert etwa drei Wochen, also einundzwanzig Nächte, bis das Training wirkt und wir »vergessen«, dass wir etwas anders machen. Die Mühe nimmt mit jedem Tag ab, bis unsere neue Art zu reagieren zu einem natürlichen Standard wird.

Nun geht es jedoch darum, die Bedeutung dieses Vorgangs für unsere Verbindung zur Quelle zu erkennen.

Dabei geht es vor allem um unsere Beziehung zur Vergangenheit. Vielleicht ist sie für Sie die allerschönste Zeit gewesen. Oder aber das genaue Gegenteil. Für viele von uns ist sie eine Mischung aus beidem. Außerdem hängt es von unserem jetzigen Zustand ab, wie wir auf sie reagieren. Über unser Gedächtnis nämlich greift unser Gehirn auf ähnliche Erfahrungen zurück. Wenn wir uns also geknickt fühlen, assoziiert das Gehirn Erinnerungen an das Geknicktsein. Wenn wir uns euphorisch fühlen, werden auch diese Verbindungen weiter verstärkt, die mentalen Muster aktiviert. Unsere Vergangenheit ist ein mentaler Zustand und keine absolute Wirklichkeit. Es ist unsere Wahrnehmung der Vergangenheit und nicht eine sorgfältige Aufzeichnung der Ereignisse. Für manche Menschen ist die Vergangenheit realer als ihre Gegenwart, weil sie die früheren Ereignisse permanent neu erleben. Wenn dies geschieht, bleibt in unserer inneren Wirklichkeit wenig Raum für die Zukunft.

Damit möchte ich verständlich machen, dass nicht alles, was wir über unsere Vergangenheit glauben, eine Tatsache oder unabänderliche Begebenheit ist. Unsere Vergangenheit ist ein beweglicher Feiertag, der sich mit jedem Tag entwickelt, mit dem sich unsere Wahrnehmung über uns und das Leben, das wir führen, verändert. Wir passen unsere Vorstellungen und Gefühle aus der Vergangenheit an das an, was uns gerade jetzt geschieht, damit es passt. Oft werden wir etwas, was wir getan haben, vergessen, vor allem dann, wenn es uns in keinem guten Licht dastehen lässt. Ebenso können wir Gutes oder Schlechtes, was andere getan haben, vergessen, je nachdem, was für Gefühle wir dieser Person gegenüber jetzt hegen. Es ist leicht, etwas Positives aus unserer Vergangenheit zu idealisieren. Ebenso leicht ist es, sich an etwas Schlechtem festzuhalten und weiter zu leiden. Für alles, was unsere persönliche Vergangenheit betrifft, sind wir die Urheber, was nicht heißt, dass wir uns anlügen oder aktiv versuchen würden, die Vergangenheit zu verändern. Aber es gehört zur menschlichen Natur und zum menschlichen Verhalten, die Vergangenheit zu ordnen, damit wir sie (und uns) besser verstehen. Auf diese Weise können wir uns eine Version davon erschaffen, die zu unseren jetzigen Bedürfnissen passt.

In dem Wissen darum ist es am einfachsten, wenn wir uns klarmachen, dass, egal wie gut das Abendessen gestern war, uns die Erinnerung daran heute nicht mehr satt machen wird. Die Vergangenheit ist da, damit wir aus ihr lernen, und nicht, um sie neu zu durchleben oder zu bedauern. Letzteres bringt uns wenig für die Zukunft und ist nur von geringem Wert für die Gegenwart. Der einzige echte Wert der Vergangenheit besteht darin, dass sie uns hilft zu verstehen, dass nur wir allein die magischen Muster gestalten, die wir in unser Leben hineinlassen, und dass in unserer inneren Wirklichkeit nichts festgelegt ist, es sei denn, wir legen es durch unsere Gemütslagen fest. Gute Erinnerungen sammeln sich um gute Erinnerungen herum an, aber dies geschieht nur, wenn wir beim Schlafengehen in einer guten Gemütsverfassung sind. Andersherum sammeln sich schlechte Erinnerungen um die schlechten an, wenn wir mit schlechter Laune ins Bett gehen. Wir selbst diktieren, was erinnert wird, was im Gedächtnis bleibt und auf welche Weise. Deshalb ist die Gemütsverfassung, die wir mit uns in den Schlaf nehmen, so wichtig.

Während wir schlafen, gehen wir jede Nacht in einen anderen Bewusstseinszustand, der sich mit dem Fortschreiten des Schlafes verändert und entwickelt. Unsere Gemütsverfassung nehmen wir ebenfalls dorthin mit, so dass sich auch unsere Erinnerung an die Ereignisse des Vortages entsprechend formt. Im Schlaf gibt unser Verstand der Erinnerung gewissermaßen Kurzbefehle, die auf diesen emotionalen Zuständen gründen. Unser Verstand durchläuft im Schlaf viele verschiedene Prozesse, darunter auch ein Set an Sequenzen, die uns helfen zu entscheiden, wie wir auf die nächsten vierundzwanzig Stunden reagieren sollen.

Während des REM-Schlafs (Rapid Eye Movement, auch paradoxer Schlaf genannt) kommen wir in die Phase der Informationsverarbeitung, die uns hilft, die Ereignisse des vergangenen Tages in einen Kontext zu stellen und uns in eine bessere Verfassung zu bringen, als wir es vorher waren. Diese Phase unterstützt uns auch darin, Ideen zu entwickeln dafür, wie wir – auf der Grundlage unserer Erinnerungen daran, wie wir auf Ähnliches reagiert haben – mit den Ereignissen des kommenden Tages umgehen können. Wenn wir im wachen Zustand etwas müde oder abwesend sind, haben wir oft so ein Déjà-vu-Erlebnis. Das liegt daran, dass unser Verstand die Dinge, die gerade geschehen, schon erlebt hat. Er hat sie während unseres Schlafs erschaffen und mental so gut geübt, dass wir fühlen und denken, es sei uns bereits geschehen. Außerdem haben wir das Ereignis ja tatsächlich schon erlebt. Denn dadurch, dass unser Verstand die Szene während des Schlafs bereits durchgespielt hat, werden wir diese Projektion, weil wir müde sind, mental ein kleines bisschen vor dem Ereignis erleben. Wir fühlen uns, als wüssten wir schon, was uns gerade passiert.

Besonders erstaunlich finde ich es dann, wenn sich das Ereignis genau so abspielt, wie ich es bereits erlebt habe. Mich erstaunt, dass die meisten Menschen das einfach hinnehmen und kein Bedürfnis verspüren zu begreifen, wie lebensverändernd das Wissen darüber ist, dass wir tatsächlich unsere Zukunft vorhersagen können! Für mich ist es das Paradebeispiel für die tagtägliche Magie, die die meisten von uns unter den Teppich kehren oder erst gar nicht zur Kenntnis nehmen.

Als ich unter Mother Shiptons Führung zu arbeiten begann, erkannte ich, dass ich meine Umwelt mit diesem Wissen verändern konnte. Ich beschloss, es für die Planung meiner Zukunft zu verwenden. Dadurch, dass ich mich vor dem Schlafengehen in eine positive Gemütsverfassung versetzte, konnte ich entscheiden, welche Erinnerungen für mich Wirklichkeit werden sollten und wie ich dann die Welt um mich herum erleben würde. Mit diesem Wissen konnte ich meine unmittelbare Zukunft planen und vorhersagen. Ich brachte die Magie jenseits von mir und meiner inneren Welt in die äußere Wirklichkeit. Sie bekam dadurch etwas, was andere sehen und hören und fühlen konnten. Dieses Gefühl, mein Leben Tag für Tag als eine Sequenz von Ereignissen zu erleben, schon bevor sie eigentlich geschahen, war für mich erstaunlich. Ich war dabei, Magie geschehen zu lassen, und konnte spüren, wie die Quelle in mir und um mich herum anfing zu arbeiten.

Beschreiben kann ich dieses Geschehen nur in der Weise, dass es sich ein wenig so anfühlt, als würde ich meine Hand ins Wasser drücken. Ich kann nur verdrängen, was sich direkt um meine Hand herum befindet, und wenn ich sie wegnehme, füllt das Wasser den Raum sofort wieder auf. Das ist die Natur sich ändernder Wirklichkeit, selbst wenn es nur ein kurzer Moment ist. Man könnte hier sogar den Schmetterlingseffekt der Chaostheorie mit ins Spiel bringen. Dadurch, dass ich positive Gefühle in meinen Nachtschlaf Einzug halten ließ, schuf ich mir eine positive emotionale Vorlage für die Zukunft. Ich war dabei zu lernen, meine Gefühle bezüglich der Zukunft zu *planen*, und immer wenn es gelang, stärkte dies meine Fähigkeit, mich unabhängig von den Ereignissen auf Glück und Erfolg auszurichten.

Tatsache ist, dass Sie schon jetzt Ihre Zukunft vorbereiten, obwohl Sie sich dessen nicht bewusst sind. Wegen dieses Mangels an Bewusstsein darüber erlauben Sie dem Standardprogramm in Ihrem Kopf abzulaufen, das wiederum Ihrem Unterbewusstsein erlaubt, Ihre Zukunft auf der Grundlage Ihrer Vergangenheit zu formen. Das tut es, weil Sie ihm nichts anderes vorgeben. Wenn Sie sich also derzeit schlafen legen, lassen Sie die Ereignisse des Tages einfach noch einmal durchlaufen. Dessen sind Sie sich mit höchster Wahrscheinlichkeit nicht bewusst. Manchmal werden Sie es beim Einschlafen registrieren, und zwar dann, wenn ein besonders ärgerliches oder schlimmes Ereignis den Schalter betätigt und Ihnen den Gedanken bewusst macht. Die meiste Zeit aber erlauben Sie diesem Programm, ohne Einschränkung zu laufen. Das einzige Problem dabei ist, dass Sie auf diese Weise alle Tagesereignisse in Ihre innere Welt – und damit auch in Ihre innere Wirklichkeit – eindringen lassen und Letztere damit beeinflussen. Damit Ihre magische Zukunft und die Verbindung zur Quelle eine starke Wirklichkeit werden kann, müssen Sie jedoch beginnen, die Gedanken und Gefühle, die Ihrer Zukunft potenziell schaden können, herauszufiltern. Nicht alles braucht einzudringen. Und deshalb werden Sie sich einen Filter bilden, durch den nur das Positive und Nützliche in Ihren inneren Raum hineinkommt.

Als ich dieses Wissen erst einmal hatte, beschloss ich, mir die Mühe zu machen, meinen nächsten Tag richtig zu planen. In den Momenten zwischen Wachen und Schlafen, d. h. meist ohne bewusst wahrzunehmen, was ich da tat, übte ich mental, Reisen, Gespräche und unerwartete Begegnungen zu gestalten. Inzwischen ist mir das zu einer Gewohnheit geworden.

Und nun möchte ich Sie einladen, damit zu experimentieren. Erschaffen Sie sich die Stimmung und das Ergebnis. Fokussieren Sie die positiven Dinge, die Ihnen in den letzten vierundzwanzig Stunden zugestoßen sind. Träumen Sie sich dann in die nächsten vierundzwanzig Stunden in einer idealen Welt. Natürlich bekommen Sie nicht immer das Ergebnis, das Sie erwarten, aber dadurch, dass Sie Ihren Anteil an den Ereignissen planen, stellen Sie sicher, das Sie die bestmögliche Erfahrung machen werden. Verlassen Sie sich jetzt nicht mehr auf Ihre Erinnerungen, um die Bilder Ihrer Zukunft zu malen. Erlauben Sie sich, sich auf erfolgreiche Begegnungen zu freuen und sie zu planen.

Und das Großartigste daran ist: Je häufiger das passiert, desto mehr positive Erinnerungen werden Sie sammeln und desto wahrscheinlicher wird es, dass Ihnen Positives geschieht. Sie werden sich auf Ihr Leben freuen und diese Einstellung und die positiven Bilder von der Zukunft in Ihre Träume mitnehmen, wo Sie dann weiter mit ihnen arbeiten. Auf diese Weise sind Sie nie enttäuscht von den Ereignissen, denn Ihre Träume erlauben Ihnen, sogar mit Enttäuschungen spielerisch umzugehen. Sie erschaffen sich einen Zustand, in welchem Sie normalerweise in der Lage sein werden, unabhängig vom tatsächlichen Ergebnis etwas Positives daran zu finden. Das ist sowohl realistisch wie positiv und erlaubt Ihnen, sich selbst besser zu verstehen und – egal was passiert – davon zu profitieren. Das ist eine seltsame und wunderbare Erfahrung zugleich, Sie werden sehen. Es ist, als hätte man ein Geheimnis, das – selbst wenn man es jemandem zu erklären versuchte – diesen nur dazu brächte, entweder verständnislos dreinzuschauen oder schleunigst Reißaus zu nehmen. Magie braucht mitunter den Mantel des Geheimnisses. Behalten Sie dieses Wissen daher für sich und lassen Sie es die anderen selbst entdecken, die den Wandel in Ihnen schnell genug bemerken werden.

Abschlussritual

Nehmen Sie sich ab jetzt beim Zubettgehen immer einige Augenblicke Zeit, um sich ein Netz vorzustellen, das über Ihrem Kopf aufgespannt ist. Nehmen Sie ein Spinnennetz oder ein Netz aus wunderschönen silbernen Seidenfäden. Auch ein traditionelles Mandala oder ein Traumfänger sind geeignet. Nutzen Sie das Bild, das Sie am meisten inspiriert. Lassen Sie das Bild vor Ihrem inneren Auge so klar wie möglich erscheinen. Als Nächstes sagen Sie sich, dass alle Ereignisse des Tages nun durch dieses Netz in Ihren Geist gelangen dürfen. Alle Ihre Gedanken werden durch das Netz über Ihnen geschleust. Vielleicht bemerken Sie Gegenstände und Bilder, die im Netz hängen bleiben, vielleicht verfärbt es sich sogar an Stellen, wo Gedanken aufgehalten wurden. Nur die Ereignisse des Tages, die Ihr Lernen fördern oder einen positiven Gemütszustand stärken, werden hindurchgelangen. Machen Sie sich keine Sorgen um das, was im Netz abgefangen wird. Wenn Sie schlafen, wird es gereinigt und geflickt, und alles, was darin hängen blieb, wird aus Ihren Gedanken gestrichen. Ab jetzt wird nichts mehr durchdringen, das Ihnen schadet. Nichts, was Sie daran hindern könnte, Ihre Verbindung zur Quelle zu stärken, wird das *Web of Wyrd, das* Schicksalsnetz durchdringen. Denn das ist es, was Sie sich erschaffen – ein Schicksalsnetz. Ab jetzt wird dadurch, dass Sie Ihre Lebenserfahrung filtern und nur an Bord holen, was Ihnen hilft, alles viel klarer für Sie werden. Sie werden leichter wissen, was Sie zu tun haben. Sie werden wissen, was gut und was schädlich für Sie ist. *Wyrd* – das Schicksal – wird nun, da Sie sich diesen Filter eingerichtet haben, zu einem Teil Ihres Lebens. Mit jedem Tag werden Sie sich der positiven Faktoren in Ihrem Leben sowie des Zusammentreffens von Umständen bewusster. Sie nehmen das aufregende Potenzial deutlicher wahr, das darin liegt, sich selbst Gelegenheiten zu erschaffen und auf diese zuzugehen. Das Leben wird aufregend. Schauen Sie sich um. Alles beginnt sich zu fügen, während Ihre innere Wirklichkeit im Außen beginnt Gestalt und Form anzunehmen. Es geschieht. Erlauben Sie sich, das zu spüren.

Nutzen Sie das nächtliche Netz, wann immer Sie einen besonders schweren Tag gehabt haben oder einfach dann, wenn es sich für Sie richtig anfühlt.

Kapitel elf

Vollmond – Liebe

Ritus

Mother Shipton schreibt:

Oh Schwester Mond, schwanger und voll,
nutz deine Silber-Alchemie und erhelle meine dunkle Seite.
Gib mir die Kraft, mir zu vergeben und die Quelle zu umarmen.
Dafür will ich dein Silber mit anderen teilen.

Anfangsritual

Welche Menschen aus Ihrer Umgebung sorgen dafür, dass Sie sich *weniger* als gut in Bezug auf sich selbst fühlen? Bei denen Sie, wenn Sie sie sehen, ärgerlich oder depressiv werden? Schlagen Sie Ihr Notizbuch auf und schreiben Sie deren Namen auf. Dafür gibt es einen guten Grund: Wenn Sie in Abständen den Inhalt Ihres Buches durchsehen, können Sie überprüfen, ob es nicht noch weitere Namen gibt, die notiert werden müssen, weil Sie mit diesen Menschen noch ein Thema haben. Fürs Erste mag es jedoch damit reichen. Schlagen Sie Ihr Buch wieder zu und legen Sie es beiseite.

Wann haben Sie sich eigentlich das letzte Mal eine Auszeit genommen, entweder um einfach nichts zu tun, ganz allein, oder um sich selbst etwas zu spendieren, das nur Ihnen Freude macht? War das gestern, vor einem Monat oder vor einem Jahr? Noch nie? Kümmern Sie sich ebenso gut um sich und Ihre Bedürfnisse, wie Sie sich um andere Menschen kümmern? Es wird jetzt Zeit, dass Sie sich selbst die Liebe erweisen, die Sie von anderen erhalten möchten.

Diesmal bekommen Sie dafür die einfachste Aufgabe überhaupt. Planen Sie jede Woche Zeit für sich ein. Zeit, die Sie ganz für sich allein erübrigen und die nicht verhandelbar ist. Sie planen ja auch Dinge, die Sie nicht besonders mögen, wie z. B. einen Zahnarztbesuch oder einen Termin in der Autowerkstatt. Jetzt dagegen geht es um Sie.

Ich persönlich plane zuallererst Zeit für mich ein, eine Verabredung mit mir selbst, die ich nie in Frage stelle. Was ich in dieser Zeit mache, kann ich dann jeweils neu entscheiden – es muss nur etwas sein, was mir gefällt, nicht irgendjemand anderem. Und nun: Tagebuch raus! Jetzt! Schreiben Sie: »Zeit für mich«. Und lassen Sie es sich gesagt sein: Tun Sie es jede Woche!

Ja, ich weiß schon, was Sie jetzt denken: Leicht gesagt, aber gar nicht leicht getan. Versuchen Sie jetzt bloß nicht, diesen Teil zu übergehen, denn er ist wesentlich für Ihre Reise. Außerdem sollten Sie nicht meinen, dass Sie diese

Übung nur für eine kleine Weile machen können, um dann den Bedürfnissen Ihrer Mitmenschen zu erlauben, sich wieder bei Ihnen einzuschleichen, in der Annahme, das wäre ja nicht weiter schlimm. Ganz im Gegenteil, denn wenn Sie sich nicht selbst respektieren, werden Sie die Reise nicht vollenden. So einfach ist das. Sie müssen anerkennen und spüren, dass Sie die Reise wert sind, dass Sie bereit sind, magisch und eins mit der Quelle zu sein. Und damit Sie Teil von ihr sind und mit ihr verbunden bleiben, müssen Sie anfangen, sich so zu mögen und zu lieben, wie Sie jetzt gerade sind, und nicht erst, wenn Sie dünner oder reicher oder schlauer geworden sind. Als eine, die verloren ging und fast über die Klinge sprang, bevor sie ein Engel zurückhielt, darf ich das sagen.

Eine der schwierigsten Arten von Liebe ist die Selbstliebe. Shakespeare wusste, wovon er sprach, als er in seinem Stück *Heinrich V.* den Dauphin sagen ließ: »Selbstliebe, Herr, ist nicht so üble Sünde wie Selbstmissachtung.« Die meisten von uns wurden dazu erzogen, die Selbstliebe zu fürchten und mit Egoismus zu verwechseln. Sich selbst zu lieben hat jedoch mit Egoismus nichts zu tun. Es bedeutet, dass wir unseren Wert kennen und uns, unseren Körper, unsere Ideen und unser Recht darauf, Raum einzunehmen, lieben. Die Angst davor, arrogant zu erscheinen, treibt viele Menschen dazu, sich selbst der schlimmste Feind zu sein und sich schlechter zu behandeln, als es ein Fremder tun würde. Vielleicht wäre Selbstrespekt ein unverfänglicheres Wort als Selbstliebe. Schätzen Sie Ihre eigene Meinung. Sind Sie in der Lage dazu, nein zu sagen, ohne sich unwohl zu fühlen? Falls dem so ist, dann gehören Sie zu einer Minderheit.

Wenn wir eins werden wollen mit der Quelle, ist das jedoch die Voraussetzung.

Die Menschen, die in ihrer Quelle leben, kennen ihren Wert; sie schätzen die eigenen Fähigkeiten und das, was sie für andere tun. Viele dagegen schätzen aus Gewohnheit andere mehr als sich selbst, und das Ergebnis ist, dass sie das Leben an sich vorbeigehen lassen. Ihr Mangel an Respekt sich selbst gegenüber zeigt wiederum den anderen, wie sie Sie zu behandeln haben, so dass sie von diesen ebenso wenig Respekt erhalten. Jetzt gilt es, uns zu ändern, unser ehrliches, magisches Selbst anzuerkennen, uns aufzurichten und uns selbst mit Respekt zu begegnen.

Ich gebe zu, dass es nicht immer leicht ist, wenn wir uns ein Leben lang anders konditioniert oder womöglich – wie es bei mir der Fall war – eng an jemanden angeschlossen haben, der unseren Mangel an Selbstliebe nur allzu gern füttert. Dieser Mensch freute sich, wenn ich verwirrt und traurig war, weil er mich dann manipulieren konnte. Damals konnte ich den Schaden nicht erkennen und liebte mich selbst nicht genug, um mich von der Aufmerksamkeit, die er mir schenkte, befreien zu können. Ich konnte es auch dann nicht, wenn ich ihn zu jemand anderem sagen hörte: »Ohne mich bist du gar nichts. Da draußen ist es kalt, vergiss das nicht.« Ich hatte nicht das Gefühl, unfair behandelt zu werden, stattdessen bemühte ich mich nur umso mehr darum, den Respekt von ihm zu bekommen, den ich mir selbst nicht geben konnte. Ich war wie eine Verdurstende in der Wüste, die um ein paar Tropfen Aufmerksamkeit bettelte. Wenn ich zurückschaue, kann ich mich, ehrlich gesagt, gar nicht mehr daran erinnern, wer ich war. In diesem Abschnitt meines Lebens stand ich neben mir und war so beschäftigt damit, die Bedürfnisse anderer zu erfüllen, dass ich mich selbst völlig aus den Augen verloren hatte. Erst als ich genug von diesem leeren Leben hatte, konnte ich den Blick wieder auf mich lenken.

Stellen Sie sich einmal Newcastle im Norden Englands vor. Es war Winter, kurz vor Weihnachten. Ich war am Wochenende zum Arbeiten dort – damals verbrachte ich meine Wochenenden meist auf diese Art und Weise. Ich erinnere mich, dass es ein Freitagabend war, und Newcastle, wo man wirklich zu feiern versteht, erwachte wie jedes Wochenende zum Leben. Die nahegelegenen Hafenbecken waren voller Schiffe, und ganz in der Nähe hörte ich singende Männerstimmen und lachende Frauenstimmen. Es war noch früh am Abend, aber die Schiffe lagen bereits im Hafen, und die Seeleute waren unterwegs, um sich ordentlich zu amüsieren. Ich beobachtete sie von meinem Hotelzimmer aus, das – soweit ich mich erinnere – nett und farblos war. Das Zimmer sah aus wie viele andere, in denen ich schon gewohnt hatter. Die Einrichtung war nüchtern, mit einem Akzent maßvoller Moderne. Es gab mir ein Gefühl von Wohlsein und echter Depression zugleich. Sogar das Zimmerservice-Menü musste dasselbe sein. Ein Blick auf die Karte zeigte: Ich hatte recht. Wieder sah ich aus dem Fenster. Das Beste an dem Zimmer war entschieden der Ausblick.

Ich konnte über den Kai und die Millenniumbrücke schauen, die den Tyne sehr elegant überspannt. Die Newcastler nennen sie die »Blinzelbrücke« (*Winking Bridge*), wieso, habe ich nie herausgefunden. Jedenfalls sah sie wunderschön aus, vor allem, als es dann dunkler wurde und ihre Lichter in die Dunkelheit strahlten. Sie ließen sie noch ätherischer wirken, nicht so sehr wie eine Brücke, sondern mehr wie ein Tor in eine andere Welt. Mit der Dunkelheit kam der Schnee, und ich schaute zu, wie er sich auf den Autodächern unter mir niederließ. Ich lehnte auf dem Fensterbrett, bis ich spürte, wie kalt mir war. Das kam nicht so sehr von der Temperatur draußen, sondern ich spürte die Eiseskälte in meinen Adern. Die Kälte des Nichtvorhandenseins. Die Kälte des Raums, der dazu gemacht war, weder zu stören noch zu gefallen. Er war der Inbegriff meines Lebens. Farblos und anonym. Und all das war die Wirklichkeit. Es war meine Wirklichkeit, wie ich sie mir geschaffen oder wie ich zumindest erlaubt hatte, dass sie sich um mich herum bildete, da ich den Willen verloren hatte, mir meine eigene zu erschaffen. Ich war als Person kaum noch vorhanden. Niemand rief mich an und fragte, ob ich ausgehen wollte am Freitagabend oder überhaupt an irgendeinem Abend. Meine Fixierung auf das Arbeitsleben hatte allen früher noch vorhandenen Einladungen ein Ende gesetzt. Die Leute haben keine Lust, einen zu fragen, wenn man immer nein sagt. Während ich von oben das Straßenleben beobachtete, fühlte ich mich immer benommener. Ich erinnere mich noch, dass mir plötzlich klar war, dass ich schon in zu vielen Städten an zu vielen Wochenenden aus zu vielen Hotelzimmerfenstern geschaut hatte. Wenn ich gar nicht mehr vorhanden war, wozu sollte ich eigentlich noch weitermachen? Wer würde mich wirklich und ernsthaft vermissen? Wie kann man jemanden vermissen, der sowieso nie da ist?

Unten sah ich drei Frauen untergehakt vorbeigehen, die laut und energisch Weihnachtslieder sangen. Was sie wohl denken würden, wenn sie hochgeschaut hätten? Da verbrachte ich mein Wochenende in einsamer Klausur damit, anderen dabei zuzuschauen, wie sie Spaß hatten. Ich verschob den Fokus und betrachtete mein Gesicht, wie es sich gegen das Dunkel auf der Fensterscheibe widerspiegelte. Es war ausdruckslos. Was ich da sah, gefiel mir gar nicht, so dass ich mich ins Zimmer zurückzog. Ich stellte den Fernseher an und zappte ziellos durch die Kanäle. Der Reality-Fernseh-Himmel. Das Leben anderer, stellvertretend zu genießen von solchen wie mir, die über kein eigenes verfügten. Und jetzt? Ich konnte den Zimmerservice bestellen oder einfach hinausgehen und mich von der Millenniumbrücke stürzen. Ich erinnere mich noch, wie ich dachte, dass es wohl nicht lange dauern würde, bis man in dem dunklen kalten Fluss ertrunken wäre. Ich zog meine Stiefel an und packte mich warm ein. Zumindest würde es mir auf dem Weg dorthin nicht kalt werden.

Wenn man nüchtern und eiskalt eine solche Entscheidung trifft (ob ich zurechnungsfähig war, kann ich nicht sagen. Heute weiß ich nur, dass ich mich damals sehr wohl zurechnungsfähig fühlte; tatsächlich schien es mir das Vernünftigste und Logischste zu sein, was mir in meinem Leben je eingefallen war), geschehen einem die seltsamsten Dinge. Die Glieder bewegen sich wie von selbst. Das Herz schlägt so deutlich, als wollte es einen daran erinnern, dass man noch lebt. Das Erste, was mir einfiel, war, dass ich, da ich meine Entscheidung ja nun gefällt hatte, sie am besten auch gleich umsetzen sollte.

Wozu noch länger warten? Ich verließ das Hotel, überquerte die Straße und ging bis zur Mitte der Brücke. Es war noch früh, also auch voller Menschen um mich herum. Ich beschloss, später wiederzukommen, und errötete seltsamerweise bei dem Gedanken, ich könnte im Zentrum der Aufmerksamkeit stehen, falls jemand versuchen sollte, mich zurückzuhalten. Besser wartete ich ab. Also lief ich weiter. Lief ziellos durch die vollen Straßen. Was ich wissen wollte, war, wann diese Stadt zur Ruhe kommen würde, damit ich selbst endlich zur Ruhe kam. Also lief ich. Und lief und lief und – na ja, Sie werden sich ein Bild machen können.

Viele Stunden später war ich ziemlich weit oben auf einem großen Hügel angelangt, von wo ich auf die Stadt herunterschauen konnte. In diesen Stunden des Gehens hatte ich begonnen, mich lebendiger zu fühlen als seit Monaten. Vielleicht waren es der kalte beißende Wind und der Schnee, vielleicht war es auch die pure Anstrengung des Gehens. Ich könnte nicht sagen, was ich damals dachte, aber ich weiß noch, dass es sich gut anfühlte. Es hatte den ganzen Abend beharrlich weiter geschneit. Der Wind wirbelte den Schnee auf und häufte ihn in allen Winkeln an, sodass die Häuser darin wie eingebettet wirkten. Die normalerweise düsteren Gebäude wurden so in Weihnachtsdekorationen, ja fast in Spielzeuge für die Weihnachtszeit verwandelt.

In der Ferne konnte ich einzelne Geräusche aus der Stadt hören, hier auf der ansteigenden Straße jedoch war ich allein. Fast. Als ich nach oben schaute, sah ich eine junge Frau. Sie war nicht wetterfest gekleidet, trug nur ein winziges Kleidchen und Schuhe mit hohen Absätzen.

Ich konnte sie kaum sehen, da sie sich mit dem Rücken zur Bushaltestelle ellbogentief in den Schnee gesetzt hatte. Auch auf ihrem Kopf und ihren Schultern hatte sich der Schnee niedergelassen. Ich stieg den Hügel weiter hinauf in der Sorge, sie könnte sich zu Tode frieren oder habe das bereits getan. Ich wollte mich vergewissern, dass alles mit ihr in Ordnung war.

Als ich bei ihr angekommen war, schüttelte sie den Schnee ab und schaute ruhig zu mir auf. »Na, willste'n paar Chips, Süße?« Sie griff in die Papiertüte in ihrem Schoß und zog ein paar feuchte Chips heraus. »Halten dich auf alle Fälle warm«, murmelte sie und begann zu lachen. Unwillkürlich stimmte ich mit ein. »Mein Karren ist da.« Dazu wedelte sie unbestimmt in Richtung eines sich von unten zu uns heraufquälenden Busses. Ich half ihr hoch und in den Bus. Erst da sah ich plötzlich die kleinen, mit feuchten Federn versehenen Nylonflügel, die an ihren nackten Schultern festgeschnallt waren.

Sie winkte mir vom Rücksitz des Busses zu, als ihr »Karren« sie zurück in den Himmel fuhr. Ich musste lachen und lachte auf dem ganzen Weg zurück zum Hotel. Ich lachte so lange, bis ich weinen musste. Ein Engel hatte mir in dieser Nacht das Leben gerettet. Und noch dazu an einem Ort, wo ich am allerwenigsten danach gesucht hätte. Ich kehrte in mein Zimmer zurück und bestellte, immer noch lachend, ihr zu Ehren einen Teller Chips. Ich wusste nun, dass ich nicht mich töten, sondern dem Leben, das ich führte, und dem Mädchen aus Eis, zu dem ich geworden war, ein Ende machen wollte. Sie war plötzlich kalt und hart und widerlich in meinen Augen. In ihren Aktionen und Reaktionen auf ihre Umgebung war sie – zum Teil durch einen bestimmten Mann, aber vor allem durch ihre eigene Schwäche – dressiert worden wie ein Hund. Schon in meiner Verzweiflung damals konnte ich sehen, dass ich niemand anderem die Schuld für das zuschieben konnte, was aus mir geworden war. Ich musste die Verantwortung für mich übernehmen und ihr, statt sie zu töten, eine Atempause gönnen. Ruhe und Frieden, was sie beziehungsweise ich in dem Leben, das wir führten, nicht kannte. Sie ist es, die jetzt oben auf dem schottischen Berg schläft. Ich hörte auf, sie zu hassen, und begann zu verstehen, wie sie zustande gekommen war. Mit Mother Shiptons Hilfe gewann ich langsam die Kontrolle wieder.

Jetzt geht es darum, dass Sie lernen, Ihre innere Wirklichkeit zu lieben und Ihren Träumen und Hoffnungen Form zu geben, als wären sie bereits Wirklichkeit. Denn das sind sie in Wahrheit – längst bereit dazu, aus Ihrer inneren in die äußere Wirklichkeit überzuwechseln.

Mother Shipton schreibt:

Mit der Erbsünde seist du von Geburt an
gezeichnet, sagen sie.
Ich sage, das ist nicht wahr; ihre Macht schwindet,
während dein Mond wächst.
Du bist zum Leben geboren, nicht um zu warten
auf den Tod.
Deine ersten Schritte tun nun not, stell dich der
Welt und lern von Seth.

Abschlussritual

Öffnen Sie wieder Ihren Kreis. Zünden Sie Ihre Kerze an und konzentrieren Sie sich einen Augenblick auf die Flamme. Nehmen Sie sich die Seiten vor, auf die Sie die Namen derer notiert haben, die Sie in Ihren negativen Überzeugungen von sich bestärkt haben. Schicken Sie so viel Heilung oder freundliche Gefühle zu ihnen, wie Sie emotional verkraften können. Durch diese einfache Handlung werden Sie das Gift aus Ihrem Herzen entfernen und sich selbst für positive Erfahrungen öffnen. Sie sind jetzt bereit, sich selbst mit all Ihren Fehlern und Schwächen zu lieben. Es ist okay, Sie sind auf dem Weg.

Wenn Sie diesen Schritt nicht gehen, hindern Sie sich selbst daran, Ihr Herz voll und ganz für die Liebe zu öffnen, und bleiben endlos in dem Kreislauf negativer Emotionen und Beziehungen stecken. Es ist jetzt wirklich an der Zeit, weiterzugehen und sich mit allen Fehlern und Mängeln zu lieben. Wenn Sie das nicht tun, werden sich Ihre Schutzhüllen noch einmal in Gefängnismauern verwandeln, und Sie nehmen erneut Zuflucht in Ihrer alten Zelle. Es ist nicht leicht, wird aber immer leichter. Liebe ist eine wunderbare natürliche Droge, die Ihre innere Wirklichkeit – Ihre magische Welt – nährt und Ihnen dadurch, dass Sie sich mit anderen Menschen verbinden, hilft, sie zu Ihrer äußeren Wirklichkeit zu machen.

Beltane

Auf der nördlichen Halbkugel beginnt dieses Fest am 1. Mai, auf der südlichen am 1. November. In manchen Kulturen ist Beltane unter dem Namen Walpurgisnacht bekannt, wo die männliche und die weibliche Kraft gefeiert werden.

Dieses Fest hebt den Sommerbeginn und den Übergang vom Dunkel zum Licht hervor. Die Lebenskraft ist stark um diese Jahreszeit. Jetzt werden Feuer entzündet, um uns gegen Unheil zu schützen und die Auswirkungen und Erinnerungen an allen nur möglichen Schaden, der uns zugefügt wurde, zu vertreiben.

Es ist ganz maßgeblich eine Zeit der Reinigung und des Übergangs und somit auch eine gute Zeit, um Entscheidungen zu treffen, die einen Wandel einleiten. Die mit Beltane zusammenhängenden Rituale haben mit neuen Projekten, mit Liebe und Romantik, Fruchtbarkeit und Kreativität und der Erneuerung von Bekenntnissen zu tun.

Außerdem werden jetzt Feuer entzündet, die uns an Gemeinschaft und Fürsorge erinnern sowie an Heim und Herd und deren Bedeutung, obwohl es eine Jahreszeit ist, die mehr mit dem Aufenthalt im

Freien assoziiert wird. Daher geht es jetzt auch darum, an diejenigen zu denken, die physisch, mental oder emotional auf irgendeine Weise eingeschränkt sind, und sie hinaus in die Natur zu bringen, wo sie der Lebenskraft von Mutter Erde selbst begegnen können.

Kapitel zwölf

Abnehmender Mond – Gedanken

Trance

Mother Shipton schreibt:

Das Paradies war Adams und Evas Heim,
  jedoch wussten sie es nicht.
Schätze, worin du gesegnet bist,
  sonst hast du alles verloren.

»Gedanken werden Wirklichkeit.«

Das oder Ähnliches hat jeder von uns schon einmal gehört. Aber haben Sie je darüber nachgedacht, was es eigentlich bedeutet? Der Satz wird allzu oft missverstanden, weil die Leute gern glauben möchten, dass sie nichts weiter zu tun brauchen, als über etwas *nachzudenken*, damit es sich im Äußeren manifestiert. Das sind Menschen, die sich nicht wirklich bemühen in ihrem Leben, weil sie irgendwie erwarten, alles müsse von selbst zu ihnen kommen. Ebenso missverstehen sie dann auch die eigentliche Bedeutung der Magie. Bei dem oben stehenden Satz geht es eigentlich um die Macht unserer eigenen Worte – unseres inneren Dialogs – und wie sie uns in unserer Interpretation der Welt und unseres Platzes in ihr beeinflussen. Um es mit dem Stoiker Epiktet zu sagen: »Nicht die Dinge selbst, sondern nur unsere Vorstellungen über die Dinge machen uns glücklich oder unglücklich.« Das stimmt heute genauso wie vor zwei Jahrtausenden. Nicht die äußere Version des Lebens, das wir derzeit bewohnen, sondern das, was Epiktet sagt, ist die Wirklichkeit. Sie beruht auf der Wahrnehmung und nicht auf Ereignissen. Sie beruht auf Glaube, Vertrauen und Ehrlichkeit, nicht auf Macht und Einfluss. Echte Magie ist etwas Persönliches, und die Quelle begleitet uns innerhalb des *Wyrd*-Verbindungsnetzes um uns herum. Wir sehen sie genauso wenig wie die Elektrizität, aber wir sehen ihre Auswirkungen. Und durch unsere Worte drücken wir unsere echte Wirklichkeit aus.

Wenn die Worte in uns *Kraft*worte sind, dann werden sie zu der Grundlage dessen, wie wir die Welt sehen. Mother Shipton lehrte mich, dass allein schon wenn ich Worte wie »Angst« und »Hilflosigkeit« dachte, diese die Inhalte für die Trancen sein würden, die ich täglich leben würde. Beachten Sie bitte, dass ich hier den Begriff »Trance« absichtlich gewählt habe. Denn wenn Sie nicht glauben, dass Sie Magie ausüben können, habe ich jetzt einen wichtigen Hinweis für Sie: Seit Sie denken können, bewirken Sie immer wieder mit Ihrer eigenen Wortwahl einen bestimmten Bann, in dem Sie sich dann wiederfinden.

Mit den Worten, die wir wählen, erschaffen wir uns ein Bild, eine innere Wirklichkeit, die wir dann auf die äußere Welt projizieren. Wir beginnen, in einem Dunst zu leben, der auf dem gründet, was wir zu sehen, zu hören und zu fühlen erwarten. Alles andere werden wir zurückweisen, da es außerhalb unserer Version der Wirklichkeit liegt, und mithin handeln, als wäre es nicht da. Lassen Sie mich ein Beispiel nennen. Wenn Sie sich selbst mit den Worten »armselig« oder »unglücklich« beschreiben, ist dies die Trance, in der Sie leben, der Filter, durch den Sie die Welt sehen werden. Sie glauben, dass es so ist, also wird es so sein. Mit diesen Worten legen Sie also über Ihre innere Wirklichkeit aktiv einen Zauber, dessen Inhalt unglücklich und armselig ist. Vielleicht haben Sie diese Worte gar nicht bewusst gewählt – niemand würde zunächst wählen, negativ zu sein –, sondern es mögen die Worte gewesen sein, die Ihnen Ihre Lebenserfahrung oder die Worte und Glaubenssätze Ihrer Mitmenschen eingegeben haben. Dennoch haben Sie sie ge*wählt*, haben sie sich zu eigen gemacht. Sie werden daher jeden Schmerz und jedes Weh fühlen und darüber nachgrübeln, was es bedeuten könnte. Sie werden erwarten, dass Ihre Beziehungen sich negativ entwickeln, weil dies Ihrer Erwartung des Wortes »Opfer« Recht geben wird. Bitte verstehen Sie mich recht: Ich sage nicht, Ihre Krankheit oder Ihre schlimme Erfahrung sei nicht *real*, aber bis zu einem gewissen Grad akzeptieren Sie die Worte und kämpfen nicht gegen das Negative an. Sie beginnen zu glauben, es seien nicht bloß Worte, sondern ein unverbrüchlicher Teil von Ihnen. Die Worte werden Wirklichkeit, weil wir ihnen die Macht geben, Trancen zu erschaffen.

Ich erkannte, dass es viele Worte gab, von denen ich mich hatte verzaubern lassen, und sie waren fast alle negativ. Sie schufen mir einen Bann des Scheiterns, der Wut und der Angst, so dass ich eine Trance der Eigensabotage lebte. Die Worte selbst registriert man dabei gar nicht, sie sind zu sehr Teil der inneren Sprache und Kommunikation geworden. Als Erstes muss man daher einen Abstand zu seinen Gedanken einnehmen, um überhaupt *hören* zu können, was man sagt. Der nächste Schritt besteht darin, mit dem Teil von sich, der diese negativen Worte verwendet, in einen Dialog zu treten. Nur dann kann man sich dahingehend öffnen, die Welt auf eine neue, positive Weise zu sehen. Dann wird man feststellen, dass sich die Welt um einen herum verwandelt und auf diese neue Denkweise antwortet. Es ist ja schon alles vorhanden, was wir für dieses wunderbare, magische Leben da draußen benötigen. Wir brauchen bloß unsere Scheuklappen und Ohrstöpsel abzulegen und die Arme auszustrecken nach der Schönheit, die uns umgibt.

Für mich war die meditative Trance der beste Weg, um diese Verbindung herzustellen, also eine Trance in der Art und Weise, wie ich sie Ihnen im vorliegenden Buch vorschlage. Ich nahm mir selbst die Zeit und den Raum für diese Trance, und zwar in dem Moment zwischen Wachen und Schlafen – wenn unsere Fähigkeit, auf Gedanken und innere Dialoge zu hören, am allergrößten ist. Genau wie ich es für Sie aufgeschrieben habe, zählte ich von dreihundert bis null, und wenn ich die Null erreicht hatte, ruhte ich eine Weile und erlaubte meinen Gedanken, frei umherzuschweifen und sich über die Dinge zu wundern, die zu jenem Zeitpunkt in meinem

Leben stattfanden. Ich erlaubte meiner inneren Stimme umherzustreifen, nur dass ich jetzt genau auf die Worte und Sätze und auf die Qualität dieser inneren Stimme achtete. Dabei bemerkte ich schnell ihren irritierenden, weinerlichen Tonfall. Zuerst war das gar nicht so schlimm, aber je länger ich zuhörte, desto lauter wurde das Quengeln. Die innere Stimme beklagte sich. Es waren keine großen Beschwerden, aber ein Thema kehrte immer wieder. Mir wurde bewusst, dass die Sätze, die sie benutzte, Dinge wie »unfair«, »ich wette, dass es sowieso nicht passieren wird« enthielten. Diese innere Stimme wollte mir die Träume, die ich zu haben glaubte, ausreden. Meine Gedanken bereiteten mich auf ein Scheitern vor, noch bevor ich überhaupt etwas angefangen hatte. Beim weiteren Zuhören stellte ich fest, dass es immer um das Scheitern ging. Warum soll ich mich bemühen, wenn es ohnehin nicht funktioniert? Andere machen so was, du doch nicht. Bleib am besten in Deckung, dann wird schon nichts Schlimmes passieren. Wenn du zu glücklich bist, geschieht bestimmt etwas Schreckliches. Freu dich nicht zu früh, du wirst sonst nur enttäuscht. Bleib in Deckung und erwarte nichts vom Leben. Fertige Sätze. Programme, die darauf warteten, nur für mich zu laufen. Ich war echt schockiert. Kein Wunder, dass ich mich schwach und mutlos fühlte, wenn die ganze Zeit eine solche Tonspur in meinem Kopf ablief. Ich holte tief Luft und stellte mich meiner inneren Stimme vor. *Hallo*, sagte ich. *Kann ich dir mit irgendwas helfen*?

Die Stimme hielt kurz inne, bevor sie ihren Beschwerdekatalog wieder aufnahm. Ich wiederholte meine Worte. Die Stimme antwortete: *Warum willst du mir helfen*? Das brachte mich dazu innezuhalten. Dieses innere Selbst schien offensichtlich nicht zu glauben, dass ich tatsächlich helfen wollen könnte. *Ich möchte dir helfen, damit du mir helfen kannst*, sagte ich. Ich spürte, wie die Besitzerin der Stimme abwehrend die Arme verschränkte. *Das ist ja mal was ganz Neues*, sagte sie. Je mehr ich ihr zuhörte, desto unsympathischer wurde sie mir. *Du magst mich ja nicht mal, wieso solltest du mir helfen wollen*?, fragte sie. Ich fühlte mich traurig und mutlos, als ich das hörte. Sie hatte Recht. Ich mochte sie *wirklich nicht* besonders. Sie war eine von denen, deren Gesellschaft ich mir nicht aussuchen würde, eine von denen, die, wenn man ihr am Telefon eine gute Nachricht übermittelt, das Gespräch schleunigst darauf lenken würde, wie schlecht es ihr geht, so dass man am Ende des Telefongesprächs deprimiert auflegt.

Ich setzte mich neben sie, so dass sie mir nicht ins Gesicht schauen musste. *Ich möchte gern begreifen, warum du so bist, damit ich frei sein kann. Und glücklich*. Sie starrte auf einen neutralen Punkt, während ich sie im Profil betrachtete. Ihr Gesicht war vor lauter Traurigkeit verzerrt. Den Kiefer hielt sie fest zusammengepresst. *Seit dem Tag, an dem du geboren bist*, begann sie, *habe ich versucht, dich zu beschützen und dich vor Enttäuschungen zu bewahren. Ich habe die Welt um dich herum so bemalt, dass du nur die Dinge sehen konntest, die dir ungefährlich und vertraut waren. Ich dachte, so könnte ich dich beschützen.*

Ich sah, wie sich ihre Kiefermuskeln zusammenzogen und sie die Schultern anspannte, als sie sich am Stuhl festhielt. *Ich will nicht, dass wir verletzt werden*. Ich versuchte, ihren Arm zu fassen, aber sie machte sich frei. *Nein. Ich will nicht Teil deiner Zukunft sein. Ich will schlafen, verstehst du das nicht? Ich bin völlig erschöpft von den Versuchen, dich vor deinen Erwartungen zu schützen. Ich will mich einfach nur ausruhen. Ich habe dir mein Bestes gegeben, jetzt brauchst du mich nicht mehr. Ich verlasse dich.*

Und sie verließ mich wirklich. In der Ferne hörte ich noch ihre Schritte, bis auch sie verklangen. Da gab es keine Begegnung der Seelen, keine tränenreiche Wiedervereinigung getrennter persönlicher Anteile. Dort, wo sie gewesen war, gab es nur noch Stille. *Danke für alles, worum du dich bemüht hast*, sagte ich in den Raum hinein, in dem sie gewesen war. *Ich danke dir, ruh dich nur aus jetzt. Du hast es mehr als verdient*. Ich wartete, aber sie kam nicht zurück. Zunächst ging ich ganz vorsichtig zu der Stelle, an der sie gewesen war. Jetzt hatte ich einen Raum für meine Worte – neue Worte –, einen Raum für meine Gedanken, einen Raum für mich, an dem ich mir eine neue Lebenstrance schaffen konnte. Ab da wählte ich meine Worte sehr sorgfältig, und sobald ich ein Echo von ihr wahrnahm oder sich Worte, die sie verwendet hatte, in meine Gedanken einschlichen, ersetzte ich sie sofort. Ich ersetzte »Angst« durch »Begeisterung«, »ich kann nicht« durch »ich kann«. Ich verbannte die Worte »sollte« und »muss« in die Peripherie meines Verstandes, denn sie haben keinen Platz in der Magie. Die Quelle akzeptiert diese Worte nicht, und auch Sie werden im Verlauf Ihres Heilungsprozesses lernen, sie abzuweisen.

Gehen Sie heute kurz vor dem Einschlafen in Ihre Trance. Zählen Sie von dreihundert bis null und nutzen Sie für jede Zahl einen Ausatem beim Zählen. Wenn Sie bei null angelangt sind, befinden Sie sich wieder einmal am oberen Ende der Felsstufen.

Unten angelangt, befinden Sie sich in der wunderschönen friedlichen Landschaft, die Sie bereits mehrfach aufgesucht haben. Spüren Sie, wie dieser Ort Sie mit seinem Frieden willkommen heißt. Schauen Sie sich um und nehmen Sie die Farben der Umgebung wahr. Wie letztes Mal gehen Sie zum Fluss und suchen sich dort einen Platz, an dem Sie sich niederlassen können. Schauen Sie auf das fließende Wasser und auf die sich darin widerspiegelnde Sonne. Lassen Sie sich von diesem Licht beruhigen. Nun bemerken Sie die Anwesenheit einer Gestalt ganz in der Nähe. Laden Sie sie ein, sich zu Ihnen zu setzen. Es ist Ihre innere Kritikerin, die Sie noch nie wirklich dazu aufgefordert haben, Zeit mit Ihnen zu verbringen. Es kann also sein, dass sie erst einmal auf der Hut ist. In der Vergangenheit hat sie Ihre Gedanken besetzt und sich eingemischt, wenn Sie sie nicht wollten. Sie kennen ihre Stimme und ihre Worte. Ich möchte gern, dass Sie sie jetzt dazu auffordern zu sprechen. Lassen Sie zu, dass ihre negativen Worte herausfließen, so wie das Wasser den Fluss hinunterfließt. Statt sich jedoch von den Worten verletzen zu lassen, erlauben Sie ihnen nun, vom Fluss davongetragen zu werden. Lassen Sie Ihre innere Kritikerin ruhig all das Negative sagen, was sie denkt. Falls Sie nicht alle Worte registrieren, ist das völlig in Ordnung. Lassen Sie sie so lange sprechen, bis sie nichts mehr zu sagen hat. Wenn sie fertig ist, sagen Sie ihr, dass es ab jetzt in Ihrer inneren Wirklichkeit keinen Platz mehr für ihre Negativität gibt. Falls sie weiter am Leben bleiben möchte, wird sie ihre Worte in positive verwandeln müssen. Wenn sie bereit dazu ist, sagen Sie ihr, dass Sie im Gegenzug in Zukunft auf sie hören und sie nicht mehr beiseiteschieben werden. Falls sie aber wieder in ihre alte negative Masche zurückfällt, werden Sie ihr nicht mehr zuhören können, so dass sie in die Vergangenheit hinein verblasst. Schließlich werden Sie sie dann ohnehin gar nicht mehr hören.

Bieten Sie ihr für ihre Unterstützung das Leben an. Bieten Sie ihr für ihre Ermutigung Freiheit an. Das ist die Abmachung. Es gibt keine Verhandlungen. Entweder sie ändert sich, oder sie wird Geschichte und bleibt in Zukunft in dem Mandala Ihrer TraumZeit hängen. Zeigen Sie Ihrer inneren Kritikerin Ihr Verständnis für ihr Bemühen, nur das Beste für Sie zu wollen, zeigen Sie ihr Ihre Dankbarkeit für ihre Aufmerksamkeit. Zeigen Sie ihr, dass Sie wissen, dass sie es gut meinte. Geben Sie ihr Raum, falls sie einverstanden ist, ihre Form zu ändern. Ihre innere Kritikerin kann sich durchaus in einen inneren Coach für Sie verwandeln und Ihnen helfen, neue Kraftworte zu finden.

Machen Sie sich keine Sorgen, falls Ihnen diese Übung schwerfallen sollte oder Ihre innere Kritikerin nicht sofort reagiert. Dann wird es sich während Ihres Schlafs und Ihrer Träume ereignen. Sie werden feststellen, wie sich Ihre negativen Gedanken in positive verwandeln. Es wird ganz einfach geschehen.

Ruhen Sie sich ein wenig am Fluss aus, bevor Sie zu den Stufen zurücklaufen. Während Sie hinaufsteigen, spüren Sie die Präsenz Ihrer inneren Kritikerin womöglich noch eine Weile. Aber nun fühlt sie sich weicher und freundlicher – verwandelt – an. Erkennen Sie an, dass dieser Teil von Ihnen versucht hat, Sie zu beschützen und abzuschotten. Vielleicht mögen Sie ihr einen neuen Namen geben, sie Coach oder gar Freundin nennen.

Am Ende der Treppe angelangt, können Sie die Augen öffnen.

Schreiben Sie Ihre Gedanken und Gefühle in Ihrem speziellen Notizbuch auf, wenn Sie mögen.

Gedanken sind unsere erste und letzte Freiheit. Frei zu sein und uns selbst voll und ganz und ohne Selbstkritik auszudrücken befreit uns, egal wer wir sind oder was um uns herum geschieht. Wenn wir uns in unseren eigenen Gedanken sicher fühlen, können wir unseren Kraftworten und -sätzen erlauben, in unserer Welt Form und Gestalt anzunehmen. Wir erschaffen uns eine neue Lebenstrance, die uns zudem in die Lage versetzt, andere miteinzubeziehen und Glauben und Vertrauen zu stiften. Dies ist unsere neue Wirklichkeit. Wir werden beginnen, die Wirklichkeit, die wir uns vorstellen, über die Grenzen unserer Gedanken hinaus in unsere äußere Welt zu bringen. Von allem, was wir mit unseren Kraftworten erschaffen, werden in unserer Umgebung Zeichen auftauchen. Wenn wir uns selbst mit starken und wirkungsvollen Kraftworten verzaubern, werden wir die Welt entsprechend formen. Dann wird selbst die Luft, die uns umgibt, zu einer Atmosphäre des Wandels. Was wir in unserem Außen erschaffen, sind Erweiterungen unserer Gedanken. Je stärker wir werden, desto mehr werden wir außerdem lernen, Frieden und Hoffnung zu stiften.

Denn genau in diesem Raum zwischen Wachen und Schlafen liegt die Essenz der Quelle. All das Licht und – was noch wichtiger ist – die Dunkelheit zwischen dem Licht, alles, was wir je gewusst, geträumt oder uns vorgestellt haben, befindet sich hier. Es ist die Wohnstatt der Gedanken, die uns mit unseren Glaubenssätzen über die Wirklichkeit an die Welt bindet. Alle Begrenzungen, die wir uns auferlegt haben und die wir für real hielten, existieren in diesem Raum, und keine von ihnen ist wirklich, es sei denn, wir entscheiden uns, an sie zu glauben. Während des abnehmenden Mondes können wir diesen versehrten Gedanken erlauben, von uns zu schwinden.

Mother Shipton spricht

3

Das Buch lehrte mich, die Himmelsgestirne zu deuten, dafür zu sorgen, dass Leben erhalten bleibt, und mit dem Leben umzugehen. Ein Teil des Wissens war von rechts nach links geschrieben, aber die Symbole waren mir bereits bekannt. Auf vielen Seiten gab es handschriftliche Notizen von unterschiedlicher Hand. Ich brauchte meine Zeit, lernte aber, das Buch seiner Bestimmung gemäß zu lesen. Es war in ständiger Verwandlung durch Länder und Zeiten gereist, von Ägypten bis nach Samaria, durch ganz Europa bis nach Avalon. Ich lernte, dass dieses Buch ein Band aus einer ganzen Reihe von Bänden war, die von Besitzer zu Besitzer hinzugefügt wurden. Jeder trug etwas bei, und wenn er starb, gab er das Buch an einen Nachfolger weiter, der wiederum darin geschult wurde, wie er es zu lesen hatte. Bisweilen war es dann zur Gänze neuen Inhalts, während der Vorgängerband zerstört wurde. Es war ein lebendiger Text. Ich erfuhr, dass die Kirche über die Zeiten hinweg einen Teil der Magie übernommen hatte und ihm aus Angst vor seiner Macht dunkle Absichten nachsagte. Ich erfuhr, dass Menschen mit Hilfe seines Inhalts das Ende ihrer Zivilisation herbeigeführt hatten. Dabei hatte es sich immer um Männer gehandelt. Vor mir waren Männer die Besitzer des Buches gewesen, auch wenn die meisten irgendwann begriffen, dass in Wahrheit das Buch sie besaß. Ich war kein Mann. Ich suchte keine Macht für mich. Die Magie des Buches eröffnete sich mir, ohne dass ich wusste, wie es geschah. Es wollte von mir gelesen werden und wurde zu meinem Liebhaber und Begleiter, es nährte mich und stillte meinen Durst. Dass mein Wissen wuchs, sah ich an den angstvollen Blicken derer, denen ich auf der Straße begegnete. Weder konnte ich alles lesen, noch versuchte ich es. Das Buch gab mir alles, was ich aufnehmen konnte. Ich bewahrte es dankbar und hielt mein Versprechen, es an jemanden weiterzugeben, der ein Wissen um seine Macht hätte.

So hielt ich Abstand zu den Menschen, die mich umgaben. Ich war zu allen freundlich, ohne Freundschaften zu schließen. Die Geheimnisse, die sie mir anvertrauten, behielt ich für mich, ohne mich selbst jemandem anzuvertrauen. Ich beanspruchte ihren Respekt, nicht ihre Liebe. Es war eine einsame Zeit, aber ich hatte kaum eine Wahl. Als Agathas Kind hatte ich meinen Ruf, lange bevor die Höhle meine Heimstatt wurde.

Zuerst las ich das Buch mit Hilfe meines Wissens über die Himmelszeichen. Meine erste Lektion bestand darin zu akzeptieren, wer ich war. Das Kardinalzeichen Steinbock brachte mir bei, mich zu erden, bevor ich überhaupt nur ansetzte, die Magie anzuwenden, die sich mir erschloss. Ich lernte, dass alle Kardinalzeichen den Wandel einleiten. Der Schutz des Steinbocks jedoch verlangt, dass der Reisende, bevor er sich auf die Reise macht, Freiheit und Sicherheit sucht, damit kein Unheil geschieht. Ich musste mich und meine Fehler akzeptieren, um meine Reise direkt und wahrhaftig unternehmen zu können.

Nun lernte ich, dass ein Gefühl von Heimat notwendig ist. Die Jungfrau regiert das Heim, und ihr Element ist die Erde. Ich schuf mir eine Heimstatt und nannte mich Mother Shipton, denn ich verstand das Bedürfnis der Menschen, mich als Hüterin eines Heims zu sehen, damit ich keine Bedrohung für sie oder ihre Sippe darstellte. Die Menschen mussten wissen, wo sie mich finden konnten und was sie von mir zu erwarten hatten.

Die nächste Lektion brachte mir das Fixzeichen Wassermann mit seiner Lehre von der Macht des Zusammenspiels von Fließendem und Festigkeit. Davon, wie wichtig es war, die Grenzen der eigenen Welt zu definieren. Ich lernte, wann ich nachgeben, wann ich mich bewegen, wann ich entschieden vorangehen musste. In der Veränderlichkeit liegt eine große Kraft.

Das Stierzeichen wiederum weckte meine Sinnlichkeit und erinnerte mich daran, dass ich vor allem Frau und nicht nur Mutter war. Es half mir, mich selbst wiederzufinden, zurückzuschauen und zu verstehen, wie weit ich schon gekommen war, und mir darüber klar zu werden, was ich aufgeben wollte, um mich freier vorwärts bewegen zu können. Ich lernte, die Vergangenheit nicht zu fürchten, sondern als Teil meiner Reise anzunehmen. Ich brachte Mother Shipton zur Welt und erlaubte Ursula zu sterben.

Von da an führte mich der Schütze. Veränderlich und energiegeladen, wie er war, brannte sein Feuer ein Loch in meine Wirklichkeit. Ich lernte mich und meine Mitmenschen zu lieben und diejenigen zu verstehen, die diese Liebe fürchteten. Meine Wahrnehmung erreichte eine Ebene, die jenseits meiner fünf Sinne lag.

Die Fische zogen mich nah zu sich heran und lehrten mich, zu träumen und die Welt jenseits meiner physischen Grenzen zu erkennen. Ich lernte, so durch die Luft zu fliegen, wie ein Fisch sich durch das Wasser bewegt. Ich lernte die Kraft der Träume kennen und den Übergang vom Konkreten in das Mystische zu meistern. Ich lernte etwas über den Raum zwischen den Wirklichkeiten und darüber, wie man sich von der einen in die andere bewegt.

Ich begriff die Macht des Löwen und seine heilende Kraft. Ich lernte, dass Heilung sowohl für den Heiler wie für den Empfänger eine Kraftquelle ist. Heilung übernimmt die Initiative und erschafft Autorität. Ich wurde zu einer Heilerin und heilte mich selbst auf dem Weg. Menschen, die mir Böses wollten, schadeten nur sich selbst. Ich sandte Liebe aus und beschämte sie damit.

Meine letzte Lektion erhielt ich vom Zeichen des Krebses, des Beschützers, der mich lehrte, eine Hülle um mich herum zu bilden und zu erkennen, welche Stärke sie mir schenkte.

Der Himmel hatte gewiss noch viele andere Lektionen zu lehren, sie waren jedoch nicht alle für mich gedacht. Das avalonische Grimoire studierte ich mein Leben lang. Ebenso wie mich das Buch lehrte, meine fünf Sinne zu nutzen, um einen sechsten auszubilden, lernte ich, dass es fünf Arten gab, das Buch zu lesen. Ich selbst fügte weitere mit Weisheit gefüllte Seiten für die hinzu, die nach mir kamen. Als sich schließlich der nächste Besitzer zeigte, war ich betrübt, weil ich nun wusste, dass es ein Mann sein würde. Jedoch war ich alt genug, um zu begreifen, dass die Zeit der Frauen noch nicht gekommen war. Ich lernte, dass die Magie ein Geschenk für alle ist, das von niemandem kontrolliert werden kann. Sie *muss* geteilt werden.

Vom Himmel nahm ich mir, was ich brauchte. Ich holte mir den Mond herunter, um *meinen* Himmel auf der Erde zu erschaffen. Ich machte mich durch das Buch real. Worte lehrten mich, wie ich weiterleben konnte, so dass ich im Tod zu mehr wurde, als ich es im Leben je hätte sein können. Ich lebe in den Vorstellungen und Träumen anderer und durch die Taten, zu denen ich sie inspiriere.

Die Seele der Magie ist in die verschiedenen Wortebenen eingebettet, verstehst du? Der Teil, der erweckt werden und Raum und Zeit, Masse und Energie erhalten muss, damit dein Leben wirklich und auf verrückte Weise zutiefst magisch werden kann, findet jetzt die richtige Ebene. Es gibt noch mehr innere Ebenen und Wege zur Quelle, als deine Sinne erkennen können. Wichtig ist, dass du deine eigene Magie in die Worte gelegt hast, die auf diesen Seiten stehen. Du erweckst deine eigenen Kräfte innerhalb der Grenzen deines Verständnisses von der Welt. Echte Magie stellt dir gerade so viel Verständnis zur Verfügung, damit du dein Wissen ungefährdet nutzen kannst. In den Armen der Anima wirst du immer sicher sein. Du wirst lernen, dieser Seite von dir zu trauen und sie zu verstehen, denn in den fünf Ebenen liegt die Perfektion. Fünf ist die Zahl des perfekten Menschen, das Symbol des Universums und des göttlichen Willens.

Als ein längst aufgehobenes Gesetz dazu verwendet wurde, mich an den Pfahl zu stellen, fiel es mir nicht schwer, zur Befreiung meines Geistes die Magie zu nutzen. Das Buch hatte klare Anweisungen dazu gegeben. Allerdings hätte ich wissen können, dass Wolsey sich ebenfalls mit Magie auskannte. Wie hätte der Sohn eines schurkischen Schlächters sonst so weit aufsteigen können? Und dennoch überlebte ich die Zerstörung meines Körpers.

Als das Feuer verglüht war, versuchten Toby und sein Sohn, ihr Recht auf meinen Körper geltend zu machen. Der Henker wollte – ob aus Angst oder Gier, war mir nicht klar – davon nichts wissen. Die Knochen einer Hexe waren in jenen Tagen durchaus von Wert. Sie wurden gekocht, um Fieber zu senken, oder vor der Türschwelle eines Hauses vergraben, um es vor Unheil zu schützen. Der Henker jedoch tat, wie ihm seine Meister aufgetragen hatten, und vergrub meine Überreste allein bei Nacht an der Turnpike Road, damit mein Geist nicht wandern und andere meine Gebeine nicht stehlen konnten. Toby folgte ihm, und so machte mein Körper noch vor der Morgendämmerung des nächsten Tages seine letzte Reise auf einem Karren nach Somerset. Toby sah zu, wie sein Sohn meinen Leichnam noch einmal begrub und mit einem römischen Grabstein, der einem Kind gewidmet war, abdeckte. Jetzt würde sich niemand mehr an meinen Überresten vergreifen. Ich mochte Toby wirklich gern. Er hatte mir alles gegeben, was ich brauchte, und nur wenig von mir verlangt. Er hatte seinen Sohn, der sich um ihn kümmern würde. Im Herzen dankte ich Toby dafür, dass er meinem Leichnam gegenüber seine

Pflicht erfüllt hatte. Weder würden nun Knochen zu Talismanen verkommen oder dem Hohn preisgegeben werden, noch würde ein Schatten von mir weiter ruhelos umherwandern können. Mein Geist konnte und würde nun in der Höhle heilen, damit ich meine Lektion lernte. Und das Buch? Ich hatte es Sam überlassen mit der Anweisung, es dem neuen, jungen Alchemisten der Königin zu übergeben, wenn die Zeit reif wäre. So wartete er zwanzig Jahre, bis er sich auf die längste Reise seines Lebens machte und das Buch in Mortlake John Dee auf die Türschwelle legte, damit er es am Morgen fand. John erkannte die Kraft des Grimoires, so dass die Geschichte des Buches noch heute von Freimaurern, Rosenkreuzern und anderen, die auf der Suche nach dem Licht sind, erzählt wird. Es ist kein Schattenbuch, sondern ein Buch über *Licht* und Schatten, das nur von denen ganz verstanden werden kann, die nicht eigennützig, sondern zum Wohl anderer nach Macht streben. An dem Grimoire haben sich viele Männer die Hände verbrannt. Wer weiß, vielleicht wird sich seine wahre Kraft in deiner Zeit zur Gänze zeigen. In deiner Zeit endet der Maya-Kalender, es gibt Erdverschiebungen und Vulkanausbrüche, Überflutungen und Dürre. Hörst du, wie die Erde schreit? Wir alle sind ihre Kreaturen. Nur wenn du die Erde nährst, wirst du überleben. Lausche den Worten, die dem Buch entnommen sind, und heile dich und die Erde. Das Buch besteht aus mehr als Worten, es ist Denken und Handeln, Wissen, das schon in deinem Umfeld wirkt. Es umgibt dich in Gebäuden und Technologie, im Internet und in den fibro-optischen Leylinien, die die Botschaft transportieren. Du bist Teil des Buches, und das Buch ist Teil von dir.

Das ist alles. Ich muss bald wieder weiter und werde langsam müde. Ich möchte so viel an dich weitergeben, möchte, dass du lernst, egal ob du willst oder nicht. Ich weiß jetzt, dass ich mich in den wenigen Prophezeiungen, die ich tatsächlich geäußert habe, täuschte. Ich habe versucht, andere vor der Gefahr zu warnen, und verlor dabei aus dem Blick, was es bedeutet, ein Mensch zu sein. Ich sprach meine Worte in der Hoffnung, dass die Männer der Sonne auf mich hören und sich ändern würden. Es sollte nicht sein. Ein Teil von mir hatte das zwar immer gewusst, aber dennoch kam es mir so vor, als hätte ich keine andere Wahl.

Viele haben meinen Namen und meine Stimme seitdem missbraucht, mein Gesicht auf Seifendeckel gedruckt, um sie an fleißige Frauen zu verkaufen, und mich als Kinderspielzeug zu einer Puppe geformt. Das macht mir gar nichts. Ich habe nun eine zweite Chance im Leben und eine neue Stimme geschenkt bekommen. Und diesmal habe ich sie dazu genutzt, die Frauen des Mondes zu rufen und die Männer, die ihm nah genug stehen, um seine Kraft und die Verbindung zu ihm zu spüren. Dich fordere ich jetzt auf, dich mit der Kraft von Schwester Mond und der Stärke von Mutter Erde zu verbinden und gemeinsam zu wachsen. Wir sind stark, wenn wir uns verbinden, und schwach, wenn wir uns abtrennen. Erlaube den Männern der Sonne und ihrer Liebe zum glänzenden Gold und zur Macht nicht, dir den Blick auf deinen wahren Wert zu verstellen. Du bist aus Silber gemacht und magisch in deiner Kraft, dem Gold nicht unter-, sondern überlegen. Das silberne Licht durchfließt dich und leuchtet, wenn du dich mit den anderen Geschöpfen des Mondes verbindest. Bist du lieber ein bisschen verrückt, aber dafür im Frieden mit dir und deiner Umwelt oder eine Sonnenanbeterin, die ihr Gesicht in die Sonne hält, so dass sie von ihren unerbittlichen Strahlen zerstört wird? Tanze im Licht des Mondes, finde die Liebe für dich und deine Mitmenschen in der Umarmung mit dem Mond. Öffne die Augen für das Licht in der Dunkelheit und freue dich daran. Meine Prophezeiungen gelten für dich höchstpersönlich. Ich, die Zauberin, rufe hiermit die Elemente in dir an, auf dass sie sich sammeln und manifestieren.

Nun da du diese Kraftworte gelesen hast, was bringst du ein? Denn, Leserin mein, in diesen Worten liegen andere von stolzer tieferer Bedeutung noch verborgen. Ich frage dich, hinauf auf welche Stufe der Jakobsleiter hast du dich geschwungen? Ganz unten liest du dies als Wahrheit, eine Stufe höher erweitert sich dein Blick, und mehr Gefüge noch wirst du erkennen, je höher du dich wagst. Mit jeder Stufe der Leiter kamen neue Weisheit und Angst. Am Ende meiner Geschichte angelangt, frage ich dich: Wie weit hinauf willst du dich wagen?

Kapitel dreizehn

Neumond – TraumZeit

Trance

Mother Shipton schreibt:

Dein drittes Auge schaut in drei Richtungen:
ins Vergangene, ins Jetzt und ins Künftige.
Ein Auge nach innen, eines nach außen und
eines für die TraumZeit.
So vereinigt, vergegenwärtigt jetzt in allen
drei Dimensionen.

In der Dunkelheit der TraumZeit sind wir nur als Gedanken vorhanden. Hier wird unsere Erfahrung nicht durch die Materie verfälscht, sie ist klar und rein, und wir können lernen zu fliegen. Inzwischen haben Sie verstanden, dass die TraumZeit den Raum zwischen der inneren und der äußeren Wirklichkeit bildet und als eine äußerst feine Grenze zwischen den beiden existiert. Sie enthält unsere Schutzhülle. Die TraumZeit beseitigt, was nicht in unsere innere Wirklichkeit hineinpasst, und erlaubt uns, unsere

Umwelt so vollständig wahrzunehmen, dass dies unseren Glauben bestärkt. Die Schutzhülle darin kann dann – je nachdem, ob wir anerkennen, dass wir selbst die Wahl haben, uns in diesen morgendlichen Augenblicken zwischen Schlafen und Wachen mit ihr zu verbinden – wie ein Lichthof oder ein Stacheldrahtzaun wirken und uns als Licht auf dem Weg dienen oder unserer Verbindung zur Quelle als scheinbar undurchdringliches Hindernis im Weg stehen. Hierbei geht es überhaupt nicht um Glauben oder Nichtglauben. Unsere Verbindung mit unserer inneren Magie ist hier nur sehr viel stärker, weil uns dieser Raum die Freiheit der Kreativität schenkt.

Ich war sieben Jahre alt und ein stilles, klein gewachsenes, ziemlich seltsames Kind, das, wenn es in Bewegung war, gern sang und sonst still war. Mit anderen Kindern zu sprechen fand ich langweilig, Erwachsene dagegen verwirrten mich. Die Sprachen waren zu unterschiedlich, in ihren Worten und Taten gab es zu viel Unausgesprochenes, das ich nicht deuten konnte. In jenem Sommer wurde ich auf einen Tagesausflug zum Boggle Hole mitgenommen, einer Touristenattraktion an der Küste im Norden Yorkshires. Ich saß auf Tante Doris' Schoß im schwarzen Beisitzer der wunderschönen Triumph, die Onkel Arthur fuhr und die nur an Sonntagnachmittagen im Sommer aus der Garage durfte. Tante Doris hatte rundliche Formen und rote Wangen und roch nach French-Fern-Talkumpuder. Onkel Arthur trug eine Lederjacke und einen rot-schwarz gestreiften Oldtimerhelm mit Jagdfliegerbrille. Das Lederband seiner Brille schnitt sich tief in seine Haut und schien eine bleibende Spur an seinem Kopf zu hinterlassen. Beide waren damals in ihren Sechzigern, und ich liebte sie umso mehr, als sie keine Blutsverwandten waren und ihre Zeit gern mit mir verbrachten. Ihnen war es recht, wenn ich still war. Bei sich zu Hause schenkten sie mir den Raum und die Zeit, ganze Bücher zu verschlingen.

Genau wie sie an mir nichts seltsam zu finden schienen, kam es mir in keiner Weise komisch vor, dass sie sich für einen Tag beim Royal-Ascot-Rennen mit Spitzen-Handschuhen und großem Florentinerhut ausstaffierte und er sich im Ace Café im Park Royal vor all den anderen Bikern mit seinen Sachen brüstete. Man könnte sicher sagen, dass sie ein skurriles Paar waren, aber für mich zählte nur die Liebe, die sie mir zeigten. So ist das mit Kindern: Sie sehen nur die Liebe, die man ihnen schenkt, und keine Sonderbarkeiten. Ein Tag mit ihnen war für mich immer ein Abenteuer. An diesem besonderen Julitag schien die Sonne, der Himmel war blau und wolkenlos, und Onkel Arthur parkte das Motorrad an einem Feld oberhalb des Boggle Hole mit Blick auf die Bucht von Robin Hood. Ich erinnere mich, dass es windig war. Ehrlich gesagt, war es, glaube ich, meine ganze Kindheit über windig.

Wir picknickten aus einem Weidenkorb und tranken sündhaft süßen Tee aus einer Thermoskanne. Aus einer Thermoskanne schmeckt der Tee immer ganz speziell, er hat so einen gewissen Plastik-Nachgeschmack, der gar nicht unangenehm ist. Nach dem Essen legten sich die beiden zu einem Nickerchen Seite an Seite auf eine rote Schottendecke, während ich zum Strand lief, um die Höhle zu erkunden.

Wie soll ich sie beschreiben? Wenn man vom Felsen auf den Strand schaut, ist es eine seltsame monolithische, prähistorische Formation. Vom Inneren der Höhle aus sieht man die See, umrahmt von schwarzem Felsen. Wahrscheinlich hätte ich Angst haben sollen, aber ich hörte von dort Musik kommen, und sie zog mich an wie der Rattenfänger von Hameln die Kinder.

Ein Feuer brannte, jemand spielte auf einer Flöte, und ein anderer trommelte. Alle wirkten glücklich und voller Leben. Sie tanzten, lachten und jodelten und spielten, während das Feuer vor sich hin qualmte. Ich stand am Eingang der Höhle und schaute zu. Ein kleines Mädchen, das sich als Silhouette vor dem Tageslicht abhob.

Ich hatte keine Angst, war nur von einer vagen Neugier erfasst. Eine junge Frau kam tanzend aus der Höhle auf mich zu und fragte mich, wie alt ich sei. Ich hielt ihr sieben Finger vors Gesicht. »Sieben!«, rief sie den anderen zu, die ihr folgten und mich umringten, während sie sich weiter wiegten und drehten. Als sie begann, sich im Kreis um mich herum zu bewegen, taten es ihr die anderen nach. Ich stand bewegungslos da, eine sieben Jahre alte Statue inmitten dieser tanzenden Erdmenschen. Die Musik wurde lauter, als der Trommler und der Flötenspieler zum Höhlenausgang kamen, während ich weiter dastand, ohne mich zu rühren. Die Tänzer drehten sich immer schneller und hoben dabei die Arme zum Himmel. Als ich ihnen mit dem Blick folgte, sah ich den Mond am wolkenlosen blauen Himmel stehen. Sie formten einen Energiekegel um mich herum, und ich schaute zu, wie sie die silberne Mondkugel mit ihren Händen fingen und umfassten. Ich hätte für immer dort bleiben wollen. In diesem Augenblick fühlte ich die Erde und den Himmel und den Mond in mir. Ich war so vollkommen geschützt und verbunden, wie ich es noch nie erlebt hatte.

Jetzt weiß ich, dass ich mich damals ganz in der TraumZeit befand und dass in diesem Zustand alles möglich ist. Da war kein Gedanke, nur ein totales Wissen. Ich spürte, wie es durch meine Adern jagte und mein Herz zum Rasen brachte. Damals erfuhr ich, was es wirklich bedeutet, lebendig zu sein. Ich konnte nehmen oder lassen, was ich wollte – es lag in meiner Hand. Die TraumZeit war in jenem Moment ohne jegliche Begrenzung, und das Wissen um diese grenzenlosen Möglichkeiten trug mich. In der Stille, die folgte, spürte ich, wie mich die Welt zu sich zurückholte. Der Himmel rückte wieder in mein Blickfeld, ich hörte das Meeresrauschen. Hunde bellten die Brandung an, und mit einem Mal merkte ich, wie kalt die Luft um mich herum war. Plötzlich ganz atemlos, rannte ich schnell zurück zu Tante und Onkel, die sich jetzt als Silhouetten gegen den Himmel abhoben und Seite an Seite neben dem Beiwagen standen wie an die englische Nordküste versetzte Figuren aus *American Gothic*. Sie fragten mich nie, wo ich gewesen war – warum auch? –, und ich erzählte es ihnen nie. Die Magie hatte mich an diesem Tag zu sich gerufen, und ich hüllte mich, als wäre sie das Natürlichste auf der Welt, in sie ein wie in einen Mantel. Die Erinnerung bewahrte ich sicher auf, bis Mother Shipton die Tür wieder aufschloss und neue Herausforderungen mich dazu zwangen, einen anderen Ort aufzusuchen.

Jetzt ist es an Ihnen, ganz und gar in die Kraft Ihrer TraumZeit hinein zu erwachen, damit Sie erfahren, dass die Magie Wirklichkeit ist und jenseits Ihrer Gedanken in die Welt, die Sie umgibt, dringen kann. Die TraumZeit wird zu Ihrer Schutzhülle und zu Ihrem kreativen Raum zugleich. Es ist an der Zeit, dass Sie ihre Rolle bei der Magie, die Sie erschaffen werden, anerkennen, ihren Sinn verstehen und sie damit nähren, dass Sie ihr Zugang zu Ihren Träumen gewähren. Solange wir Kinder sind, ist die TraumZeit eine reale, aktive Kraft in unserem Leben. Sie formt die Welt, in der wir uns entscheiden zu leben. Sie erlaubt uns, kreativ zu sein, ohne uns in Gefahr zu bringen. Wenn wir größer werden und die Gesellschaft uns auffordert, eine Rolle und Verantwortung zu übernehmen, vergessen wir die TraumZeit und leben nur noch in dieser äußeren Welt, so dass sich die Magie von uns zurückzieht wie das Meer bei Ebbe. Wir erlauben es uns, in einer Welt zu leben, die von anderen geformt wird, einer Welt, in der uns unsere Träume abseitig und unerreichbar scheinen. Es ist an der Zeit, dass Sie Ihren Geist für die Möglichkeiten öffnen, die Sie umgeben und die in Ihnen liegen. Die TraumZeit ist Ihr Weg in ein Leben, das voller Farben ist. In ein Leben, wo Magie Wirklichkeit und alles für Sie möglich ist.

In dem Raum zwischen Schlafen und Wachen ist die Wirklichkeit so, wie Sie sie sich erträumen. Die Wirklichkeit jenseits Ihres Verstandes, die Wirklichkeit der Gebäude, Menschen und Flüsse usw. existiert, egal ob Sie mit ihr interagieren oder nicht. Ebenso jedoch gibt es in Ihnen eine tiefe Wirklichkeit, die so persönlich und einzigartig ist, dass es keine Worte gibt, um sie zu beschreiben. Künstler kennen den Weg dorthin. Dalí holte sich die TraumZeit künstlich herbei, indem er vor dem Einschlafen einen Löffel mit ausgestrecktem Arm auf einem Finger balancierte. Unter dem Löffel hatte er einen Teller auf dem Boden platziert. Wenn der Löffel auf den Teller fiel, schrieb er die Ideen, die ihm gekommen waren, auf. Einstein beschrieb die TraumZeit als eine Zeit der Visionen. »Ich denke überhaupt selten in Worten«, sagte er. Mendelejew konnte das Periodische System der Elemente, das damals ein wahrhaft revolutionäres Konzept war, erstellen, weil es ihm in einem Traum zufiel, alle *fehlenden Elemente* inbegriffen. Sie sehen also: Wenn Sie in die TraumZeit eintreten, mögen Sie vielleicht nicht den Überblick haben, aber Sie werden in der Lage sein, die Lücken zu erkennen – die Räume also, die Sie füllen müssen, um das Bild komplett zu machen –, damit Magie geschehen kann. Die Künstler und Wissenschaftler, die die Definitionen der üblichen Wirklichkeit verlassen und eine neue, eigene erschaffen, vertrauen sich der Magie an. Viele Erfinder, vor allem diejenigen, die neue Konzepte und abstrakte Verbindungen schufen, haben das während der TraumZeit getan.

Sie haben nun Ihre eigenen persönlichen Verbindungen, und es liegt an Ihnen, sie frei nutzen. Sie können sicher sein, dass Sie sich dabei in guter Gesellschaft befinden werden.

Stellen Sie jetzt Ihre Verbindung zur TraumZeit her, um sich *über* die Grenzen Ihres Verstandes *hinaus* auszudehnen. Öffnen Sie die Tür und erlauben Sie der Magie, frei und sicher zu fließen. Sie haben bereits jeden Morgen, an dem Sie zum Morgenlicht aufgewacht sind, geübt, in die TraumZeit einzutreten. Jetzt sollen Sie während einer Trance dorthin gelangen und die Kraft Ihres Selbst begreifen, wie Sie es in Ihrer inneren Wirklichkeit erleben konnten. Ihr Selbst wird zur Tür zwischen der inneren und der äußeren Wirklichkeit, und bald werden Sie die Dinge, die Sie in Ihrer inneren Welt sehen, spüren und hören, auch in der äußeren Welt sehen, spüren und hören können. Sie werden beginnen, die Magie nach außen zu projizieren, und bald werden Sie bereit sein, sie auch an die Menschen in Ihrem Umfeld heranzutragen.

Gehen Sie in Trance, bevor Sie sich heute Abend schlafen legen. Zählen Sie von dreihundert bis null, wobei Sie für jede Zahl einen Ausatem verwenden. Wenn Sie bei null angelangt sind, befinden Sie sich wieder am oberen Ende der Steinstufen. Die Stufen sind in massiven Fels geschlagen und schon von all den anderen, die diesen Weg vor Ihnen gegangen sind, ausgetreten.

Gehen Sie die Treppe hinunter, bis Sie wieder in der wunderschönen Landschaft stehen, die Sie bereits kennen. Nehmen Sie den Frieden Ihrer Umgebung wahr und schauen Sie sich um.

Achten Sie auf die Vielfalt der Landschaft, während Sie nun in ihr umherwandern. Nehmen Sie alles auf, was Ihnen aus der äußeren Welt vertraut ist. Bäume, Berge, Flüsse, Felder – und sich selbst. Werden Sie sich Ihres Körpers, Ihrer Bewegungen und Gefühle in diesem Raum bewusst. In diesem inneren Raum haben Sie eine andere Existenz, die genauso real ist wie Ihre äußere Wirklichkeit. Genau wie in der TraumZeit können sich innere und äußere Wirklichkeit miteinander verbinden. In dieser Landschaft sind Sie so wirklich, wie Sie es sich wünschen, und Sie können ganz und gar Sie selbst sein, so wie die Landschaft die Gestalt hat, die Sie ihr gegeben haben. Sie ist einzigartig für Sie. Nun geht es darum, diese Version Ihrer Erfahrung in die äußere Welt zu bringen. Ab jetzt wird sich immer dann, wenn Sie einen Baum oder einen Fluss oder einen Berg oder sonst etwas sehen, das auch in dieser Landschaft vorhanden ist, Ihre innere Wirklichkeit mit der äußeren Wirklichkeit verbinden. Sie beginnen zu erkennen, dass Sie sich verändert haben und dass sich damit auch Ihr Umfeld verändert. Sie bekommen ein Gefühl für die Magie der Kongruenz, die um Sie herum geschieht. Die Strukturen der Veränderung werden immer klarer, je mehr Sie sich darauf fokussieren, die möglichen Wirklichkeiten zu sehen. Je tiefer der Prozess, desto mehr wächst die Magie. Versuchen Sie nicht, die Verbindungen zu erzwingen. In den kommenden Tagen werden sie ganz natürlich zu Ihnen kommen. Jede gelungene Verbindung wird Ihre Fähigkeit, die Magie um sich herum geschehen zu lassen, steigern.

Sie sind hier, um die Tür zwischen diesen beiden Wirklichkeiten zu suchen und sie mit Ihren Sinnen zu formen. Sie sind die Tür. Während Sie Ihre Gedanken in diesem Raum erfahren, lernen Sie, Ihre innere Welt in die äußere zu verlagern. Sie selbst sind die Tür zur Schöpfung. Das Erfahren von Bäumen oder Blumen oder Bergen im Freien wird Ihnen die Energie geben, sich mit Ihrem inneren Raum zu verbinden und somit die Verbindung zwischen den beiden Welten herzustellen. Wenn Sie Ihre Umgebung voll und ganz sehen, hören und fühlen und sich innerlich mit dem im Außen Wahrgenommenen verbinden, mischen Sie die innere und die äußere Wirklichkeit und beginnen, Ihre Welt so zu formen, wie Sie sie sich wünschen. Versuchen Sie jedoch auch jetzt nicht, irgendetwas zu erzwingen. Überlassen Sie sich dem Fluss der beiden Welten und erleben Sie, was geschieht, wenn die Tür sich öffnet, damit Sie neue Erfahrungen machen können.

Ruhen Sie sich eine Weile in der Landschaft Ihrer inneren Welt aus und erlauben Sie sich, die Verbindungen entstehen zu lassen, die Sie brauchen, um Ihr inneres Selbst gefahrlos in die Außenwelt zu bringen. Die tägliche TraumZeit am Morgen wird Ihnen den Zugang weiter stärken und ermöglichen, dass Ihre Träume Wirklichkeit werden. Jetzt können Sie sich erlauben, begeistert zu sein. Die Magie ereignet sich bereits.

Lassen Sie sich Zeit, bevor Sie wieder zu der Treppe im Felsen zurückkehren und die Felsstufen hinaufsteigen.

Öffnen Sie die Augen erst, wenn Sie oben angelangt sind.

Ruhen Sie sich noch eine Weile aus und lassen Sie die Erfahrung nachwirken. Nehmen Sie nun zum letzten Mal innerhalb eines Rituals Ihr Notizbuch und Ihren Stift zur Hand und notieren Sie die Gefühle zu dem Gedanken, dass *Sie* Magie in Ihrem Leben Wirklichkeit werden lassen. Schreiben Sie auf, wie die Magie aussieht, die um Sie herum geschehen soll. Malen Sie mit Ihren Worten ein Bild von dieser Zukunft. Schreiben Sie alles auf, was Ihnen einfällt.

Sie werden feststellen, dass Sie mit jeder Trance mehr Kontrolle gewonnen haben. Nehmen Sie sich die Freiheit, Ihre innere Landschaft jenseits meiner Worte und Anweisungen zu erkunden. Sie sind Ihr eigener Lehrmeister und sollten diese Ereignisse auf die für Sie passendste Weise erleben. Nichts ist hier vorgeschrieben oder verboten. Es gibt keine Regeln, es gibt nur Führung.

Mother Shipton schreibt:

Die Sintflut kam, die Erde zu klären.
Herkules besiegt den Tod mit seinen Mühen.
Nur durch Taten wird das Leben blühen.
Die Flut klärt die Gemüter, sie hat ihren Preis.

Abschlussritual

Öffnen Sie den Kreis. Zünden Sie Ihre Kerze an und konzentrieren Sie sich auf die Flamme. Erlauben Sie einem Ihrer Tagträume, hinaus in die Flamme zu fließen. Lassen Sie ihn dort, während Sie die Augen schließen und über ihn nachsinnen. Lassen Sie nun Ihre Gedanken schweifen. Sobald Sie bereit dazu sind, öffnen Sie die Augen, ziehen Sie den Tagtraum aus der Flamme heraus, damit er weiterfließen kann, vielleicht sogar aus dem Raum hinaus, wenn Sie möchten. Beobachten Sie, wie anders Sie sich fühlen. Beobachten Sie, wie viel *wirklicher* sich Ihr Tagtraum jetzt anfühlt. Sie werden ihm in der äußeren Wirklichkeit wiederbegegnen. Löschen Sie die Kerze und schließen Sie den Kreis.

Kapitel vierzehn

Zunehmender Mond – Eine Offenbarung

Trance

Mother Shipton schreibt:

Das Licht der Offenbarung scheint aus deinem dritten Auge.
Dir allein gehört dein innerer Raum.
Nun ist es Zeit, den Raum zwischen den Menschen sichtbar zu machen und zu stören,
Zeit, zu erhellen und zu leuchten;
Zeit, dir die Magie anzueignen.

Nehmen Sie sich einen Moment Zeit, um über Ihr Leben nachzusinnen. Denken Sie an die Momente, wo Sie versäumt haben, für sich oder jemand anderen einzustehen. Wo Sie an einem Obdachlosen vorbeigegangen sind in der Hoffnung, dass er Sie nicht anspricht. Wo Sie kein Almosen gegeben oder einen Hilferuf ignoriert haben, weil es für Sie gerade nicht passte. Solche Erinnerungen nagen bei jedem von uns am Gewissen. Erkennen Sie das an. Sie sind ein Mensch, und eine unserer natürlichen Veranlagungen ist die Selbsterhaltung. Sie macht uns nicht zu schlechten Menschen, allein die Tatsache, dass Sie diese Gelegenheiten in Ihrem Gedächtnis gespeichert haben, bedeutet, dass sie einen emotionalen Gehalt für Sie besitzen. Weil Sie nicht gut damit dastehen, erinnern Sie sich noch daran. Ich bitte Sie nun, die Erinnerung jetzt zuzulassen, damit Sie den Angelpunkt so weit verschieben, bis Sie Ihre Balance zurückgewinnen und dieses Unbehagen nie mehr zu spüren brauchen. Ich bitte Sie nicht, immer und jedem zu helfen, denn das wäre für Sie selbst zerstörerisch. Aber ich möchte Sie zu einem inneren Raum führen, von wo aus Sie gerne Ihre Hand ausstrecken, und zwar auf eine Weise, die Ihr Leben bereichert und nährt, anstatt es zu beschneiden.

Öffnen Sie nun Ihren Geist für die phänomenale Kraft des Denkens. Wenn Sie mit der Quelle verbunden sind, erhalten die Gedanken Form und werden im Denken anderer verstärkt.

Öffnen Sie Ihren Geist für andere Wege des Fühlens und Denkens, für Philosophie, Religion, Reise und Erziehung. Öffnen Sie die Türen in Ihrem Innern und steigen Sie ein in das Gefilde der unendlichen Möglichkeiten. Hören Sie auf, sich vorzuwerfen, was Sie hätten tun können, und heilen Sie sich dadurch, dass Sie sich für andere einsetzen. Was wir für andere tun, wirkt wie Treibstoff auf die Magie.

Um ungehindert in dieses Stadium gelangen zu können, hilft eine Offenbarungserfahrung, anhand derer sich dieses Wissen zeigt und Wirklichkeit wird. Eine Offenbarung ist ein Moment der Erkenntnis, ein Moment, in dem sich die innere Welt, die TraumZeit und die äußere Welt im selben Licht zeigen. Es ist der Moment, in dem wir beginnen, die TraumZeit auf unsere äußere Welt zu projizieren. Die Folge ist: Unsere innere Wirklichkeit erhält Form und Substanz; wir formen unsere Umgebung unseren Bedürfnissen und Wünschen entsprechend, und alles kommt zusammen. Es ist wie das gerade erscheinende Bild im magischen Auge. Jeder von uns wird es auf seine eigene, mal mehr, mal weniger dramatische Weise erleben.

Ein solcher Moment, in dem ich begriff, was für ein außerordentliches Phänomen das Leben ist, widerfuhr mir vor langer, langer Zeit, als ich erlebte, wie das Leben aus einem pulsierenden, gesunden Körper, den ich in den Armen hielt, entwich, ohne dass ich etwas dagegen hätte tun können. Ich war zwanzig und lebte zusammen mit einer Gruppe fröhlicher Außenseiter. Ich arbeitete an der Bar eines Schwulenclubs in einer der etwas schmuddeligeren Gegenden Londons. Es war nicht gerade ein sicherer Ort zum Leben, nicht zuletzt weil 1983 das Phantom von AIDS gerade frisch durch das Land geisterte und die Ausgrenzung der Schwulen ihren Höhepunkt erreicht hatte. Die Besitzer des Clubs hatten mir ein Zuhause gegeben, als ich es brauchte, und ich schenkte ihnen meine Liebe und Treue. Nicht nur sie, sondern auch alle, die sich dort als Gäste zugehörig fühlten, wurden mir zu einer Familie. Nicht alle waren schwul, jeder aber hatte seine eigenen Besonderheiten, egal ob politischer, sexueller oder religiöser Art, ob wegen seines Alters oder seiner Kleidungspräferenzen. Alle waren willkommen, solange sie bereit waren, Dorothys Königreich von Oz zu betreten und zum Beat der Disco Drums zu tanzen. Ich fühlte mich sehr wohl dort, hier konnte ich meinen eigenen Eigenheiten erlauben, Form anzunehmen. Ich fühlte mich an diesem Ort sicher und zu Hause.

Dann kam die Nacht, in der ich dem Tod begegnete.

Samstagabends waren Straßenkämpfe dort, wo ich lebte, nichts Ungewöhnliches. Dieser aber war anders. Je später es wurde, desto gewalttätiger und lauter wütete es draußen. Wir hörten Lärm, Rufe von draußen, etwas Feuchtes wurde gegen eines der Fenster geworfen. Wir beachteten es nicht weiter. Die Unruhen ließen normalerweise von selbst wieder nach. Wir kümmerten uns einfach nicht darum.

An jenem Abend trafen hier zwei Welten aufeinander, und keine davon war Kansas (wie Dorothy im Zauberer von Oz bemerkt). Ich erinnere mich noch daran, wie die Pailletten am Rock der Drag Queen im Licht ihrer Zigarette glitzerten, während sie am Bühnenrand auf ihren Auftritt wartete. Mit roten Lippen und einer hoch aufgetürmten blonden Perücke. Ein seltsames Bild, das sich mir fest ins Gedächtnis eingebrannt hat. Die Geräusche draußen verklangen, während ich weiterarbeitete und sich die Drums ihren Weg durch die Nacht schlugen. Es wurde spät, und ich weiß nicht, wieso ich eigentlich draußen war, als es passierte. Jedenfalls sah ich, wie sich eine Horde Männer auf einen einsamen Jungen stürzte, der den Club nach mir verlassen hatte. Dann schleiften sie ihn über die Straße, wo sie ihn blutverschmiert halb auf der Straße, halb auf dem Bürgersteig liegen ließen. Ich rannte hin, kniete mich zu ihm nieder und legte seinen Kopf in meinen Schoß. Hinter mir hörte ich Rufe, die

Leute aus dem Club kamen angerannt, während ich dem Jungen über das Haar strich. Das Blut war durch sein bis dahin makellos weißes T-Shirt gesuppt, was es dunkel und schwer machte und wie eine Gummiplatte aussehen ließ. Ich spürte, wie die anderen schweigend um mich herumstanden. Ein paar zogen ihre T-Shirts aus und reichten sie mir. Während ich noch versuchte, den Blutfluss damit zu stillen, merkte ich, wie sein Körper zuckte, Blut trat ihm in Blasen aus dem Mund. Er bewegte sich nicht mehr. Seine leeren Augen sahen zu mir hoch, und ich schrie seinen Schmerz in den abnehmenden Mond hinauf, der in dieser Nacht die Straße beleuchtete.

Ist es nicht merkwürdig, was sich in unserem Gedächtnis festsetzt? Ich kann mich nicht erinnern, den Mond jemals davor oder danach dort gesehen zu haben. Dieser namenlose Junge starb damals direkt auf dieser schmutzigen Straße. Er war sicher nicht älter als achtzehn gewesen. Einfach ein Junge, der ausgegangen war, um ein bisschen Spaß zu haben. Nur ein Junge. Und jetzt war er tot. Getötet aufgrund von Vorurteilen, Angst und Ignoranz. Als die Polizei kam und der Krankenwagen seinen Leichnam abtransportiert hatte, kehrte ich nach drinnen zurück. Ich erinnere mich nicht, dass ich irgendwelche Musik gehört hätte, aber ich spürte, wie die Menschen um mich herum mir einen Weg bahnten. Wie die Karikatur einer Prophetin streckte ich meine blutverschmierten Hände flehend vor mir aus, als Ausdruck für etwas, dem ich keine Stimme zu geben vermochte, während das grelle Rot von Lilys Paillettenkleid im Licht der Diskokugel glitzerte. Es läuteten keine Glocken für den toten Jungen, nicht einmal seinen Namen kannten wir.

Der unbekannte Soldat im Krieg der Vorurteile und des Hasses.

Ich ging nach oben und duschte mich. Das Wasser brannte mir auf der Haut, während sich meine Tränen mit ihm vermischten. So viel Blut. Zu viel Blut. Ich weinte aus Angst um mich und um meine Freunde. Ich zitterte und weinte, weil ich nicht einmal seinen Namen wusste und er in meinen Armen gestorben war.

Es hätte jeden von uns treffen können. Wir sprachen darüber, dass wir uns schuldig fühlten, weil wir nicht eher hinausgegangen waren und nicht versucht hatten, das Unglück zu verhindern. Es ergab keinen Sinn. Tief im Innern wusste ich, dass ich in der Situation nichts weiter hätte tun können. Ab jetzt aber konnte ich aufstehen und kämpfen. Was ich auch tat und noch heute tue. Es wird nie der leichte Weg sein. Man wird selten Lob dafür erhalten, und mitunter wünscht man sich einfach nur, man könnte aufgeben. Es macht einen nicht gerade beliebt, wenn man das Richtige tut, aber seit diesem Erlebnis hatte ich keine Wahl mehr. In dem Moment, wo ein Mensch in meinen Armen sein Leben ausgehaucht hatte, traf ich meine Wahl: Ich wollte Ignoranz, Angst und Vorurteile bekämpfen. Natürlich weiß man nicht immer sofort, was richtig ist. Ich kann nur tun, was sich für mich *richtig* anfühlt, also die Zeitschriftenseite, die schreckliche Bilder von kriegsgeschädigten Frauen zeigt, nicht überspringen oder dem Obdachlosen nicht den Rücken zuwenden.

Dieses Wissen wurde das Urkorn für die Perle in meiner Auster. Ich musste versuchen, etwas Schönes in der Welt zu erschaffen. Inzwischen unterstützt mich Mother

Shipton, damit ich mir treu bleibe und mich nicht von Geld, Ruhm oder Ehre verführen lasse; sie erinnert mich daran, dass ich im Tausch für den Tod dieses Jungen meine Offenbarung geschenkt bekam. Dieses Wissen treibt mich an und hindert mich daran zu vergessen, warum es wichtig ist zu tun, was ich kann, um diese Welt zu verändern. Wir sind Teilhaber des Lebens und keine Beobachter, und ich weiß, dass genauso gut ich damals auf der Straße hätte sterben können. Mother Shipton hielt mir den Spiegel vor die Seele und zeigte mir damit die wahren Zusammenhänge. Wir alle sind miteinander verbunden, es ist egal, ob ich dem anderen den Rücken zuwende oder mir selbst. Erst viele Jahre später, als ich mich ganz und gar mit der Quelle der Magie in mir verbunden hatte, wusste ich mit Gewissheit, dass es für mich keinen anderen Weg voran gab, als für die zu kämpfen, die keine Stimme haben.

Jetzt ist es an Ihnen, Ihre Wahl zu treffen. Auch wenn Sie vielleicht kein so deutliches Offenbarungserlebnis gehabt haben, steckt doch das Wissen darüber, was für Sie richtig ist zu tun, bereits in Ihnen. Sie sind bereit, auf das zu hören, was sich in Ihnen richtig anfühlt, und darauf zu antworten. Das ist Teil der Magie, die die Welt verändern wird. Lassen Sie alles los, was Sie bedauern, getan oder nicht getan zu haben. Jetzt geht es darum, aus der Vergangenheit zu lernen und die Zukunft zu einem besseren Ort zu machen. Es geht darum, sich für die einzusetzen, die keine Stimme oder kein Obdach haben. Wir leben in einer einzigen, großen und potenziell wunderbaren Welt, wo es viel Dunkelheit und Ungerechtigkeit gibt. Jetzt ist es an Ihnen, etwas zu bewegen, damit die Waage nach beiden Seiten gleich ausschlagen kann. Sie werden Ihre Chance bekommen, falls es Ihnen nötig erscheint, etwas wiedergutzumachen, und diesmal werden Sie wissen, was Sie tun müssen. Was in der Vergangenheit geschehen ist, können Sie nicht mehr ändern, die Zukunft aber können Sie anders gestalten, und zwar nicht nur für sich, sondern für uns alle, langsam und Stück für Stück. Es ist an der Zeit, dass Sie Ihre Lebensträume durch die Traum-Zeit aus Ihrem inneren Raum in die äußere Welt entlassen. Es ist an der Zeit, dass Sie Ihre Träume ausdrücken und durch Ihr Handeln auch für andere Magie geschehen lassen.

Gehen Sie heute, bevor Sie sich schlafen legen, in Trance, indem Sie wie immer von dreihundert bis null zählen. Nun stehen Sie wieder oberhalb der Felsstufen, die schon von all den anderen, die vor Ihnen hier waren, ausgetreten sind. Sie tragen keine Last. Ihr Weg ist hell erleuchtet. Sie sind mit dieser Reise inzwischen vertraut.

Steigen Sie die Stufen abwärts, bis Sie wieder und zum letzten Mal in der wunderschönen friedlichen Landschaft stehen, in der Sie sich ganz sicher fühlen können. Spüren Sie den Frieden dieses Ortes, schauen Sie sich um und nehmen Sie alles, was Sie sehen, in sich auf.

Machen Sie es sich an irgendeinem Ort bequem und legen Sie sich hin. Schließen Sie die Augen und nehmen Sie wahr, wie das Sonnenlicht durch die Augenlider hindurchschimmert. Es ist genauso wie morgens, wenn Sie zum Morgenlicht erwachen und noch in diesem Raum zwischen Schlafen und Wachen verweilen. Diese Zeit und dieser Raum gehören Ihnen, vergessen Sie das nicht.

Während Sie so daliegen, möchte ich Sie bitten, ein Bild in sich aufsteigen zu lassen, das Sie normalerweise gern wieder auslöschen würden, und zwar von einem hungernden Kind oder einem Tier, das geschlagen wurde – ein Bild, das Ihnen all die Ungerechtigkeit und Dunkelheit der Welt vergegenwärtigt. Sie sind jetzt stark genug, um sich damit auseinandersetzen zu können.

Sobald Sie ein Bild vor Augen haben, möchte ich Sie bitten, sich zu sagen: *Ab jetzt werde ich nicht mehr wegschauen, ich werde deine Stimme sein.* Lassen Sie sich von dieser Absicht erfassen.

Bringen Sie das Kind oder das Tier in dieser Traumlandschaft an einen Ort, an dem es heilen kann.

Nehmen Sie sich nun ein wenig Zeit für sich und lassen Sie Ihr Inneres die Verbindungen herstellen, die Sie brauchen, um diese Gedanken über den Wandel Wirklichkeit werden zu lassen. Ab jetzt können Sie während der morgendlichen TraumZeit Ihren Tagträumen erlauben, Raum zu greifen und ihren Weg in die Welt zu finden. Erlauben Sie Ihren Träumen, in die Welt hinauszuströmen. Suchen oder lauschen Sie nach Wegen, auf denen Wandel geschehen kann. Spüren Sie, wie dies geschieht, während Sie der Quelle Ihrer eigenen Magie entgegenwachsen. Erkennen Sie die Stimme der Gerechtigkeit. Werden Sie zur Stimme für den Wandel.

Kehren Sie zu den Felsstufen zurück, wenn Sie so weit sind. Sobald Sie oben angelangt sind, können Sie die Augen öffnen.

Schreiben Sie nun Ihre Gedanken und Gefühle sowie all das auf, was Sie getan haben. Sie sind jetzt stärker – stärker auch, als Sie dachten oder sich früher fühlten.

Jetzt können Sie Wandel einleiten und Wirklichkeit werden lassen. Sie sind jetzt bereit, sich mit der Quelle zu verbinden.

Mother Shipton schreibt:

So stehst du nun zwischen den Stühlen;
denn wisse, dass alles im Himmel und auf Erden
zum Guten oder Schlechten gedeihen kann.
Wir alle haben die Wahl und einen freien Willen.
Nutze ihn gut, gib ihm Gewicht,
Böses, das ignoriert wird, breitet sich aus.

Abschlussritual

Öffnen Sie den Kreis. Zünden Sie Ihre Kerze an und nehmen Sie sich einen Augenblick Zeit, um sich auf die Flamme zu konzentrieren. Lassen Sie alles, was Sie bedauern, getan oder nicht getan zu haben, in einem Gedanken Form annehmen und diesen Gedanken in die Flamme hinüberfließen. Schließen Sie die Augen und vergeben Sie sich alle diese Dinge. Versprechen Sie sich, dass Sie in Zukunft tun werden, was Sie als richtig erkennen. Öffnen Sie die Augen und danken Sie der Flamme, dass sie all Ihr Bedauern absorbiert und Ihnen Licht geschenkt hat. Löschen Sie die Kerze und schließen Sie den Kreis.

In den nächsten Wochen werden Sie eine Gelegenheit bekommen, sich für etwas einzusetzen, das anderen hilft. Vielleicht stellen Sie Ihre Zeit zur Verfügung, spenden

Geld oder teilen Ihr Wissen, auf alle Fälle aber heilen Sie sich durch diesen Akt des Gebens selbst. Forcieren Sie nichts. Sie werden die Bereitschaft in sich finden, Ihre Verbindung zu denen, die Sie umgeben, zu akzeptieren. Die Gelegenheiten werden sich von selbst bieten. Wenn Sie es ohne das Bedürfnis tun, anderen davon zu erzählen und damit Ihr Ego zu füttern, werden Sie einen unglaublichen Frieden erfahren. Es geht um Sie und Ihre Beziehung zu Ihrer Quelle, nicht um Ihr Ego.

Irgendwann werden Sie an einem Punkt sein, wo Sie sich wundern dürfen, wie viel Sie durch diese Verbindungen gewinnen.

Kapitel fünfzehn

Vollmond – Synergieeffekt

Ritus

Mother Shipton schreibt:

Verkünde es, wenn ein Fremder dir Gutes erweist,
so wie die Moabiterin Ruth Hilfe von Boas erfuhr.
Insgeheim verdient, in Stille gegeben,
wird dieses Geschenk dein Leben für immer verwandeln.

Wo waren im Zuge meines Wandlungsprozesses all die Träume, all die Dinge hin, die ich auf magische Weise hatte geschehen lassen wollen? Früher – bevor ich mich mit der Quelle verbunden und dieser Prozess begonnen hatte – dachte ich, dass ich um Dinge bitten müsse, damit sie dann per Magie erschienen. Noch früher, zu einer Zeit, als ich mich weigerte, an Mother Shiptons Worte zu glauben, hatte ich gedacht, dass ich, wenn ich hart und beständig arbeitete, auch ohne Magie, nur durch Anstrengung und Konzentration, bekommen würde, was ich wollte. Ich hatte gedacht, ich könnte die Welt nach meinem Belieben und durch reine Willenskraft manipulieren, ohne irgendwelche Gefühle zu berücksichtigen.

Jetzt hatte ich begriffen, dass das Erspüren des Magischen zwar eine grundlegende Komponente außergewöhnlichen Wandels ist, es aber nicht erscheint, bloß weil wir das so *wollen*. Wir müssen die Magie erschaffen und nähren. Echte Magie schenkt uns die Vision und die Energie, die Welt auf andere Weise zu sehen und tatsächlich eins mit der Quelle aller Magie zu sein. Während ich mich also änderte, änderte sich die Welt um mich herum mit mir, und meine Träume nahmen in der Wirklichkeit Form an. Scheinbar zufällige Ereignisse trafen aufeinander. Beziehungen zwischen Ereignissen, wie ich sie in der TraumZeit geschaffen hatte, traten in die äußere Welt hinaus, und ich fand mich zur rechten Zeit am rechten Ort wieder. Menschen, von denen ich es nie erwartet hätte, boten mir plötzlich Unerwartetes an, und ich ließ zu, dass sie Teil an meinem Wandel hatten. Dies war der seltsamste Teil der Lektion, die ich zu lernen hatte: Dadurch dass ich meine innere Landschaft verwandelte und diese Verwandlung durch mein Handeln in meiner Umgebung manifestierte, schuf ich die magische Atmosphäre für synergetische Effekte. Ich schuf Magie *für die Menschen um mich herum*, und die Magie kehrte um ein Vielfaches vermehrt zu mir zurück.

Zum Beispiel geschah Folgendes. Ich schenkte irgendwelchen Leuten meine Zeit und erzählte, während ich mit ihnen zusammen war, von der Magie und von dem, was mir geschah, von meinen Träumen und Plänen. Ich teilte es mit ihnen ohne Angst, dieses Teilhaben-Lassen könnte meine Träume in irgendeiner Weise verkleinern. Es war doch zu komisch. Früher (in jenem weit entfernten, eisigen Land meiner Vergangenheit) hätte ich meine Träume niemandem anvertraut, aus der absurden Angst heraus, sie könnten mir gestohlen werden oder meine Pläne würden die anderen irritieren oder ich würde dadurch, dass ich sie jemandem erzählte, eine Art Fluch heraufbeschwören. Ich stellte bald fest, dass die Leute mir zuhörten, wenn ich mich ihnen öffnete und zeigte, was mir geholfen hatte, mich zu verändern. Ich öffnete mich dafür, Geschenke zu empfangen, was ich früher nie gekonnt hatte. Ich akzeptierte nur die Geschenke, die ich *brauchte*, die mich weiterbrachten, und nichts weiter. Ich fürchtete mich nicht mehr vor der Fähigkeit anderer, mir zu helfen, und vor den Beziehungen, in die ich mich dadurch begab. Meistens waren die Menschen, denen ich half, nicht in der Lage, mir auf praktische Weise die Hilfe zurückzugeben. Sie brauchten meine Hilfe, deshalb war ich für sie da. Ihre Liebe und ihre Begeisterung jedoch – ihre freundlichen Worte und ihre guten Wünsche – waren für mich Nahrung wie für einen Hungernden. Sie nährten mich und gaben meiner Magie Struktur und Farbe. Sie wünschten mir Erfolg und schickten diese Wünsche ins Universum, was die Magie stärkte und meine Träume Wirklichkeit werden ließ. Die Menschen, die sich selbst am wenigsten in der Lage fühlten, mir zu helfen, halfen mir am Ende am allermeisten. Sie halfen mir nämlich zu verstehen, dass die wahre Natur der Magie darin besteht, dass man sie anderen gibt und mit ihnen teilt.

Es gibt daher eine simple Regel, die Sie befolgen müssen, damit es funktioniert.

Sie geben Ihren Mitmenschen etwas, ohne eine Gegenleistung zu erwarten oder sich zu wünschen.

Sie geben es ihnen aus dem einfachen Grund, dass es dem anderen nützt. Je mehr Aufwand oder Energie, Zeit oder Geld Sie *von Herzen* dort hineinstecken, desto mehr wird die Quelle der Magie in Ihnen wachsen. Zunächst mag es Ihnen irritierend, zeitaufwändig oder zu anstrengend vorkommen, aber bleiben Sie bitte dabei. Sie werden vergolten bekommen, was immer Sie in diese Beziehungen hineingeben oder an Zeit aufwenden, wenn es auch höchstwahrscheinlich nicht direkt von den Menschen zurückkommt, denen Sie etwas gegeben haben.

Als ich mich auf diesen Weg begab und anderen Menschen meine Zeit und Sachkenntnis schenkte, ohne etwas dafür zu verlangen, und (wie ich damals fand) ziemliche Unbequemlichkeiten und Mühen auf mich nahm, plusterte ich mich auf vor Stolz darüber, was für ein guter Mensch ich doch war. Ich konnte es nicht lassen, anderen davon zu erzählen. Ich – oder eigentlich mein Ego – wollte Anerkennung und Lob. Was für ein kapitaler Fehler! In null Komma nichts war meine Quelle vertrocknet, und ich fiel zurück in alte Verhaltens- und Denkmuster, in denen ich bedürftig und uneinsichtig war und mich in meinen neuen Verpflichtungen gefangen fühlte.

Da fielen mir Mother Shiptons Worte wieder ein: *Alles was du tust, ist deine Wahl …* Also traf ich die Wahl, anderen zu helfen. Ich schenkte ihnen meinen Respekt und meine volle Aufmerksamkeit. Je schwieriger sie waren, desto mehr strengte ich mich an – und es funktionierte. Die Magie kehrte zurück, zunächst als kleines Rinnsal, bevor sie wieder voll ins Fließen kam. Meine Selbstachtung stieg, als ich begriff, dass ich es anderen ermöglichte, Magie zu erfahren, und dieses Gefühl stimmte. Es nährte meinen Geist und meine Seele, und in dem Gleichgewicht, das daraus entstand, hatte mein Ego keinen Platz mehr. Merkwürdige Zufälle ereigneten sich. Jemand mir gänzlich Unbekanntes, der von meiner Arbeit gehört hatte, gab mir das Geschenk eines Namens. Dieser Name verschaffte mir Zeit und Informationen, und ich konnte Verbindungen knüpfen. Meine Träume begannen Wirklichkeit zu werden. Ab da war nichts von dem, was ich von Herzen und ohne die Erwartung eines persönlichen Gewinns tat, verschwendet. Zuerst musste ich mich immer wieder daran erinnern, dass alles, was ich machte, meine Wahl war. Ich hatte die Entscheidung getroffen, Magie in die Welt zu bringen und mit meiner Reise zur Quelle ganz ehrlich und praktisch zu zeigen, wie ich mein Leben zu leben beabsichtigte. Ich würde es leben. Es war mein emotionaler Grundzins, und ich war nur zu bereit, ihn für das zu bezahlen, was er mir gab. Die Magie wuchs weiter an. Die Zufälle und Verbindungen wurden bedeutender, bis schließlich außergewöhnliche Ereignisse zu etwas Alltäglichem für mich wurden. Ich sah sie in meiner TraumZeit, hatte sie in meiner inneren Wirklichkeit bereits gelebt, und nun erschienen sie wie wilde Blumen überall in meiner äußeren Wirklichkeit. Das war wunderbar. Die Menschen in meiner Umgebung merkten es und fühlten sich davon angezogen. Sie wollten etwas über die Magie erfahren. Und weil sie danach fragten, teilte ich mein Wissen und meine Reise mit ihnen.

Mother Shiptons Worte teilte ich ebenfalls mit ein paar wenigen, so dass die Magie über mich hinauswuchs. Das Netz des Schicksals (*Web of Wyrd*) breitete sich immer weiter aus. Ich war sehr glücklich, dieses Geschenk mit anderen zu teilen. Außerdem hatte ich es Mother Shipton ja versprochen …

In solchen Momenten verstand ich, dass Magie nichts ist, was man zur Erfüllung seiner eigenen Wünsche nutzt, sondern dass man sie für andere erschafft. Mother Shipton hatte mich gelehrt, *dass Magie etwas ist, das passiert, wenn du nicht hinschaust – es geschieht in deinen Augenwinkeln, nicht vor deinen Augen*. Und währenddessen veränderte ich mich und verband mich mit der Quelle, ich nutzte mich als die Verbindungstür, durch die ich meine Träume und Hoffnungen aus meiner inneren Welt in die äußere Wirklichkeit brachte. Diese Träume und Hoffnungen wuchsen über mich hinaus und verbanden sich mit anderen, die diese Träume Wirklichkeit werden lassen konnten und es auch taten.

Dank dieses Prozesses fand ich die Liebe. Die Selbstliebe. Die Selbstachtung. Eine echte, ehrliche Wertschätzung meiner selbst, die mich dafür öffnete, ohne Schuldgefühle oder ein Bedürfnis nach Rechtfertigung für mich zu sorgen. Zugleich lernte ich, mich mit all meinen Fehlern zu verstehen und anzuerkennen. Mit Mother Shiptons Hilfe lernte ich, auf meine innere Stimme zu hören, die mich auf dem Weg zur Quelle anführte. Dabei ist es nicht etwa so, dass ich mich immer über jeden Ratschlag gefreut oder mich dabei wohl in meiner Haut gefühlt hätte, nach ihren Empfehlungen zu handeln. Ich hatte jedoch endlich gelernt, dass es nicht darauf ankommt, *wer* Recht hat, sondern auf das, *was* recht ist, so dass ich nicht mehr gegen die ganze Welt zu kämpfen brauchte. Ich lernte Demut. Und bevor Sie nun denken, ich wäre völlig durchgedreht, lassen Sie mich Ihnen sagen, dass es durchaus Zeiten gibt, wo ich gern in mein eigenes Horn stoße. Es ist aber doch eher den alten Zeiten zuliebe, als dass ich wirkliche Freude daraus zöge, mich so aufzuspielen. Eine alte Gewohnheit, die ich ebenso gut ablegen und hinter mir lassen kann.

Als ich erst einmal gelernt hatte, mich selbst zu lieben und meine eigenen Anstrengungen gebührend zu würdigen, fand mich auch die partnerschaftliche Liebe. Um ehrlich zu sein, lief es nicht so ab, wie ich es mir gewünscht hätte (aber vielleicht ist genau das der Punkt!), und es war überhaupt keine glühende, leidenschaftliche, von den Socken hauende, romantische Liebe. Wir lernten uns als Freunde kennen. Zuerst mochten wir uns, dann kamen das Lachen, der Respekt und schließlich ein tiefes Verstehen. Ich lernte einen Mann zu lieben, der es nicht nötig hat, jedem mitzuteilen, was er alles kann. Er ruht in sich. Ganz und gar nicht was ich erwartet hatte, aber genau was ich brauchte. Diesmal lag Mother Shipton ganz richtig. Nachdem ich gelernt hatte, mich diesem Mann wirklich zu zeigen mit allem, was ich war, kam eine Liebe auf, wie ich sie noch nie erlebt hatte, und eine Leidenschaft, die immer noch weiter wächst. Jetzt bin ich bereit für ein gemeinsames Leben. Und das ist etwas, was nur passiert, wenn man sich selbst genug vertraut, da man nur dann auch dem anderen ganz vertrauen kann. Jetzt gibt es einen Menschen in meinem Leben, den ich lieben kann und der mich liebt. In unserer Beziehung gibt es keine dunklen Winkel, keine Spielchen und kein Kräftemessen. Diese Liebe kam erst zu mir, als ich in der Lage war, ehrlich mit mir zu sein. Erst da konnte ich einen Mann finden, der in sich ruhte und sich nicht nur mit einem anderen Menschen verbinden wollte, sondern dazu auch in der Lage war. Und erst als ich herausgefunden hatte, wer ich war, wollte ich dies auch mit einem Partner teilen. Wir haben immer Gesprächsstoff. Selbst wenn wir vierundzwanzig Stunden am Tag zusammen verbringen, geht es uns wunderbar miteinander. Wir können getrennt voneinander sein, ohne bedürftig zu werden. Wir können gemeinsam schweigen und wirklich mitfühlen, wenn der andere erfolgreich oder traurig ist. Mit dieser Beziehung habe ich mein persönliches Happy End, das ich lieber meinen Happy Anfang nenne. Wir haben aus Liebe und bei Kerzenlicht geheiratet, mit Familie und Freunden um uns herum. Ja, mit Freunden. Ich hatte vergessen, wie wichtig sie für mein Wohlbefinden sind. Freunde waren noch so etwas, was ich in meiner Besessenheit, es mit der Welt aufnehmen zu wollen, geopfert hatte. Die Magie brachte sie mir wieder: Ich lernte neue Menschen kennen, die ich jetzt stolz meine Freunde nennen darf.

Entscheidend für diesen ganzen Prozess sind die »Verbindungen«. Verbindungen zwischen Hirnzellen, Verbindungen zwischen Gedanken und Ideen, Verbindungen zwischen inneren und äußeren Wirklichkeiten, eine Verbindung mit der Welt, die uns umgibt, und den Menschen darin. Magie ereignet sich nicht in einem Vakuum, sie braucht Verbindungen, damit sie ihre Wege finden kann. Zur Herstellung dieser Verbindungen brauchen wir Vertrauen und Ehrlichkeit. Ich hatte keine Angst mehr vor dem Erfolg und vor anderen Menschen. Beides darf nun in meine Wirklichkeit herein.

Sie sind jetzt an einem Punkt angekommen, wo Sie sich mit Ihren Wurzeln und der Kraft Ihrer Vorfahren verbinden können, wo Sie das von ihnen gelebte Leben würdigen, weil es Sie ins Leben brachte. Nehmen Sie wieder Verbindung auf zu denen, die Ihnen etwas bedeuten. Gehen Sie hinaus und verbinden Sie sich mit den Menschen, die Sie lieben. Sagen Sie ihnen, dass Sie sie lieben. Werfen Sie Ihre Worte in die Waagschale. Schreiben Sie ihnen, wenn Sie es nicht aussprechen können. Verbinden Sie sich mit dem Leben. Auch ist es jetzt an der Zeit, sich auf die Suche nach Gleichgesinnten zu machen. Sehen Sie sich auf den Websites um, die am Ende des Buches angegeben sind. Vielleicht mögen Sie sich bei einer davon engagieren. Sie können und werden Ihre eigenen Wege finden, um sich mit offenherzigen Menschen zu verbinden. Finden Sie andere, die ebenfalls auf der Reise sind. Suchen Sie mich im Netz auf, wenn Sie möchten, ich würde mich freuen.

Die Verbindungen, an denen Sie geduldig Morgen für Morgen gearbeitet haben, sind nun in der äußeren Welt angekommen. Sie sind nicht der erste Mensch, und Sie werden nicht der letzte sein, der das tut. Machen Sie jetzt den letzten Schritt und entlassen Sie die Magie in eine weitere Welt, verbinden Sie sich mit Schwester Mond. Stärken Sie die Kraft des Mondes, um der Magie ihren vollkommensten Ausdruck zu verleihen.

Abschlussritual

Räumen Sie auf mit den Begrenzungen, den verlorenen Anteilen, den dunklen Winkeln: In diesem Ritual erlauben Sie allen Aspekten Ihrer Geschichte, in die äußere Wirklichkeit hinauszutreten, so dass Sie, liebe Leserin und lieber Leser, eins mit sich werden. Sie sind nun vollständig und bereit.

Außerdem können Sie die Gelegenheit nutzen, sich bei der Quelle dafür zu bedanken, dass sie Sie willkommen geheißen hat. Bedanken Sie sich bei all den Menschen und all den Geschehnissen in Ihrem Leben, die Sie zu dem gemacht haben, die oder der Sie heute sind. Gutes und Schlechtes – beides gehört zu Ihnen. In diesem Ritual können Sie sich selbst für das akzeptieren, was Sie sind und was Sie in Ihrem Leben gemacht haben. Jetzt sind Sie bereit dazu, echte Magie in Ihrem Leben willkommen zu heißen. Sie sind bereit, Ihre Zukunft selbst zu gestalten und zu spüren, dass Sie Magie in Ihrem Leben verdienen. Den Wunsch, die Magie zu zerstören oder sie zu ignorieren, werden Sie gleich im Geist des Kerzenlichts verbrennen.

Jetzt ist es Zeit, der Quelle zu danken, wenn sie Ihnen begegnet. Öffnen Sie den Kreis. Zünden Sie Ihre Kerze an. Laden Sie in die sanfte Kerzenflamme die Essenz der Vorfahren aus Ihrer Vorfahrenecke sowie all der Menschen ein, die dank der Magie in Ihr Leben getreten sind. Sehen Sie, wie die Flamme flackert.

Nun müssen Sie wissen, dass die Kerzenflamme ihr eigenes Leben führt. Feuer ist ein Elementarwesen, und während Sie ihm zuschauen, können Sie den lebendigen Geist des Elementarwesens in der Flamme spüren. Sie können seine Kraft spüren. Es ist eine Kraft, wie sie allen Elementarwesen um uns herum zu eigen ist: Sie kann zerstören oder erschaffen. Ab jetzt werden Sie immer, wenn Sie für ein Ritual eine Kerze anzünden, das Elementarwesen in der Flamme bitten, Ihre Vorfahren und alle, die Sie lieben, zu versammeln, damit sie an Ihren Ritualen teilhaben und Sie auf Ihrer Reise zur Quelle unterstützen. Beobachten Sie das Flackern der Kerze, wie die Flamme größer oder kleiner wird je nach Kommen und Gehen der Geister während Ihres jetzigen Rituals und auch in der Zukunft. In ihrem Kommen und Gehen bringen sie Ihnen Geschenke wie Unterstützung, Wohlwollen, Selbstvertrauen, Güte, Selbstlosigkeit. Sie werden Ihnen genau das bringen, was Sie gerade brauchen. **Vielleicht möchten Sie, während Sie in die Flamme schauen, die Geschenke, die sie Ihnen bringen, im Stillen benennen. Danken Sie ihnen dabei.**

Verweilen Sie eine Weile bei der Elementarflamme. Vergegenwärtigen Sie sich den Schein der Flamme auch noch einmal mit geschlossenen Augen. Danken Sie ihr dafür, dass sie Ihnen hilft, die Magie Ihrer inneren Welt zu fokussieren und nach außen zu projizieren.

Öffnen Sie die Augen und pusten Sie die Kerze aus.

Schließen Sie den Kreis und waschen Sie sich die Hände. Stehen Sie auf und öffnen Sie das Fenster. In diesem Ritual bringen Sie in einem einzigen einfachen Akt die Energien der Luft, des Feuers, der Erde und des Wassers zusammen.

Mother Shipton schreibt:

Ruth im Kornfeld erkannte Boas Gaben; back du
dein Brot, jetzt wo du weitergehst.
Das Angebot ist klar, so viel kann ich ersinnen.
Wählst du verkehrt, so wirst du verkümmern,
wählst du gut, wirst du in Mondes Arm gedeihen.

Lammas

Dieses Fest wird auf der nördlichen Halbkugel Ende Juli oder Anfang August und auf der südlichen Ende Januar oder Anfang Februar gefeiert.

Jetzt können wir uns über die ersten Früchte unserer Arbeit, über unser Gedeihen und einen kontinuierlichen Erfolg freuen. Wir reflektieren über unsere harte Arbeit und bieten anderen in Form von Geld oder Hilfe Geschenke an. Es ist eine Zeit des Nachdenkens und des Ausruhens sowie dafür, vergnüglichen Beschäftigungen nachzugehen. Bei Lammas-Festen feiern wir und teilen unsere Gaben mit denen, die an unserer Arbeit teilgehabt haben. Als Symbol dafür wird Brot gebacken, das dann gemeinsam verzehrt wird.

Lammas ist auch eine Zeit, in der wir uns Ruhe gönnen und uns unsere Ziele neu setzen. Wenn wir jetzt Geschenke geben, ohne eine Gegenleistung zu erwarten, maximieren wir unsere Verbindung mit der Quelle. Anonym Geschenke zu machen ist am allerbesten, denn das wird uns hundertfach vergolten werden. Diese Geschenke werden uns in den Wintermonaten warmhalten, sie bilden eine andere Art von Ernte als die, die wir gerade eingefahren haben. Die Geschenke, die wir zu dieser Zeit geben, sind wie Samen, die wir säen, damit sie uns während der dunklen Wintermonate zu einer spirituellen Ernte aufgehen.

Außerdem blicken wir jetzt zurück auf das, was wir seit dem letzten Lammasfest getan haben, und halten Vorschau auf das, was wir uns bis zum nächsten vornehmen wollen. Jetzt erkennen wir an, was wir falsch gemacht haben, damit wir es in Zukunft anders machen können. Die guten Früchte, die wir geerntet haben, und die positiven Denkweisen und Handlungen können jetzt gefestigt werden. Und schließlich nutzen wir Lammas, um uns von den Menschen oder den eigenen Verhaltensweisen zu verabschieden, die nichts zu unserer Fülle beigetragen haben.

Kapitel sechzehn

Vollmond – Verbundene Einheit

Ritus, Ritual und Trance

Mother Shipton schreibt:

Sei großzügig und fass dir ein Herz, wenn der
Himmel dunkelt.
Böse Aussaat und grausame Erde haben dich
gelehrt, dass der Mensch nicht zum Fliegen
geschaffen ist.
Bring die Himmel zum Schweigen und
hör auf dein Herz, denn die schwarzen Schwäne
brechen als Erste auf.

Schlussritual

Suchen Sie sich während der Vollmondtage eine möglichst klare Nacht aus und gehen Sie in den Garten oder hinaus auf ein Feld oder öffnen Sie zumindest die Fenster ganz weit. Es geht jetzt darum, den Mond herunterzuziehen und seine weibliche Kraft anzurufen, damit sie Sie umgibt und zu einem integralen Bestandteil Ihrer Magie und somit zu einem Fenster zur Quelle wird. Lassen Sie sich, während Sie sich mit nackten Füßen mit der Erde verbinden, im Licht des Vollmondes baden. Heben Sie die Arme und erlauben Sie dem Licht, sich in Ihren Körper zu ergießen. Heißen Sie diese Kraft wortlos in Ihrem Leben willkommen, denn sie versteht Ihr Anliegen. Danken Sie ihr, dass sie sich Ihnen darbietet, und nehmen Sie ihr Echo wahr.

Lassen Sie die Arme wieder sinken, wenn Sie alles, was Sie hier tun wollten, abgeschlossen haben, und kehren Sie wieder nach drinnen zurück. Vergegenwärtigen Sie sich, dass Sie sich durch dieses Schlussritual von allen falschen Zwängen befreien und allem, was am Natürlichen übernatürlich ist, erlauben, Teil Ihres Lebens zu werden.

Vielleicht hegen Sie noch immer Zweifel. Oder Argwohn. Gewiss aber haben Sie Fragen. Das ist völlig in Ordnung, ich kann es Ihnen nicht verübeln. Mich hat es viel Schmerz und Selbstüberzeugung gekostet, dieses Buch zu schreiben, und noch mehr Qualen, es auch wirklich veröffentlichen zu lassen. Wenn wir unseren Geist für die Möglichkeiten neuer Formen von Wirklichkeit öffnen, wird ein Ergebnis sein, dass wir statt Antworten womöglich eher Fragen haben. Das macht nichts, denn in dem Moment, wo wir eine Frage formulieren, setzen wir eine Kette von Ereignissen in Gang, die die Grenze zwischen der inneren und der äußeren Wirklichkeit aufheben – und die Antworten werden kommen. Zwar werden sie das weder immer in der Form tun, in der wir sie anfangs erwartet hatten, noch werden wir sie immer mögen. Aber wir sind jetzt in der Lage, diese Antworten zu spüren und eine Wahl zu treffen. Manche treffen die Wahl, nichts zu ändern, aber sie können sich dann nicht mehr vormachen, sie hätten keine Optionen und seien hilflose Opfer der Umstände. Nichts tun wird, wenn wir den Kontakt mit der Quelle erfahren haben, zu einer bewussten Entscheidung, so dass wir erkennen können, dass wir selbst aktiv gewählt haben, eben gerade nichts zu tun. Viele, die mit der Quelle in Kontakt kommen, haben kaum eine andere Wahl, als sich zu ändern. In kleinen Schritten zunächst, die schließlich, zusammengenommen, einen fantastischen Wandel ausmachen. Wir haben die Macht, wirklich fantastisch zu sein, und die Möglichkeit, in der Welt, die uns umgibt, tiefgreifende Veränderung zu bewirken. Stellen Sie sich nur vor, wie Sie sich jetzt fühlen, und multiplizieren Sie das um die Zahl der Menschen, die dieses Buch auf der ganzen Welt lesen. Stellen Sie sich vor, wie die Magie über das *Wyrd Web* weitergetragen wird und zu einer lebenden Entität, einer Kraft des Wandels wird. Einer Kraft, die Gutes bewirkt. Ihr Verstand funktioniert jetzt wie der Bayes-Filter*, so dass Sie die Energie, die in Ihnen frei ist, stärken und der Ungewissheit, die Sie umgibt, Form und Struktur verleihen können und werden.

Wir leben in einer hochinteressanten, dramatischen Zeit. Unvermeidlich verschiebt sich das ökonomische

* Das ist ein Modell für die Art und Weise, wie sich der Verstand selbst organisiert. Nach dieser Theorie organisieren wir, wenn wir mit neuen Problemen konfrontiert werden, die Information statistisch, mit dem Ergebnis, dass wir nach dem Wahrscheinlichkeitsprinzip vorhersagen, was laut unserem Gedächtnis und den Erfahrungen passieren könnte.

Machtzentrum von West nach Ost. Das Wissen der östlichen Kulturen über den Mond dürfen wir nicht unterschätzen. Sie brauchen sich nur einmal anzuschauen, zu welchen Mondphasen im Osten Finanzgeschäfte getätigt werden, dann wissen Sie, dass es dort bereits ein Bewusstsein über die Kraft der Mondgöttin gibt, das man gerade erst anfängt zu nutzen. Man kann immer behaupten, der Glaube an die Mondzyklen würde eine sich selbst erfüllende Prophezeiung bewirken. Aber ist es wirklich entscheidend, ob zuerst die Anziehungskraft des Mondes oder der Glaube daran da war? Das Ergebnis ist dasselbe. Im Westen fluten wir unseren Nachthimmel mit Licht, so dass Schwester Mond und die Sterne im Dunst unserer eigenen Fähigkeiten verschwinden. Der Mann hat die Kraft der Anima-Magie* verdrängt und sich eingeredet, dass er sich nur auf seinen Verstand verlassen bräuchte. So haben wir uns erlaubt zu vergessen, dass es sie gab. Nun aber lassen wir unsere Gefühle an die Oberfläche kommen und schaffen Raum und Zeit für magische Ereignisse, bereit dazu, uns zum Wohl von Mutter Erde und aller ihrer Kinder stärken zu lassen. Der Mann nahm sich die Kraft der Zahlen vom Mond und formte sie zu Profit, indem er die dreiunddreißig entscheidenden Kennziffern zu einem heiligen Text machte**. In der Stille des Ostens sieht, studiert und versteht man den Himmel noch. Und da man

* Die Anima-Magie bezieht sich auf das Weibliche. Wie Yin (weibliche Energie) und Yang (männliche Energie) sind Anima und Animus nötig, damit Harmonie existieren kann.

** Peter Temple, Magische Zahlen: Die 33 entscheidenden Kennziffern für Manager, Aufsichtsräte und Investoren, 2002

Schwester Mond in hohen Ehren hält, antwortet sie entsprechend.

Obwohl Schwester Mond durch das künstliche Licht der »Zivilisation« in den Hintergrund getreten ist, heißt das noch lange nicht, dass ihre Kraft gemindert wäre, ganz im Gegenteil. Ihre Kraft ist für alle diejenigen da, die sich dafür entscheiden, Beobachter zu sein, denn Schwester Mond lässt sich auf viele Weisen betrachten. So zum Beispiel chronologisch, anhand der Ereignisse, die sich unter ihrem Einfluss verändern. Oder anhand der Kraft, die daraus entsteht, dass eine bestimmte Anzahl von Menschen an sie glaubt und sich entsprechend verhält. Oder auch anhand von Zahlen, die eine bestimmte Kraft verkörpern oder eine verborgene Bedeutung beinhalten. Alle Kraftbücher funktionieren auf diese Weise. Sie lassen sich auf verschiedene Arten lesen, egal ob es sich um Alice im Wunderland*, um Texte aus der Kabbalah oder um Bücher über Bäume etc. handelt. Es hängt von jedem einzelnen Leser ab, was er darin sieht und welche Gesetzmäßigkeiten er darin erkennen will. Wir selbst schenken den Büchern Magie, wir bringen die Fähigkeit mit, eine Bedeutung für uns zu erkennen, wo sie für andere womöglich nicht vorhanden ist. Auch das vorliegende Buch können Sie, wenn Sie mögen, unter dem Aspekt der Ziffern lesen. Dann werden Sie vielleicht feststellen, dass es sieben Trancen enthält und dass die Sieben eine wichtige Ziffer des manifesten Universums

* Dr. Charles Dodgson, Mathematiker und Autor des Buches Alice im Wunderland, war bekannt unter dem Namen Lewis Carroll. Jüngsten Forschungen zufolge wollte er mit dieser Geschichte die damals gerade entdeckte Quantenmathematik kritisieren.

ist, die die Bedeutung »Studium der Magie« trägt. Sie können das Buch auch in der Ogam-Schrift (dem Baumalphabet der irischen Kelten) lesen, so dass die Bäume jedes Kapitel mit ihrer Bedeutung bereichern, oder aber in Akrosticha oder unter dem Aspekt der Gezeiten. Falls Sie meinen, ich hätte die Anzahl der Trancen falsch gezählt, denken Sie noch einmal nach. Lesen Sie die Trancen. Sollten Sie auf acht kommen, dann haben Sie die über den Tod mitgezählt. Der Tod zählt als null, ohne die die anderen Zahlen nicht funktionieren. Es gibt unendlich viele Wege zur Quelle. Welchen Sie wählen, ist ganz egal. Bereichern Sie dieses Buch mit *Ihrer* eigenen Kraft, *Ihrem* Wissen, *Ihrer* Magie. Machen Sie daraus, was Sie können. Die Wahl liegt ganz bei Ihnen. Schwester Mond beeinflusst Sie als Kind von Mutter Erde, selbst wenn Sie versuchen, sie zu ignorieren. Egal ob Sie immer auf Beton laufen oder auf den Feldern arbeiten, Schwester Mond wird Sie als Kind der Natur beeinflussen. Sie können jetzt beginnen, diesen Einfluss zu kontrollieren, um nicht nur natürlich, sondern übernatürlich zu werden. Es ist an der Zeit, dass Sie all das, was Sie gelernt und gefühlt haben und woran Sie gern glauben würden, ohne es sich vielleicht bislang zugetraut zu haben, ergreifen und den ausgetretenen Pfad verlassen, um sich einen neuen Weg zu ebnen.

Wir leben nicht nur in einer interessanten, sondern auch in einer außerordentlich magischen Zeit. Mit dem Herannahen von 2012 wechseln wir in ein Zeitalter des spirituellen Erwachens, echten Bewusstseins über die Natur und ihre Kraft und über unsere Rolle in der Fürsorge für Mutter Erde. Die Erde erinnert uns jetzt an ihre

Stärke und Naturgewalt. All die kleinlichen Geschäfte der Menschen werden von der Natur durch Dürren und Überflutungen, Vulkanausbrüche und Erdbeben über den Haufen geworfen. Da draußen geschieht sehr viel. Wir haben keine Wahl mehr, wir müssen darauf hören und handeln. Der Gründer des Arlington Institute John Petersen sagt, dass wir am Anfang von »Megaveränderungen« – Zusammenbruch des Bankensystems, Ende der fossilen Brennstoffe als tragfähiger Energiequelle, ernste Klimaveränderungen und anderes – stehen. Unsere Welt verändert sich gerade, so dass wir handeln müssen, wenn wir nicht nur die Auswirkungen der aktuellen Ereignisse akzeptieren, sondern mitgestalten wollen. Genauso wie die Elliot-Wellen-Theorie* gezeigt hat, dass die Preise auf den Finanzmärkten auf die Stimmungslage der Menschen reagieren, kann ein Individuum durchaus Wandel um sich herum mit beeinflussen. Glauben Sie an das, was Sie zu tun versuchen, und schon werden Sie auf die Stimmung und Gefühle Ihrer Mitmenschen einwirken. Das ist wahre Magie. Das ist die Wirkung unseres Verbundenseins mit der Quelle: Wir haben dann ein Bewusstsein über unsere Fähigkeit, erstaunliche Dinge geschehen zu lassen.

Vor allem aber möchte ich Ihnen damit sagen, dass die Erfahrungen, die Sie beim Lesen dieses Buches machen, nur Ihnen gehören. Auch wenn es nicht möglich ist, diese Erfahrungen zu teilen, können Sie doch die Auswirkun-

* Ralph Nelson Elliott entwickelte in den 1930er Jahren eine Theorie über Kursbewegungen an den Aktienmärkten, die anhand der Analyse massenpsychologischer Effekte eine Prognose über zukünftige Ereignisse ermöglichen sollte.

gen weitergeben. Somit ist Ihre Einzigartigkeit nun Teil des Wandlungsmusters. Sie werden die Worte in diesem Buch verwandeln und ihnen jenseits meines Wissens und meiner Träume Macht geben, so dass ich meine Verpflichtung Mother Shipton gegenüber erfüllen kann, die Worte hinaus in die Welt zu entlassen, damit sie Wandlung erzeugen können.

Am Ende meiner Reise angelangt, holte ich noch einmal das Vivienne-Westwood-Kostüm aus meinem Kleiderschrank. Jetzt kam es mir gar nicht mehr so steif und formal vor. Es fühlte sich eher wie eine alte, labberige Stoffpuppe an. Das Kostüm strahlte kein Leben mehr aus, ich brauchte es nicht mehr. Als ich nach Frankreich heimfuhr, nahm ich es mit in den Garten, von wo aus ich dem Weg in den Wald folgte. Ich wartete still, bis es dunkel war und ich den Vollmond durch die Zweige der nahen Pappel leuchten sah. Voller Ängste und Zweifel über die Zukunft sammelte ich Zweige vom Boden auf, häufte sie zusammen und zündete sie an. Arme Wiedergängerin. Sie lebte, kämpfte, starb. Es war das Begräbnisfeuer für die Walküre, die ich gewesen war, für eine Gewohnheit, die ich gelebt hatte. Jetzt brauchte ich nicht mehr darüber zu entscheiden, wer im Kampf überleben und wer sterben sollte. Der Krieg war vorbei, jetzt ging es um Frieden und darum, die Völva* in mir wie Phönix aus der Asche hervorkommen zu lassen. Ich faltete das Vivienne-Westwood-Kostüm ehrerbietig zusammen, legte es auf die Flammen und schaute dabei zu, wie das letzte Überbleib-

* *Schamanische Seherin. Trägerin eines magischen Zauberstabs*

sel meines früheren Lebens verbrannte. Ich blieb, bis auch der kleinste Rest des Stoffes in den bunt lodernden Flammen verbrannt war. Ich blieb, bis das Feuer zu Asche heruntergebrannt war, und am nächsten Morgen kehrte ich noch einmal dorthin zurück, um die Asche in den Fluss zu fegen. Einige Monate später fand ich an der Stelle einen feinen Holundertrieb, der mir zeigte, dass ihr Geist mein Leben endgültig verlassen hatte. Der Holunder schlug Wurzeln, um mir die Heilung zu gewähren, die ich benötigte. Seitdem habe ich viel Zeit in diesem Wald verbracht. Er nährt mich und heißt mich willkommen, er schenkt mir eine Verbindung zur Erde. Ich liebe diesen Ort auf eine Weise, wie sie es nie verstanden hätte. Ihre hohen Absätze wären im Matsch versunken. Sie brauchte Beton unter ihren Füßen und in ihrem Geist. Ich brauche die Erde und ihre Botschaften. Das Leben ist heute etwas Gutes, und meine Reise dauert an.

Warum aber sollten wir überhaupt weiterreisen? Irgendwann ist die Reise doch zu Ende?! Wenn wir Teil der Quelle werden und unsere Tage mit Magie füllen, begreifen wir, dass Stillstand keine Option ist und dass wir unsere Haltung und unser Gleichgewicht nur, wenn wir uns vorwärts bewegen, bewahren können. Genauso wie wir beim Fahrradfahren die Zeit nicht einfrieren können, dürfen wir nicht versuchen, die Magie und unser Leben in Momenten des Glücks einzufrieren. Gehen Sie weiter. Erkennen Sie sich und die Momente, die Sie durchlebt haben, an. Schenken Sie Ihrer Seele Wertschätzung. Wenn Sie wissen, dass Sie unversehrt und verbunden sind, kann es Ihnen egal sein, was andere über Sie denken. Das Denken anderer interessiert mich nicht mehr. Ihre Gefühle interessieren mich, das reicht. Und ich habe lange genug – zu lange – gebraucht, um so weit zu kommen, aber ich weiß auch, dass ich noch nicht angekommen bin. Ich kann mich jetzt freuen, wenn andere erfolgreich sind, und ich kann mich und meine Leistungen auf eine Weise feiern, die meinem anderen Ich fremd gewesen ist. Das Leben ist etwas Außergewöhnliches. Es ist kostbar. Es ist wunderbar und voller Wunder. Es ist *viel* zu kostbar, als dass man es vor dem Fernseher vergeuden könnte, zu kostbar, um darauf zu warten, dass andere uns sagen, was wir denken und fühlen sollen, zu kostbar, um es mit Menschen, die uns nicht nähren, oder an einem Ort zu verbringen, der uns traurig stimmt. Die Gefängnistür steht offen. Treten Sie hinaus in die Freiheit. Seien Sie frei. Seien Sie magisch.

Sie nähern sich nun dem Ende der Reise oder zumindest dieses Teils davon. Ab jetzt werden Sie Ihren eigenen Weg gehen, aber Sie sind nicht mehr allein. Sie haben Ihre geistige Führung, und Sie wissen, dass auch andere auf dem Weg sind. Sie können selbst entscheiden, ob Sie Kontakt zu ihnen aufnehmen wollen oder nicht. Manche ziehen es vor, ihren Weg allein zu gehen, andere wollen sich mit Gleichgesinnten zusammenschließen.

An dieser Stelle möchte ich Sie gern fragen: Wie haben Sie dieses Buch gelesen? Wortgetreu? Als Metapher oder als Allegorie für unsere Zeit? Als Paradigma? Literarisch, als Werk des magischen Realismus? Wie auch immer Sie es lesen, ich weiß, dass Sie mir gern eine Frage stellen würden. Sie möchten wissen, ob es wirklich stimmt, ob ich wirklich alles bekommen habe, was ich wollte. Das will jeder wissen, denn was passiert, wenn es tatsächlich so ist? Gute Frage, liebe Leserin und lieber Leser, und ich will versuchen, sie so vollständig zu beantworten wie möglich. Ich kann Ihnen sagen, dass es stimmt. Und zwar alles. Jedes Wort, auf jeder Ebene. Für mich sind diese Worte eine Chronik meiner Erfahrung durch meine Sinne allein. Sehen Sie, die Erfahrung, die Sie mit diesem Buch machen, und die Folgen, die sich daraus ergeben, mögen Ereignisse sein, die Sie auf einer oder mehreren der Ebenen erfahren, wie ich sie oben beschrieben habe. Ich wünschte, ich könnte sie mit Ihnen zusammen erleben, aber das ist einzig und allein Ihre Geschichte. Ich persönlich habe alles erhalten, wovon ich dachte, dass ich es wollte, und noch mehr. Meine Offenbarung war, dass mir das Meiste davon gar nicht so viel bedeutete, wie ich erwartet hatte. Was mir wirklich etwas bedeutete, das waren die Menschen, die Liebe und das Verbundensein. Es ging gar nicht so sehr um das, was ich *haben* wollte, sondern mehr um das, was ich *geben* wollte. Wichtig war, dass ich tat, was ich für richtig hielt, und nicht auf andere hörte. Dank dieses Prozesses entdeckte ich, wer ich wirklich sein konnte, und ich lernte, diese Person zu respektieren und zu lieben.

Es stimmt also alles.

Ich kann Ihnen außerdem mit Gewissheit sagen, dass es Momente für Sie geben wird, in denen Sie sich erlauben können, von der Quelle getragen und in ihr aufgehoben zu sein, und echte Magie auf allen vier Ebenen erfahren werden. Eine Saite wird im Universum angeschlagen werden, ein wonniger harmonischer Klang wird ertönen, und alles wird in diesem Moment zusammenfinden. So ist es mir geschehen, und es geschieht mir noch immer. Dieses Gefühl zu beschreiben ist nahezu unmöglich. Der Zustand ist nicht durch Anstrengung zu erreichen. Es geschieht einfach, und dann wirst du Teil von etwas, das viel größer ist als du selbst. Es ist, als ob du in diesem Moment neu geboren und uralt zugleich wärst, ganz und gar präsent in diesem Augenblick und dir doch dessen bewusst, dass Äonen vergangen sind und die Zukunft vor dir liegt. Es ist, als wärest du allein in einer Menschenmenge. Als hörtest du die Farben, während du sie in der Vergangenheit nur sahst. In diesen Augenblicken bin ich ganz und gar lebendig, und so wird es Ihnen auch ergehen. Auch Sie dürfen sich jetzt *erlauben*, ganz und gar lebendig zu sein. Sie sind jetzt bereit dazu, in der Quelle zu leben und überall um Sie herum Magie geschehen zu lassen. Diese seligen Momente verweben sich harmonisch mit der Wirklichkeit in jedem von uns und um uns herum. Und die Fäden bilden schließlich einen dicht gewebten Teppich mit Flecken und Fehlern, damit wir das, was wahrhaft perfekt ist, zu schätzen wissen.

Nun kommt noch eine letzte Trance für Sie. Diesmal gibt es kein Zählen, keine Stufen, keine innere Landschaft. Denn diese letzte Trance leben und atmen Sie jetzt, und Sie werden sie fortan so lange leben, wie Sie die Verbindung mit der Quelle halten. Durch die Vervollständigung Ihrer Reise zur Quelle sind Sie zum Schöpfer Ihrer Zukunft, zur Quelle Ihrer eigenen Magie geworden. Dies ist wahre Verzückung (Im Englischen steckt in dem Wort für Verzückung das Wort Trance: en*trance*ment). Dieser letzte Trancezustand bildet eine nährende Verbindung zwischen Ihrem inneren und Ihrem äußeren Ich. Hier können Sie sich nicht mehr um den Erfolg betrügen oder belügen wie früher. Dies ist die Trance des Lebens. Ab jetzt haben Sie Ihr Schicksal auf eine sehr reale Art und Weise in der Hand. Jeden Morgen, wenn Sie zum Licht aufwachen und sich dafür entscheiden, sich – egal wie kurz oder lange – in der TraumZeit aufzuhalten, stärken Sie Ihre persönliche Magie. Genauso erschaffen Sie, wenn Sie abends beim Einschlafen die Ereignisse und Gefühle des Tages aussortieren, diesen magischen Zustand, der dann in Ihre Träume Einzug hält. Sie sind mit sich und der Quelle dieser Magie verbunden. Sie liegt in Ihnen und umgibt Sie zugleich. Rituale sind da überflüssig, denn Sie atmen die Quelle der Magie. Spüren Sie ihren Rhythmus im Herzen. Sie sind eins mit der Quelle. Das gilt es jetzt zu verstehen.

Können Sie sich noch daran erinnern, wer Sie waren, als Sie dieses Buch zu lesen begannen? Ich hoffe sehr, dass Sie Ihren Weg zur Quelle gefunden haben und zu einer magischen Persönlichkeit geworden sind. Es ist mehr am Leben dran, als Sie es sich erträumt haben, und es gibt mehr von uns, die sich ein neues Leben erträumen, als Sie es sich vorstellen können. Sie können und werden auf die Vergangenheit zurückblicken und in die Zukunft schauen. Die Vergangenheit gehört Ihnen nicht mehr, während die Zukunft ganz die Ihre ist. Sie haben das Werkzeug und das Wissen, um jeden Augenblick Ihres Lebens aus der Quelle der Magie heraus zu leben und Ihre eigene sowie die Magie anderer zu nähren. Ab jetzt haben Sie die Freiheit, Teil des Traums zu werden und Veränderungen geschehen zu lassen. Zuerst in einem kleinen Rahmen, dann aber können und werden Sie in Verbindung mit anderen und durch die Ausdehnung Ihrer Magie in die Welt um sich herum erstaunliche Veränderungen hineinbringen. Sie brauchen jetzt gar nicht an Magie zu glauben. Glauben Sie einfach an sich selbst und stehen Sie dazu. Sie sind eins mit der Quelle. Lassen Sie Ihr Licht auf Armut und Hass, Krieg und Diskriminierung scheinen. Seien Sie der Wandel und berühren Sie eine Saite in Ihrer Welt, die harmonisch mit allen anderen einstimmt in das Lied für Frieden, Liebe und Gerechtigkeit.

Ich möchte Ihnen nun meinerseits danken. Ich danke Ihnen, dass Sie mir auf halbem Wege begegnet sind. Ich danke Ihnen, dass Sie mit auf die Reise gekommen sind. Ich danke Ihnen, dass Sie diese Worte vervollständigen. Nun können Sie hinausgehen und Ihr Leben auf Mutter Erde und unter Schwester Mond leben. Sie sind eins mit der Quelle und nicht mehr allein.

Auf Ihrer Weiterreise wird es ab jetzt um Sie und Ihre Zukunft gehen. Sie schreiben das Buch nun weiter – denn begonnen haben Sie ja schon damit, erinnern Sie sich? Sie wählen ab jetzt die Kraftworte, die in Ihrem speziellen Notizbuch Aufnahme finden sollen. Vielleicht wollen Sie Gedichte oder einfache inspirierende Sätze schreiben oder Bilder malen. Vielleicht wollen Sie Gedanken, Pläne oder Träume niederschreiben. Zeichnen Sie oder schreiben Sie. Ich benutze mein Notizbuch dazu, um tiefer in Worte einzudringen und darin eine tiefere Magie zu suchen, wenn ich ein Zeichen brauche. Ganz aktuell finde ich z. B. in der Magie:

Mut
Anstand
Gelassenheit
Inbesitznahme
Empathie
(oder auch Quelle [wie in der englischen Originalfassung] mit z. B.: Querdenken, Unermüdlichkeit, Ermächtigung, Liebe, Leichtigkeit, Empathie).

Und jedes Mal, wenn ich mir dieses Wort oder auch andere Begriffe neu anschaue, finde ich weitere darin versteckt, die mich dann durch alles, was in meinem Leben geschieht, tragen und inspirieren. Ab jetzt entscheiden Sie über die Inhalte Ihres Buches und darüber, wie Sie Ihr Wissen nutzen wollen. Sie erschaffen die Magie. Sie haben Ihr eigenes Licht-und-Schatten-Buch. Es wird Ihr Rezeptbuch und Ihr Reiseführer sein oder das, was immer Sie von ihm brauchen, wenn Sie es aufschlagen.

Ab jetzt sind Sie Urheber Ihres Buches, Architekt Ihrer Zukunft, Schöpfer Ihres Lebens.

Ab jetzt wählen Sie die Riten und Rituale selbst, um sie durchzuführen, wo und wann auch immer Sie wollen. Die einzige Vorgabe dabei wäre, dass Sie sich dabei an den Mondzyklus halten, damit Schwester Mond Ihre Arbeit unterstützen kann. Neumond entspricht dem Verstehen, der zunehmende Mond der Vorbereitung, Vollmond der Erfüllung und der abnehmende Mond dem Loslassen. Die Arbeit innerhalb dieser Zyklen wird Ihnen eine Struktur geben und helfen, das Chaos zu zügeln und eine gewisse Ordnung darin zu finden. Damit können Sie sich auf einer höheren Ebene Ihre eigene Wirklichkeit erschaffen. Wie es in der hermetischen Literatur* so schön heißt: »Wie oben, so unten.« Wenn Sie oben Ordnung herstellen in dem, was das Chaos Ihrer inneren Wirklichkeit war, und die Parameter dafür in der TraumZeit bestimmen, manifestieren Sie diese Wirklichkeit auch unten – in Ihrem täglichen Dasein als wacher Mensch. Bis jetzt bestand Ihre Reise aus Ritualen als Schablonen, Riten als Interpunktionszeichen und Trancen, mittels derer Sie in Verbindung mit der Quelle treten konnten. Aus all dem haben Sie ein *Neues Chaos* erschaffen, in dem Sie nun die Strukturen erkennen können, durch die Sie wiederum die Magie leben werden. All diese Fügungen, all diese Menschen, all diese Ereignisse geschehen nun, weil Sie sie ins Leben rufen, und jetzt sind Sie so weit, an sie glauben zu können. Sie finden die Strukturen, die schon da waren, und sind nun bereit dazu, sie dazu zu nutzen, die Magie zu einem realen Bestandteil Ihres Lebens zu machen. Die Zeichen und Wunder umgeben Sie von allen Seiten. Sie haben Ihre Sinne feingestimmt, um sie als das zu erkennen, was sie sind, um das Übernatürliche in dem zu sehen, was natürlich ist und *Sie schon real umgibt.*

Vergessen Sie nicht, dass die Welt, die Sie umgibt, kein mechanischer Apparat ist, kein blankpoliertes Modell des Sonnensystems auf dem Schalttisch eines allmächtigen Schöpfers. Und auch wir sind das nicht. Unberechenbarkeit ist Teil der Veränderung. Lassen Sie also das Unberechenbare geschehen. Sie können nicht kontrol-

* Schriften einer spätantiken religiösen Offenbarungs-und-Geheim-Lehre, als deren Verkünder und Verfasser Hermes Trismegistos angesehen wurde.

lieren, wie etwas geschieht, aber den Moment, der die Magie in Gang setzt, können Sie erschaffen. Vielleicht ist es nicht der Schmetterling, sondern die Motte – Mother Shiptons Motte –, diejenige, die mit den Flügeln schlägt und damit eine Magie in Gang bringt, die ganze Kontinente erfasst. Die Menschen sind so wunderbar unberechenbar und seltsam, dass wir die Folgen eines Ereignisses unmöglich fehlerfrei vorhersagen können. Wir können nur mutmaßen, wie es ausgehen könnte – und einen Wunsch in die Welt hinausschicken –, und doch gibt es eine tiefe, unerwartete Verbindung zwischen der Fähigkeit der Natur, sich selbst zu organisieren, und dem Schmetterlingseffekt, der Wirkung der kleinen Schritte. Es *gibt* Muster und Strukturen in Ordnung und Chaos, und alles, was wir tun, findet Rückkopplung in einer Auswirkung, ohne dass wir es überhaupt bemerken. Wenn wir Magie bewirken, sie spüren und mit anderen teilen, findet sie Rückkopplung in unserem Bewusstsein von der Quelle und in unserer Fähigkeit, sogar noch mehr Magisches zu tun. Wie bei der Mandelbrot-Menge* gibt es eine Wiederholung der Muster auf immer kleineren Skalen, so dass wir sie langsam zu identifizieren lernen. Wir beginnen, die innere Magie in dem zu erkennen, was wir tun, und erkennen die größere Skala, wenn sie sich um uns herum ausbreitet. Nur scheinbar chaotisch, ist die Wiederholung unendlich und sich immer gleich. Die Musterbildung webt sich in den Stoff des Universums selbst. Der Stoff heißt Magie,

* Eine mathematische Menge, die ein geometrisches Muster bildet, innerhalb dessen die Formen eine scheinbar unendliche Zahl kleinerer sich wiederholender Formen sind, die sich alle entsprechen.

er stammt vollständig aus der Quelle und kehrt ebenso zu ihr zurück.

Jetzt sind Sie sowohl Führer als auch Reisender und können Ihr Wissen zum Besten aller in Ihrem Leben nutzen. Sie sind jetzt die Quelle Ihrer eigenen Magie. Denken Sie dran: Teilen Sie Ihr Wissen und leben Sie magisch.

Vielen Dank. Auf ein Wiedersehen bei der Quelle!

Ursula James

Nachwort

Das letzte Kapitel entstand im Schatten des Todes. Auch sie hieß Ursula. Meine Tante. Meine Namensschwester. Sie hatte in ihrem langen Leben gemacht, was sie wollte. Ihr Lachen war das eines Kindes, und bis zum Ende war sie an allem und jedem interessiert. Erst als sie wusste, dass sie sterben würde, begriff sie, wie viele Freunde sie hatte, wie viele Menschen sie mochten, sie liebten und sie vermissen würden.

Als ich kurz vor ihrem Tod bei ihr saß, konnte ich zusehen, wie ihr Geist sie verließ, während das starke Herz noch zwei Tage länger in dem kleinen Körper weiter schlug. »Nimm die Bilder von den Wänden und pack meine Taschen, ich muss jetzt gehen. Diesmal kannst du nicht mitkommen«, sagte sie zu mir. Ich saß bei ihr in ihrem monderleuchteten Zimmer, während sie Sterne aus der Luft pflückte und zu sich heranzog. Sie lächelte. Ich hielt ihre Hand, bis sie schlief, und wünschte ihr eine gute Reise.

Ursula hatte immer gesagt, sie wolle allein sterben, und ihr Wunsch ging in Erfüllung. Obwohl sie von Liebe und Fürsorge umgeben war, machte sie sich doch allein auf die Reise. Sie war eine Frau, die immer ihren Willen durchgesetzt hatte, und bei diesem letzten Akt war es nicht anders. Als ich im Zug auf dem Rückweg zu mir nach Hause saß, bekam ich den Anruf. Sie war gegangen.

Die Pfleger riefen mich an, um mir zu sagen, dass sie sie aufgebettet und lauter Blumen um sie herum gelegt hätten. Außerdem hätten sie das Fenster geöffnet, um sie gehen zu lassen.

Ich werde sie vermissen.

Ursula Marzinski
Geboren am 16. November 1924
Gestorben am 29. Mai 2010

Quellen

Wie man Ursula James online findet:

Website: www.ursulajames.com
Blog: www.thebookoflightandshadow.blogspot.com
Tweets: www.twitter.com/ursulajames

ETHISCH UNBEDENKLICHE KREDITVERGABE

www.zopa.com
Das erste soziale Finanzunternehmen der Welt.

www.kiva-deutschland.org
Darlehen, die Leben verändern können.
www.gls.de

ETHISCH UNBEDENKLICHE BEKLEIDUNG

www.peopletree.co.uk
Partner mit ethisch unbedenklicher, nach Richtlinien des fairen Handels hergestellter Bekleidung.
www.wertvoll-berlin.com
www.hessnatur.com

EHRENAMTLICHE TÄTIGKEIT

Allgemein

www.bundes-freiwilligendienst.de
www.weltwaerts.de
Der Freiwilligendienst des Bundesministeriums für wirtschaftliche Zusammenarbeit und Entwicklung.
www.engagiert-in-deutschland.de
Große Plattform rund um das Thema Ehrenamt in Deutschland.

In Krankenhäusern

www.klinikclowns.de
Die Klinikclowns schenken in Krankenhäusern und Pflegeeinrichtungen ein Lächeln.

Für Menschen mit Problemen psychischer Gesundheit

www.telefonseelsorge.de

Kinder

www.sternstunde.de
Unterstützung für Kinderprojekte weltweit.

www.dkhw.de
Hilfsaktion des Deutschen Kinderhilfswerks.

www.stiftunglesen.de
www.dervorleseclub.de
www.sos-kinderdorf.de
www.naturdetektive.de
Initiative des Bundesamts für Naturschutz, damit Kinder über Umwelt und Natur mehr lernen.

Tiere

www.nabu.de
Aktiv werden in Natur- und Tierschutz.

www.tierschutzbund.de
Dachorganisation der Tierschutzvereine.

Reisen

www.forumandersreisen.de
Portal für nachhaltigen und verwantwortungsbewussten Tourismus.

www.fairunterwegs.de
Unabhängiges Reiseportal mit vielen Infos rund um nachhaltiges Reisen.

URSULA JAMES IST SCHIRMHERRIN FOLGENDER WOHLFAHRTSORGANISATIONEN

www.ncdv.org.uk
National Center for Domestic Violence (Nationales Zentrum für Opfer häuslicher Gewalt).

www.anxietyuk.org.uk
Anxiety UK (Angst Großbritannien)

AUSSERDEM UNTERSTÜTZT URSULA DIE ARBEIT VON

www.womenforwomen.org
Förderung von Frauen, die den Krieg überlebt haben.

www.warriorprogram.org
Förderung von Kriegsheimkehrern (Soldaten) und Obdachlosen zur Wiederherstellung von Vertrauen und Würde.

Und schließlich:

www.mothershiptonscave.com
Die Höhle von Mother Shipton in Knaresborough, geöffnet von März bis Oktober.

Danksagung

Inzwischen darf ich mich glücklich schätzen, in meinem Leben ein paar wunderbare Menschen zu haben, die dafür sorgen, dass ich relativ (ein Wort, das ich durchaus absichtlich verwende) gesund bin.

Mein Dank geht an den inneren Kreis der Frauen, die mich mit Liebe umgeben. Darunter besonders Lorraine Flaherty, Elizabeth Edley, Mirela Hodzig, Sue Sayer und diejenigen, deren Namen nicht genannt werden wollen. Ihr wisst, dass Ihr gemeint seid.

An Euch alle. Ich hoffe, Ihr wisst, dass ich für Euch da bin, wenn Ihr mich braucht.

Dank auch an die, von deren Wissen und Fürsorge ich profitieren durfte: Nicola Ibison, Rina Gill, Ashleigh Fleming, Emanuela Tebaldi, Jo Wander, nicht zu vergessen Rob Shore, der eine ganz neue Sprache lernen musste, um Teil der Magie werden zu können.

Gott segne Euch für Eure Großzügigkeit.

Dank ebenfalls an Sara Carder, die etwas von der wahren Magie der Bücher versteht.

Außerdem möchte ich Jonathan Conway von Mulcahy Conway Associates danken, der genug von Schwester Mond in sich trägt, um etwas von Magie zu verstehen.

Und schließlich geht mein Dank an all die – bezahlten und unbezahlten – Pflegekräfte auf der Welt, die sich um die Kranken, Sterbenden, die Verletzlichen, die Kinder und die alten Menschen kümmern. Dieses Buch ist vor allem für Sie.

Ursula James, Pays-de-la-Loire, Juni 2011